Geheime Depeschen aus Berlin

Geheime Depeschen aus Berlin

Der französische Botschafter François-Poncet und der Nationalsozialismus

Ausgewählt und kommentiert
von Jean-Marc Dreyfus

Aus dem Französischen
von Birgit Lamerz-Beckschäfer

wbg
Wissen *verbindet*

Die französische Originalausgabe ist 2016 bei der Librairie Arthème Fayard
unter dem Titel *Les Rapports de Berlin. André François-Poncet et le
National-Socialisme* erschienen.
© LIBRAIRIE ARTHÈME FAYARD, 2016

Die Deutsche Nationalbibliothek verzeichnet diese Publikation in der
Deutschen Nationalbibliografie; detaillierte bibliografische Daten sind im
Internet über www.dnb.de abrufbar.

© der deutschen Ausgabe 2018 by WBG (Wissenschaftliche Buchgesellschaft),
Darmstadt
Die Herausgabe des Werkes wurde durch die Vereinsmitglieder der
WBG ermöglicht.
Lektorat: Helga Gläser, Berlin
Gestaltung und Satz: Vollnhals Fotosatz, Neustadt a. d. Donau
Einbandgestaltung: Harald Braun, Berlin

Gedruckt auf säurefreiem und alterungsbeständigem Papier
Printed in Germany

Besuchen Sie uns im Internet: **www.wbg-wissenverbindet.de**

ISBN 978-3-534-26966-2

Elektronisch sind folgende Ausgaben erhältlich:
eBook (PDF): 978-3-534-74371-1
eBook (epub): 978-3-534-74372-8

Für Pierre Demkoff

*Der Autor dankt den Archives diplomatiques
ausdrücklich für ihre Unterstützung
bei diesem Buchprojekt.*

Inhalt

13

Kapitel zwei: Die Errichtung der Diktatur 75

Abb. 1: »Diese Korrespondenz war, das gebe ich gern zu, beachtlich und verursachte durch ihren Umfang oft Verwunderung bei den Empfängern«, sagte
François-Poncet (1887–1978) selbst über die Berichte, die er von der französischen Botschaft am Pariser Platz in Berlin aus nach Frankreich schickte.
Das Bild zeigt François-Poncet 1932 als Botschafter in Berlin am Schreib-
tisch seines Arbeitszimmers.

Vorwort

Die Berichte aus Berlin

»Diese Korrespondenz war, das gebe ich gern zu, beachtlich und verursachte durch ihren Umfang oft Verwunderung bei den Empfängern.«[1] So beurteilte André François-Poncet selbst die enorm umfangreiche diplomatische Korrespondenz, die er zwischen Oktober 1931, als er sein Amt als französischer Botschafter in Deutschland antrat, bis zu seiner Abberufung nach Rom in den Palazzo Farnese im November 1938 nach Paris sandte.[2] Die Berliner Korrespondenz »enthielt eine tägliche ausführliche Übersicht über die Äußerungen der deutschen Presse, die gegen elf Uhr vormittags telefonisch nach Paris übermittelt wurde; dazu kamen im Laufe des Tages die chiffrierten Telegramme; außerdem wurde einmal, manchmal zweimal wöchentlich ein dickes Bündel Briefe in der ›valise‹ als Diplomatengepäck versandt. Die Dienststellen des Quai d'Orsay stellten nicht ohne Bestürzung fest, dass manche dieser Depeschen entgegen den

---

[1] François-Poncet, André: *Souvenirs d'une ambassade à Berlin, septembre 1931–octobre 1938*, Paris 1946, dt. Ausgabe: *Botschafter in Berlin 1931–1938*, Berlin/Darmstadt/Wien 1962, S. 10.

[2] Die Idee zu diesem Buch kam mir, als ich in dem von Frank Bajohr und Christoph Strupp 2009 in Hamburg zusammengestellten Team arbeitete, das die diplomatischen Berichte der in Berlin ansässigen Botschaften an ihre jeweiligen Ministerien untersuchte. Die damalige Arbeit floss in einen Sammelband ein, für den ich das Kapitel über die französischen Diplomaten verfasste: Bajohr, Frank u. Strupp, Christoph (Hg.): *Fremde Blicke auf das »Dritte Reich«. Berichte ausländischer Diplomaten über Herrschaft und Gesellschaft in Deutschland 1933–1945*, Göttingen 2011. Der Umfang des dabei ausgewerteten Materials lud zur Weiterbearbeitung als eigenständiger Band ein.

Vorschriften bis zu 20 und 30 Seiten stark waren.«[3] François-Poncet brachte täglich Dutzende Seiten auf den Weg nach Paris – so viele, dass er sich nach dem Krieg beklagte, man habe sie dort gar nicht gelesen. Alles in allem schickte er aus Berlin jährlich über 1500 mit laufenden Nummern versehene Berichte. Die Bemerkung über den gewaltigen Umfang seiner Korrespondenz machte François-Poncet 1945, lange nach der Kapitulation Frankreichs im Juni 1940, nach vier Jahren deutscher Besatzung und Kollaboration des Vichy-Regimes und, wie der stets auf Präzision bedachte Diplomat selbst anmerkt, nach der Aufdeckung der Gräueltaten des NS-Staats – zu einer Zeit, als sich die Hauptkriegsverbrecher in Nürnberg vor dem Internationalen Militärgerichtshof verantworten mussten. François-Poncets Memoiren *Souvenirs d'une ambassade à Berlin* [dt. *Botschafter in Berlin 1931–1938*] wurden 1946 veröffentlicht und verkauften sich gut.[4] Das »Dritte Reich« faszinierte die Menschen, zumal seine Verbrechen und besonders der Holocaust durch Fotos aus den befreiten Konzentrationslagern und erste Zeugenaussagen bekannt geworden waren.[5] Das Buch ist hochinteressant, denn es gibt Einblick in die Tätigkeit der französischen Botschaft in Berlin in den Dreißigerjahren, in den Aufstieg des Nationalsozialismus und das Verhältnis des Botschafters zu Hitler, den er ab 1933 mehrfach traf, nachdem er zuvor jeden Kontakt zu NS-Parteigrößen kategorisch abgelehnt hatte. Das Buch bietet erste Deutungen des NS-Regimes und bemüht sich, dessen Ideologie zu erklären, liefert jedoch vor allem eine Chronik der Ereignisse und dokumentiert die wachsende Gefahr. Zugleich ist es eine Verteidigungsschrift, ein Rechtfertigungsversuch François-Poncets, denn er hatte im September 1938 Ministerpräsident

---

[3] François-Poncet, *Botschafter in Berlin*, S. 10 f.
[4] Vgl. die französische Neuauflage der *Souvenirs*, Paris 2016, Vorwort und Anm. von Jean-Paul Bled.
[5] Die Aufnahmen der britischen Truppen in Bergen-Belsen etwa kursierten auch in Frankreich.

Édouard Daladier zur Unterzeichnung des Münchner Abkommens begleitet, das sich in der Rückschau als fataler Fehler erwies. Dieses Buch dagegen will lediglich darstellen, was François-Poncet und andere während seines langen Mandats in Berlin tagtäglich über das nationalsozialistische Deutschland berichteten.

François-Poncet war in den Dreißigerjahren einer der führenden Vertreter der französischen Diplomatie, neben Charles Corbin, der sich von 1933 bis 1940 als Botschafter in London aufhielt, François Charles-Roux, der in Prag und später beim Heiligen Stuhl akkreditiert war, und natürlich Alexis Léger, der neben seiner diplomatischen Tätigkeit unter dem Pseudonym Saint-John Perse hohes Ansehen als Literat genoss und als Generalsekretär des Außenministeriums den kurzlebigen Regierungen zum Trotz in den gesamten Dreißigerjahren die Kontinuität der französischen Außenpolitik gewährleistete.[6]

François-Poncet genoss zwar nicht das literarische Renommee seiner schreibenden Kollegen wie Claudel, Giraudoux, Saint-John Perse, Paul Morand oder unmittelbar nach dem Krieg Roger Peyrefitte, war aber für seine literarischen Qualitäten durchaus bekannt. Er war Kommilitone des viel zu früh verstorbenen vielversprechenden jüdischen Schriftstellers Henry Franck gewesen und hatte neben Jean Schlumberger und Henri Bergson an dessen Grab gesprochen. Auch in der Nachkriegszeit verlief seine Karriere weiter glänzend – keine Selbstverständlichkeit unter hochrangigen Diplomaten, von denen die meisten den *Forces Françaises Libres*[7] ferngeblieben waren und deshalb nach der Befreiung ihren Dienst quittieren mussten. Gegen zwei Drittel von ihnen wurden disziplinarische Sanktionen verhängt, bis hin zur Entlassung aus dem Dienst des zwischen 1944 und

---

[6] Baillou, Jean u. a. (Hg.): *Les Affaires étrangères et le corps diplomatique français*, Bd. II, *1870–1980*, Paris 1984, S. 345 ff.

[7] Die „freien französischen Streitkräfte", kurz auch France Libre, kämpften unter der Führung Charles de Gaulles auf der Seite der Alliierten gegen das nationalsozialistische Deutschland und das mit ihm kollaborierende Vichy-Regime.

1946 massiv umstrukturierten Außenministeriums.[8] François-Poncet hingegen, der nach Vichy gegangen und sich zumindest in den ersten Jahren des Regimes für die »nationale Revolution« eingesetzt hatte[9] (u. a. als Mitglied der nebulösen Nationalversammlung, die eine neue Verfassung formulieren sollte), gehörte zu seinem »Glück« zu der Gruppe hoher französischer Amtsinhaber, die von den Deutschen im Sommer 1943 im Reichsgebiet interniert wurden. Gemeinsam mit Präsident Albert Lebrun bekam François-Poncet einen Wohnsitz in Tirol zugewiesen. Nach der Befreiung durch die 2. Panzerdivision kehrte er 1945 nach Paris zurück, wo er zwar nicht als Widerstandskämpfer, jedoch immerhin als Opfer anerkannt wurde. Ein weiterer »Glücksfall« für ihn: Da das Außenministerium ihn im Dezember 1941 beurlaubt hatte, konnte man ihm nun nicht vorwerfen, er habe sich der »dissidence«, wie die France Libre im Schriftverkehr dieser Zeit häufig genannt wurde, verweigert – im Gegensatz zu vielen anderen Diplomaten, die de Gaulles Übergangsregierung automatisch entließ.

Als einer der besten Kenner Deutschlands wurde François-Poncet 1949 wieder als offizieller Vertreter Frankreichs nach Bonn entsandt, diesmal als französischer Hoher Kommissar der Besatzungszone und ab März 1955 für einige Monate erneut als Botschafter. Für die Politik Frankreichs gegenüber dem geteilten Deutschland und anschließend der Bundesrepublik spielte er eine wichtige Rolle. Seine anfangs unnachgiebige Haltung milderte sich angesichts der wachsenden internationalen Beziehungen, des beginnenden Kalten Kriegs und der vorsichtigen Annäherung zwischen Frankreich und Deutschland. Auch als Hoher Kommis-

---

[8]   Zu dieser Frage steht eine eingehende Untersuchung bis heute aus. Siehe: Dreyfus, Jean-Marc: *L'impossible réparation. Déportés, biens spoliés, or nazi, comptes bloqués, criminels de guerre*, Paris 2015, S. 56 ff.

[9]   Bock, Hans Manfred: De la ›République moderne‹ à la Révolution nationale. L'itineraire intellectuel d'André François-Poncet entre 1913 und 1943, in: Betz, Albrecht u. Martens, Stefan (Hg.): *Les Intellectuels et l'Occupation, 1940–1944*, Paris 2004, S. 106–148.

sar und als Botschafter verfasste er zahlreiche Berichte, von denen ein Teil veröffentlicht wurde.[10] Selbst im Ruhestand schrieb er noch weiter über Deutschland.[11] Er wurde zum Vizepräsidenten des Französischen Roten Kreuzes ernannt und 1953 in die Académie Française gewählt. François-Poncets Sohn Jean war ebenfalls Angehöriger des diplomatischen Korps, machte jedoch, weil er als allzu »proeuropäisch« galt, erst nach dem Tod de Gaulles Karriere. Von 1978 bis 1981 war er französischer Außenminister.

Der Stellenwert André François-Poncets in der französischen Diplomatie war bereits Gegenstand mehrerer Arbeiten.[12] Mir geht es hier nicht darum, diese Untersuchungen fortzusetzen, auch wenn die Meinungen der Fachleute auseinandergehen, was seine Bedeutung für die deutsch-französischen Beziehungen in den Dreißigerjahren und die französische Politik angesichts der wachsenden Bedrohung betrifft. In seinen Memoiren, die ja wie gesagt eine Art Verteidigungsschrift darstellen, schrieb er: »Aber es interessierte wenig, was ich persönlich [über die französische Politik gegenüber dem »Dritten Reich«] dachte. Ich äußerte aus freien Stücken meine Meinung. [...] In Wirklichkeit war ich eigentlich nur der, der die Nachrichten übermittelte, der Briefträger. Ich war nicht an der Abfassung jener Noten beteiligt, die ich der Wilhelmstraße zu übermitteln hatte.«[13] Wir veröffentlichen hier

---

[10] Bock, Hans Manfred (Hg.): *Les Rapports mensuels d'André François-Poncet, Haut-Commissaire français en Allemagne 1949–1955. Les débuts de la République Fédérale d'Allemagne*, Bd. I: 1949–1952, Bd. II: 1952–1955, Paris 1996. Vgl. Ders.: *Zur Perzeption der frühen Bundesrepublik Deutschland in der französischen Diplomatie: Die Bonner Monatsberichte des Hochkommissars André François-Poncet 1949 bis 1955*. In: *Francia*, 15, 1987, S. 579–658.

[11] Siehe z. B. *De l'Allemagne*, publiziert 1954 im Verlag Le Nouveau Monde.

[12] Ford, Franklin L.: *Three Observers in Berlin. Rumbold, Dodd, and François-Poncet*, in: Craig, Gordon A., u. Felix Gilbert (Hg.): *The Diplomats 1919–1939*, Bd. 2: *The Thirties*, Princeton 1953, S. 447–460; Messemer, Annette: *André François-Poncet und Deutschland. Die Jahre zwischen den Kriegen*, in: *Vierteljahrshefte für Zeitgeschichte*, 39. Jg., Heft 4, Oktober 1991, S. 505–534; Schäfer, Claus W.: *André François-Poncet als Botschafter in Berlin (1931–1938)*, München 2004.

[13] Die Berliner Wilhelmstraße, wo bis 1945 die meisten Ministerien ihren Sitz hatten, steht für das deutsche Regierungsviertel. François-Poncet meint damit

Texte, die in den Dreißigerjahren vom Botschafter Frankreichs in Berlin, einigen in der deutschen Hauptstadt ansässigen Diplomaten sowie Konsuln in anderen Städten verfasst wurden und das »Dritte Reich« in all seinen Aspekten schildern, vom Aufstieg des neuen Regimes über Wirtschaft und Bildungswesen bis zur Propaganda. Besonderes Augenmerk galt den Judenverfolgungen. Wir bieten heutigen Lesern eine Auswahl dieser Berichte mit allen Ausführungen, teilweise in ganzer Länge. François-Poncet war, gelinde gesagt, kein Freund knapper Zusammenfassungen: Der Bericht über den Reichsparteitag 1936 in Nürnberg beispielsweise ist 43 Seiten lang.

Sein Schreibstil ist einzigartig und oft emphatisch. Gleich nach seinem Amtsantritt in der Botschaft, die sich seinerzeit im kleinen barocken Palais Beauvryé am Pariser Platz am Brandenburger Tor befand, überschwemmte er seine Kanzlei mit eindringlichen Berichten über den Zustand der Weimarer Republik, die schwierige Wirtschaftslage und die Bedrohung durch den Nationalsozialismus. Ab 1933 verbarg er nur mit Mühe seine Aversion gegen die neue Führungsriege: »Ich empfand dem nationalsozialistischen Regime gegenüber stets eine heftige Abneigung«, schrieb er 1946. »Ich hatte eine liberale und humanistische Bildung genossen und war aufs Tiefste über die unerbittliche Tyrannei empört, die alle sittlichen Grundsätze mit Füßen trat, brutale Instinkte verherrlichte und sich der eigenen Barbareien rühmte.«[14] Er versuchte, seinem Ministerium klarzumachen, welche Gefahr nun von Deutschland ausging, und beobachtete aufmerksam jedes Anzeichen für Wiederaufrüstungs- oder Expansionsbestrebungen. Dabei bewies er übrigens eine klare Urteilskraft, die man in seinem Buch von 1946 teilweise vermisst, obwohl er dabei auf Kopien oder Entwürfe vieler seiner Schreiben aus den Dreißigerjahren zurückgegriffen haben dürfte.

---

jedoch immer das deutsche Außenministerium das seit 1870 in der Wilhelmstraße 74–76 seinen Sitz hatte. François-Poncet, *Botschafter in Berlin*, S. 18.

[14] Ebd., S. 12.

Dank ihrer sprachlichen Qualität, Detailgenauigkeit und Themenvielfalt dokumentieren diese Berichte auf einzigartige Weise den Aufstieg des NS-Staats, mit besonderem Augenmerk auf die wirtschaftliche Entwicklung. Anstatt sich auf die innen- und außenpolitische Situation Deutschlands zu beschränken, gibt François-Poncet darin die – eindeutig negativ gefärbte – Faszination zu erkennen, die das »Dritte Reich«, aus seiner Sicht ein ganz neuartiges, revolutionäres Regime, auf ihn ausübte. Dass der umfangreiche diplomatische Schriftwechsel bisher nie in seiner Gesamtheit untersucht wurde, ist vor allem der besonderen Unterteilung der Archives diplomatiques in Frankreich geschuldet. Ähnlich wie andere damalige Behörden, etwa das deutsche Auswärtige Amt, bewahrt das französische Außenministerium seine Akten selbst auf, während diejenigen der übrigen Ministerien ins Nationalarchiv wandern. Die Bestände sind in zwei physisch getrennte Gruppen unterteilt: Bis vor Kurzem am Quai d'Orsay, mittlerweile in La Courneuve, lagern die Akten der Verwaltungszentrale, in Nantes hingegen sämtliche Unterlagen aus diplomatischen Vertretungen.[15] Die zentralen Bestände wurden im Zuge der Besetzung Frankreichs stark beschädigt; vor allem Unterlagen, die Deutschland betrafen, wurden kurz vor dem Einmarsch der Wehrmacht im Juni 1940 im Hof des Gebäudes am Quai d'Orsay verbrannt oder per Schiff aus der Stadt geschafft, jedoch unterwegs vernichtet. Die Schreiben aus Berlin und anderen deutschen Städten wurden nach Kriegsende von Archivaren des Ministeriums minutiös rekonstruiert und nach Themen geordnet, sind aber nach wie vor sehr lückenhaft.[16] Einer Ironie des Schicksals zufolge blieben die Bestände der Berliner Botschaft hingegen erhalten, obwohl die diplomatischen Beziehungen mit der Kriegserklärung abbra-

---

[15] Vgl. die Übersicht über die Bestände auf http://www.diplomatie.gouv.fr/fr/archives-diplomatiques/acceder-aux-centres-des-archives-diplomatiques/
[16] Siehe den Verzeichnisband der Serie »Correspondance diplomatique und commerciale«.

chen und das Palais am Pariser Platz Luftangriffen zum Opfer fiel. Da ein Anbau von den Bomben verschont blieb, kamen die in Berlin verbliebenen Durchschriften der diplomatischen Schreiben 1945 in den Trümmern des Gebäudes wieder zutage und wurden später von französischen Truppen geborgen,[17] sodass die Bände vollständig und in gutem Zustand erhalten sind. Dass die Unterlagen, wie von François-Poncet behauptet, »gespickt mit Farbstiftstrichen und Ausrufezeichen« gewesen wären, konnten wir allerdings nicht feststellen.

Die Berichte aus Berlin stehen der Forschung deshalb vollständig zur Verfügung. Von den auf hochwertigem Durchschlagpapier getippten Schreiben in den voluminösen roten Lederbänden in Nantes sind einige in dieser Auswahl enthalten. Dass wir dabei den Unterlagen aus der Berliner Botschaft Vorrang vor denjenigen aus den Konsulaten gaben, beruht nicht nur auf der hervorragenden Qualität der von François-Poncet verfassten Schreiben, sondern auch auf ihrem Erhaltungszustand, der im Gegensatz zu Durchschriften aus Dresden, Stuttgart oder gar Köln perfekt ist. Von den eingegangenen Telegrammen und Berichten, die sich nach Themen sortiert in den Rubriken »diplomatische und Geschäftskorrespondenz« beziehungsweise »Ausländerüberwachung« befinden, bieten nur diejenigen brauchbares Material, die sich in den Akten des Münchner Konsulats befanden, denn das US-Konsulat hatte Kopien davon versteckt und sie damit teilweise vor dem Untergang bewahrt. Die Berichte aus Berlin sind durchweg vom Botschafter selbst unterschrieben, auch wenn anzunehmen ist, dass manche davon zumindest teilweise von seinen Mitarbeitern verfasst wurden. Depeschen und Telegramme hingegen zeichneten die jeweiligen Verfasser selbst ab. Der Stil André François-Poncets ist allerdings ebenso leicht erkennbar wie seine Vorliebe für langatmige Ausführungen. In diesem Buch veröffentlichen wir

---

[17] François-Poncet, *Botschafter in Berlin*, S. 12.

in erster Linie diese Berichte, ergänzt durch einige von den Konsulaten versandte kürzere Telegramme. Aus der Zeit nach dem »Anschluss« Österreichs an das Deutsche Reich im März 1938 haben wir einige Telegramme aus der Wiener Botschaft eingefügt, die kurz darauf in ein Konsulat umfunktioniert wurde.

Für die Auswahl der abgedruckten Dokumente war es mir nicht möglich, sämtliche Archive vollständig durchzuarbeiten. Stattdessen habe ich systematisch jeden dritten Band in regelmäßigen Intervallen gesichtet. Bei den Telegrammen und Depeschen habe ich gezielt nach Berichten oder Kommentaren zu wichtigen Ereignissen dieser Jahre gesucht, etwa zur Machtübernahme Hitlers, zum Nürnberger Reichsparteitag oder zur »Reichskristallnacht«, ohne eine erschöpfende Chronik anzustreben.[18]

---

[18] Textgestaltung: Die Berichte und Depeschen aus Berlin sind überwiegend in Versalien geschrieben; wir haben sie nach den aktuellen Rechtschreibregeln gesetzt. Darüber hinaus stehen in den maschinengeschriebenen Texten deutsche Namen und Begriffe sowie Bezeichnungen von Presseorganen und Buchtitel in Anführungszeichen, die wir im Interesse einer leichteren Lesbarkeit nicht durchweg übernommen haben.

Abb. 2: Mehrmals traf André François-Poncet mit Hermann Göring zusammen (hier 1936), den er als Vertreter des harten Flügels des Nationalsozialismus einschätzte.

Einleitung

François-Poncet, die Diplomatie und der Nationalsozialismus

»Ich gab mich keinerlei Illusionen über den Charakter
Adolf Hitlers hin.«
André François-Poncet 1938

André François-Poncet kam am 13. Juni 1887 als Sohn eines
Verwaltungsbeamten zur Welt, wuchs in einer großbürgerlichen
Familie in Paris auf und studierte an der École normale supéri-
eure, der Kaderschmiede der humanistisch gebildeten republikanischen Elite. Als Soldat im Ersten Weltkrieg wurde er 1917 in
Verdun verwundet und arbeitete danach in Bern in der Schweiz
für einen Presse- und Informationsdienst des Außenministeriums. Als Germanist mit Wirtschaftskenntnissen verfolgte er
aufmerksam die Entwicklungen in Deutschland[1] und entschied
sich nach dem Krieg für eine journalistische Laufbahn, die er
Zeit seines Lebens nie ganz aufgab. Noch 1941 schrieb er für *Le
Figaro*. Als Redakteur des von Robert Pinot herausgegebenen
täglichen Bulletins für das Hüttenkomitee (Comité des Forges)
der Kohle- und Stahlindustrie bildete er das Bindeglied zwischen

---

[1] Zum Verhältnis André François-Poncets zu Deutschland vor 1933 siehe Schäfer,
S. 24–67.

der französischen Schwerindustrie und der politischen Rechten und wechselte schließlich ganz in die Politik. 1924 wurde er als Abgeordneter für das Département Seine gewählt. Politisch vertrat François-Poncet tendenziell den wirtschaftsnahen konservativen rechten Flügel der Republikaner. Von November 1928 bis Februar 1930 gehörte er als Unterstaatssekretär für Unterricht und Bildende Kunst der Regierung von Ministerpräsident Raymond Poincaré an. Im Anschluss fungierte er als Unterstaatssekretär im Wirtschaftsministerium in den Regierungen Laval und Tardieu. Nach einer Mission im August ernannte ihn der damalige Ministerpräsident Pierre Laval[2] am 21. September 1931 zum Nachfolger von Pierre de Margerie zum französischen Botschafter in Berlin. François-Poncet blieb es also erspart, wie sonst in der Berufsdiplomatie üblich, zunächst mit wechselnden Aufgaben in Paris und ausländischen Missionen Stufe um Stufe die Karriereleiter innerhalb der Botschaftshierarchie zu erklimmen. Dass er dennoch in Berlin rasch zu Ansehen kam, lag sicher an seiner umfassenden Kenntnis von Land und Leuten, seiner verbindlichen Wesensart und vielleicht auch an seinem Fleiß, der sich nicht zuletzt in seinem berühmten diplomatischen Schriftverkehr niederschlug. Den Posten als Botschafter bekleidete er bis zu seiner Versetzung nach Rom im Oktober 1938, wo er, wie er später selbst schrieb, Mussolini zur Wahrung des Friedens in Europa zu bewegen hoffte. Sein Nachfolger in Berlin wurde Robert Coulondre.[3]

Als André François-Poncet nach Berlin kam, kannte er Deutschland bereits gut und sprach, wie viele gebildete Franzo-

---

[2] *Annuaire diplomatique français*, 1939, André François-Poncet, S. 275–276. Die offiziellen Nominierungen fanden am 20. August 1931 (kommissarisch) und am 1. März 1932 (endgültig) statt. Die Botschaft in Rom übernahm François-Poncet offiziell zum 18. Oktober 1938.

[3] Robert Coulondre (1885–1959) war als Botschafter ab 1936 in Moskau, von 1938 bis zur Kriegserklärung in Berlin und ab 1940 in Bern tätig. Seine Erfahrungen in den Dreißigerjahren fasste er in seinen Memoiren zusammen: *De Staline à Hitler. Souvenirs de deux ambassades: 1936–1939*, Paris 1950.

sen seiner Generation, fließend Deutsch. 1908 und 1909 hatte er in Berlin und München sein Germanistikstudium vertieft und dort seine Abschlussarbeit über Goethes *Wahlverwandtschaften* geschrieben.[4] Schon früh hatte er populärwissenschaftliche Werke über Deutschland und die Deutschen veröffentlicht; im Laufe der folgenden 50 Jahre sollten weitere folgen. Er war konservativ, wenn auch mit zutiefst republikanischer Gesinnung, und ein entschiedener Gegner von Faschismus, Autoritarismus und Nationalsozialismus. Der Botschafterposten in Berlin war zu dieser Zeit schon nicht mehr der begehrteste, den das Außenministerium am Quai d'Orsay zu vergeben hatte (diesen Platz hatte Washington übernommen), zumal das Land von einer schlimmen Wirtschaftskrise und massiven sozialen und politischen Unruhen geschüttelt wurde. Immerhin fand François-Poncet dort ein gut eingespieltes Botschaftsteam vor. Auch wenn Berlin durchaus die Annehmlichkeiten einer Metropole mit blühender Kultur und regem Gesellschaftsleben bot, gab in Deutschland vieles Anlass zur Sorge, etwa die von den Kommunisten, vor allem aber den Nationalsozialisten geschürte Gewalt in den Straßen, der drohende Zusammenbruch der Wirtschaft oder das ungelöste Problem der Reparationszahlungen. Somit lagen gewaltige Aufgaben vor dem neuen Botschafter, der die in rascher Folge eintretenden Veränderungen beurteilen, deuten und seinen Vorgesetzten in Paris melden musste.

Dabei konnte André François-Poncet in Deutschland auf ein französisches Diplomatennetz zurückgreifen, das in den Dreißigerjahren sehr dicht geknüpft war, da Frankreich dem großen Nachbarn im Osten traditionell besondere Aufmerksamkeit widmete und dort zahlreiche diplomatische Vertretungen unterhielt. In der Botschaft waren 1933, abgesehen vom Botschafter selbst, folgende Mitarbeiter tätig: Pierre Arnal als Generalkonsul in der Funktion als Botschaftsrat, Roland Jacquin de Margerie

---

[4] Messemer, S. 506.

als Botschaftssekretär zweiter Klasse und amtierender Erster Sekretär; Gauquié als Sekretär zweiter Klasse, Seydoux als Sekretär dritter Klasse und amtierender Sekretär zweiter Klasse, Denaint, Konsul dritter Klasse, Brincard, stellvertretender Konsul und amtierender dritter Sekretär.[5] Zur Entlastung des Botschafters und seines ersten Beraters beschäftigte die Botschaft ab 1937 vier Sekretäre erster, zweiter und dritter Klasse sowie einen Botschaftsrat, einen Kanzleiangestellten als Archivar, einen Handels- und einen Finanzattaché sowie einen Handelsvertreter.[6]

Über die Botschaft und das Generalkonsulat in Berlin hinaus unterhielt Frankreich 1933 vier weitere Generalkonsulate in Köln (Dobler), Dresden (Boissier), Hamburg (Saugon) und Stuttgart (Henriet) sowie eine Gesandtschaft in München. Zum diplomatischen Netzwerk gehörten außerdem sieben Konsulate in Bremen (Eybert), Düsseldorf (Henry Noël), Frankfurt am Main (Dufrot), Karlsruhe (Henry Guérin), Königsberg (Gustave Martin), Leipzig (Tournès) und Mainz (Guéritte).[7] 1937 existierte darüber hinaus ein Konsulat in Saarbrücken.[8] Zudem gab es mindestens mehrere Dutzend Honorarkonsuln; viele davon waren Juden.

Schon unmittelbar nach seiner Ankunft in Berlin warnte François-Poncet in seinen Berichten vor der NSDAP, deren zunehmender Einfluss auf die deutsche Politik ihn sehr beunruhigte. Dabei kam ihm die gerade laufende Modernisierung der Kommunikationswege seines Außenministeriums zugute, die den Versand von verschlüsselten Telegrammen, Reprographien und Pressespiegeln ermöglichte. Im Vorjahr hatte die NSDAP ihren ersten großen Wahlsieg erzielt. Ohne damals schon ihre Machtübernahme mit Gewissheit vorhersagen zu können, sah François-Poncet die Partei als massive Bedrohung. Auch die An-

---

[5] *Annuaire diplomatique français*, 1933, S. 33.
[6] *Annuaire diplomatique français*, 1937, S. 37.
[7] *Annuaire diplomatique français*, 1933, S. 33.
[8] *Annuaire diplomatique français*, 1937, S. 35.

zeichen für ein Wiedererstarken des deutschen Nationalismus beurteilte er kritisch. Ende 1931 ging es in seinen Berichten unter anderem um folgende Themen:

4. Dezember 1931, Nr. 1077: betr. die Organisation der national-sozialistischen Sturmtruppen (Artikel im *Bayerischen Kurier*)

10. Dezember 1931, Nr. 1090, betr. neuerliche Gewaltexzesse der Nationalsozialisten

16. Dezember 1931, Nr. 1111, betr. die Gründung eines NS-Flie-gerkorps

17. Dezember 1931, Nr. 1116, betr. eine Pressekonferenz Hitlers für britische und amerikanische Journalisten

18. Dezember 1931, Nr. 1117, betr. die Organisation der NSDAP und Frankreichs

18. Dezember 1931, Nr. 1119, betr. den Werdegang des NS-Abge-ordneten und möglichen Präsidentschaftskandidaten General von Epp.

Die Berichte und Telegramme schildern zudem im Detail die extrem komplizierten Bemühungen der deutschen Regierung, die immer selbstbewusster werdenden rechtsextremen Gruppie-rungen im Zaum zu halten. Die durchweg schwachen Regierun-gen stärkten hierzu entweder die Exekutive bis hin zur Ein-schränkung der bürgerlichen Freiheiten oder versuchten, das angeschlagene demokratische Staatsgefüge einigermaßen auf-rechtzuerhalten. Diesen Spagat beschrieb François-Poncet etwa im April 1932 in seiner Analyse des vom preußischen Innenmi-nister vorgelegten Berichts über die Vorbereitungen der Natio-nalsozialisten für die Machtübernahme.[9] Der Geheimdienst der NSDAP [der spätere Sicherheitsdienst], so die Depesche, hatte nicht nur die Aufgabe, die Polizei, sondern auch die Reichswehr

---

[9] Centre des archives diplomatiques de Nantes (CADN), Berlin, Botschaft, A–419, Nr. 289. Soweit nicht anders angegeben, stammen alle im Folgenden zitierten Dokumente aus dem in Nantes aufbewahrten diplomatischen Archiv.

zu bespitzeln (das vom Versailler Vertrag nach dem verlorenen Weltkrieg zugestandene Heer), um »die Organe der Staatsgewalt von innen her zu zersetzen«. Die Erkenntnis, dass sich damit die Vereinnahmung der Staatsorgane durch die Partei im Keim bereits als typisches Phänomen und grundlegendes Ziel des Faschismus andeutete, führte 1932 vorübergehend zum Verbot der SA.[10]

Ein weiteres Beispiel für François-Poncets wachen Blick sind seine umfassenden Berichte über die Bemühungen des Kabinetts Schleicher, das am 3. Dezember 1932 als letzte Regierung der Weimarer Republik die Arbeit aufnahm:»Der Reichspräsident hat, wie vom Reichskanzler kürzlich in einer Rundfunkrede angekündigt, am Dienstag, dem 20. Dezember, die neue Verordnung ›zur Erhaltung‹ des inneren Friedens‹ erlassen. Sie setzt die Verordnungen vom 14. und 28 Juni, 9. August und 2. November des Vorjahres mit einer Reihe Maßnahmen gegen politische Ausschreitungen und zur Wahrung der öffentlichen Ordnung und Sicherheit ganz oder teilweise außer Kraft. Eine weitere Folge [der neuen Verordnung] ist die Auflösung der Sondergerichte [...]. Das Verbot jeglicher öffentlichen Versammlung wurde ebenso aufgehoben wie die Verpflichtung der politischen Vereine, ihre Statuten dem Innenministerium vorzulegen und auf behördliche Aufforderung abzuändern.«[11] Kurt von Schleicher wurde in der »Nacht der langen Messer« im Juni 1934 ermordet.

Besondere Aufmerksamkeit widmete François-Poncet der SA, dem unter dem Namen »Stahlhelm«[12] agierenden paramilitärischen Bund ehemaliger Frontsoldaten mit revanchistischen und

---

[10] Die Ende 1921 gegründete „Sturmabteilung" (SA) bildete den paramilitärischen Arm der NSDAP. In der Weimarer Republik war die SA teilweise verboten, dann wieder offiziell erlaubt. 1933 soll sie bis zu 400 000 Mann stark gewesen sein. Ihr Befehlshaber war bis zu seiner Ermordung 1934 Ernst Röhm.

[11] Berlin, Botschaft, A–422, Nr. 1158: Die ersten Verordnungen des Kabinetts Schleicher, 21.12.1932.

[12] Der »Stahlhelm, Bund der Frontsoldaten", war eine der wichtigsten nationalistischen paramilitärischenOrganisationen in der Weimarer Republik und wurde bis 1935 von der NSDAP geduldet.

irredentistischen Strömungen sowie weiteren der damals zahlreichen reaktionären und faschistischen Bewegungen. Noch am
11. Januar 1933, 19 Tage vor Hitlers Ernennung zum Reichskanzler, schilderte er in einem seiner Berichte eine Demonstration für
den Anschluss Ostpreußens und damit für die Abschaffung des
»Danziger Korridors«, der das deutsche Gebiet an der Ostsee seit
der Neugründung Polens nach dem Ende des Ersten Weltkriegs
vom übrigen Deutschen Reich trennte. Über die Großveranstaltungen des Stahlhelms zum zehnten Jahrestag der Ruhrbesetzung
am 12. Januar heißt es: »Zum Jahrestag hatte die nationalistische
Vereinigung Stahlhelm zu einer Festveranstaltung am Rhein aufgerufen; am Abend des 10. Januar wurden oberhalb des Stroms,
der von der Schweizer Grenze bis nach Holland fließt, Feuer ent-
zündet. Zeitgleich strömten aus allen Teilen des Ruhrgebiets
Stahlhelm-Mitglieder mit Lastwagen in Essen zusammen und
versammelten sich zu einer Kundgebung auf dem Burgplatz.«[13]

Ein Bericht vom 19. Januar 1933 erläuterte die Propaganda für
eine Neuordnung der Ostgrenzen, ein anderer vom 24. Januar
schilderte den Osthilfeskandal, der das agrarpolitische Unter-
stützungsprogramm für die östlichen preußischen Provinzen
betraf und vom Umfang her mit dem Panamaskandal vergleichbar war. Am 25. Januar – nur sechs Tage vor der »Machtergreifung« Hitlers – machte François-Poncet sich in seinem täglichen
Bericht nach Paris Gedanken über die Chancen der NSDAP bei
den nächsten Wahlen: »Die bei Hitlers Anhängern seit den Wahlen vom 6. November erkennbare Zurückhaltung schien sich
zu verstärken, und die Regierung hatte offenbar Sorge, der Rückgang könne schneller als erwartet oder gewünscht verlaufen,
doch dann stellte der Wahlerfolg der Nationalsozialisten am
15. Januar im kleinen Freistaat Lippe den Kampfgeist des Partei-
chefs wieder her und beschwor zumindest vorerst erneut die

---

[13] Der Burgplatz ist ein zentraler Platz in der Essener Innenstadt. Berlin, Botschaft, A–422, Nr. 45.

Gefahr einer massiven Spaltung herauf. Doch wird der Wiederaufschwung, der Herrn Hitler gelang, auch von Dauer sein?«[14]

Auch wenn die heutigen Historikern wohlbekannten Geheim-
verhandlungen, die hinter den Kulissen längst stattfanden und
letztlich Hitlers »Machtergreifung« zur Folge hatten, in den Berichten nicht im Detail erläutert werden, wurden die französischen Diplomaten unmittelbar Zeugen der brachialen Abschaffung der Demokratie. Am 2. März 1933 berichteten sie über die
Unterzeichnung einer neuen »Verordnung des Reichspräsidenten
gegen Verrat am deutschen Volke und verräterische Umtriebe«,
die in ihren Augen eine »gefährliche Waffe in den Händen einer
Regierung [darstellte], die zum einen die kommunistischen Umtriebe eindämmen und zugleich im Schutz eines dichten Netzes
äußerst repressiver Verordnungen das Wiedererstarken Deutschlands als Militärmacht vorantreiben will«.[15] Am 15. März 1933
schreiben sie über die Gründung eines Propagandaministeriums,
am 16. März über die Verhaftung eines Franzosen aus Forbach
namens Dr. Klauber, der enge Beziehungen zur Botschaft unterhielt (und festgenommen wurde, weil man bei ihm sozialistische
Pamphlete gefunden hatte), am 3. April dann über das Verbot
ausländischer Zeitungen.

Die Berichte aus Berlin und die Konsulatstelegramme behandeln eine ganze Reihe von Themen. Im Mittelpunkt stehen
gleichwohl die deutsche Innenpolitik und die entsprechenden
Äußerungen der Regierung, denn die vorrangige Aufgabe einer
modernen Botschaft besteht ja darin, praktisch in Echtzeit über
die jeweils aktuelle Lage zu berichten. Doch ebenso werden Aufbau, Führungsriege und Ideologie der NSDAP darin minutiös
aufgeschlüsselt. Generell um die deutsche Gesellschaft und die
öffentliche Meinung – soweit sie sich in der aus Sicht der französischen Diplomaten verblüffend schnell entstandenen Diktatur

---

[14] Berlin, Botschaft, A–422, Nr. 96.
[15] Berlin, Botschaft, A–423, Nr. 216.

zu erkennen gab – geht es in vielen Ausführungen, etwa über die
Wirtschaftskreise, die Arbeiter oder, wenn auch in geringerem
Umfang, die Bauern. Die Reaktionen der Deutschen auf die brutale politische Repression und die massive Propaganda ihres
neuen Regimes werden eingehend untersucht. Zahlreich sind
auch Schilderungen von Aufbau und Aktivitäten der Hitlerjugend und anderer parteinaher Organisationen, der Hochschul-
reformen und des Bildungswesens im Allgemeinen und der
damit angestrebten Verinnerlichung der neuen Rassenideologie.
Im Juli 1933 beispielsweise heißt es in Bezug auf die höhere
Schulbildung: »Die Geschichte, die Herr Frick den Kindern beibringen lassen will, ist nicht die Geschichte Deutschlands, sondern die der germanischen Rasse. Nach seinen Vorstellungen
sollen die Lehrer die engen Bindungen der Menschen im deutschen Reich zu den Skandinaviern betonen. Zudem sollen sie
ihren Schülern nahebringen, dass ein Drittel der Deutschen
derzeit außerhalb der Reichsgrenzen lebt, und das Interesse der
Jugend für diese Brüder im Exil wecken.«[16]

Da einige Texte die Rassenideologie zu erläutern versuchen,
waren sich die französischen Diplomaten augenscheinlich schon
früh bewusst, dass es sich beim neuen deutschen Regime nicht
um eine »klassische« Diktatur handelte: »Die französische Öffentlichkeit neigt dazu, die nationalsozialistische Revolution als
überwiegend politisch motiviertes, gewagtes Unterfangen abzutun, das durch Arbeitslosigkeit und Armut beflügelt und von
schlichten Abenteurern in die Tat umgesetzt worden sei«, erklärt
eine Depesche schon im Juni 1933. »Sie ignoriert dabei die theoretischen Grundlagen, auf die diese Abenteurer ihre Machtergreifung stützen, oder nimmt sie nicht ernst. Der ›Rassismus‹,
das wiedererweckte ›Germanentum‹, die Schaffung einer neuen
Welt durch ›rassenreine Arier‹ wirken [auf Franzosen] wie gera-

---

[16] Berlin, Botschaft, A–424, Nr. 425, 13.7.1933, Kopie an die Dienststelle für französische Werke im Ausland Nr. 20, »Une circulaire du Ministre de l'Intérieur du
Reich sur l'enseignement de l'Histoire«.

dezu lächerliche Ideen, auf die man nicht allzu viel Zeit verschwenden sollte.«[17]

Wenn François-Poncet über die Nazi-Propaganda, die vielen
spektakulär in Szene gesetzten Aufmärsche und die Nürnberger
Parteitage schrieb, wurde er scharf und zugleich geradezu lyrisch.
Im Bericht über den Parteitag von 1935 schilderte er ein »in jeder
Hinsicht grandioses Schauspiel, dessen Szenen einem vertrauten
Rhythmus folgen, mit einer überwältigenden Abfolge kolossaler
Tableaux vivants, endlosen Massenversammlungen, Strömen vorbeimarschierender Menschen und Paraden, die in ihrer Stärke
mit ganzen Armeen konkurrieren können. Gerade erst endete der
siebte Parteitag der NSDAP, der dritte seit der Machtübernahme
Hitlers und seiner Anhänger. Acht Tage lang hatte er ganz
Deutschland in Atem gehalten, Hunderttausende wachgerüttelt
und eine regelrechte Völkerwanderung nach Nürnberg in Bewegung gesetzt, hin zur heiligen Stätte zahlloser Massen, die alle von
derselben Sehnsucht angetrieben sind, den auserwählten Mann zu
sehen und zu hören, der ihr Land so sehr verzaubert hat und nach
vierzehnjährigem Bemühen um die Erweckung des Nationalbewusstseins im Volk nicht nur Staatschef und Volksführer geworden ist, sondern eine Art Messias der germanischen Rasse.«[18]

Auch über den Stellenwert der katholischen und evangelischen Kirche in Deutschland schreibt François-Poncet ausführlich, oft mit großer Sorge angesichts der zunehmenden Unter-
drückung vor allem der Katholiken. Ebenso interessiert ihn die
Rolle der Habsburger und Hohenzollern in der neuen Führungsriege, vor allem die Frage, was es mit der von der NSDAP augenscheinlich angestrebten Restauration des Kaiserreichs wirklich
auf sich hat.[19] Die schnelle und tief greifende Neuordnung der

---

[17] Berlin, Botschaft, A–424, Depesche Nr. 660, 22.6.1933; Studie über Hitlers Ideologie.
[18] Berlin, Botschaft, A–437, Nr. 1344
[19] Heute ist bekannt, dass es solche Bestrebungen nicht gab, sondern das totalitäre
Regime um eine Einbeziehung des Hochadels nicht umhinkam. Zu diesem

deutschen Verwaltung verfolgen die französischen Botschaftsmitarbeiter sehr aufmerksam, stets in engem Kontakt mit ihren
deutschen Kollegen im Auswärtigen Amt, das Gegenstand ein-
gehender Betrachtungen ist. Große Sorge weckt vor allem die
Vereinnahmung und schrittweise, wenn auch zunächst noch begrenzte (erst 1942 vollständige) Nazifizierung der Diplomatie.[20]
Die französischen Diplomaten erkennen den totalitären Charakter des Regimes und seine absolute Kontrolle über alle Bereiche
der Gesellschaft, ohne jedoch die ganze Tragweite und Brutalität
seiner Unterdrückungsmechanismen zu begreifen. Ein eigenar-
tig reges Interesse zeigen sie für die SA, selbst nachdem deren
Anführer in der »Nacht der langen Messer« im Juni 1934 ermordet worden waren, während die SS so gut wie gar nicht erwähnt
wird und die Besonderheiten der erst ab 1936 Zug um Zug zu-
sammengelegten Polizeibehörden von Gestapa über Gestapo bis
Kripo in den Berichten aus Berlin nicht thematisiert werden.
Auch die Konzentrationslager, die viele schon in dieser Phase
voller Sorge beobachteten, kommen praktisch nicht vor.

Wirtschaftsfragen hingegen werden aufgrund von François-
Poncets ausgeprägtem Interesse auf Hunderten von Seiten be-
sprochen. Ihre Verfasser waren im Licht unserer heutigen Kenntnis der deutschen Wirtschaftsgeschichte dieser Epoche erstaunlich
scharfsinnig, beispielsweise, was den vermeintlichen Rückgang
der Arbeitslosigkeit betrifft, den das Regime zum großen Teil
künstlich herbeiführte, indem es weite Teile der Bevölkerung,

---

Thema vgl. Jonathan Petropoulos: *Royals and the Reich. The Princes von Hessen
in Nazi Germany*, Oxford 2006.

[20] Heute beschäftigen sich zahlreiche Arbeiten mit der Rolle der Diplomaten und
des Auswärtiges Amts im Nationalsozialismus. Vgl. insbesondere den von Ex-
Außenminister Joschka Fischer in Auftrag gegebenen umfangreichen Sammelband von Eckart Conze, Norbert Frei, Peter Hayes und Moshe Zimmermann
(Hg.): *Das Amt und die Vergangenheit. Deutsche Diplomaten im Dritten Reich
und in der Bundesrepublik*, München 2010. Analysen weiterer Werke finden sich
in Dominique Trimbur: Le ministère allemand des Affaires étrangères entre
Troisième Reich et République fédérale d'Allemagne, in: *Francia*, Bd. 42 (2015),
S. 371–386.

allen voran Juden und Frauen, systematisch vom Arbeitsmarkt ausschloss und zudem Arbeitskräfte für Großprojekte mobilisierte. Zugleich zeigen die Berichte sehr genau die bestehenden Engpässe aufgrund fehlender Rohstoffe und Kredite auf.[21]

François-Poncet wiederholte sich häufig, fasste oft die bereits übersandten Informationen noch einmal zusammen, als sei es ihm ein Bedürfnis gewesen, ständig über das »Dritte Reich« zu schreiben. In seinen weitschweifigen Texten treten die Handlungsweisen des Regimes, seine unablässigen Reformen und Vorstöße und die ständige Mobilisierung der Massen plastisch hervor. Klar erkennt man die politische Landschaft, die Hannah Arendt 20 Jahre später in ihrem Hauptwerk *Elemente und Ursprünge totaler Herrschaft* theoretisch aufarbeitete.[22]

Schon bald nach der Machtübernahme des neuen Regimes war François-Poncet überzeugt, dass von dieser Seite ein erneuter Angriff drohte, auch wenn die NS-Führungsriege dies immerfort abstritt und Hitler in seinen Reden beteuerte, er strebe nach Frieden. Deutlich werden François-Poncets Befürchtungen in seinem Bericht vom 13. Juli 1933, in dem er eine Rede Görings analysiert: »Ohne die Aufrichtigkeit von Herrn Görings Erklärungen in Zweifel zu ziehen, muss man sich doch fragen, ob das Selbstvertrauen, der Heldenkult, die Hochachtung vor Stärke, der Rassenstolz, der Hass auf alles Fremde und Internationale, die Hitlers Bildungssystem die Jugend lehren soll, nicht zugleich ihrer Gewaltbereitschaft und einer gefährlichen Lust auf Eroberungen und Imperialismus Vorschub leisten.«[23] Die Besorgnis, Hitler strebe einen Krieg an, schlug rasch in Gewissheit um, auch wenn weitge-

---

[21] Eine neuere Arbeit zu diesem Thema ist Adam Tooze: *The Wages of Destruction. The Making and Breaking of the Nazi Economy*, London 2006, dt. *Ökonomie der Zerstörung. Die Geschichte der Wirtschaft im Nationalsozialismus*, München 2008.

[22] Arendt, Hannah, *Les Origines du totalitarisme*, hg. von Pierre Bouretz, Paris 2002, S. 821 ff., dt. *Elemente und Ursprünge totaler Herrschaft*, München 1986.

[23] Berlin, Botschaft, A–425, Nr. 772, Kopie beim Service des œuvres françaises à l'étranger, Nr. 20.

hend unklar blieb, welche Form dieser annehmen würde. François-Poncet bezweifelte lange Zeit, Frankreich könne das vorrangige Angriffsziel sein. Ebenfalls als Fehleinschätzung erwiesen sich seine Bedenken, das »Dritte Reich« strebe eine Wiederherstellung des 1918 verlorenen deutschen Kolonialreichs in Afrika und Asien an. Das tatsächliche Ziel der Nationalsozialisten – ein Großreich, das sich über Mittel- und Osteuropa erstrecken sollte – erfassten die französischen Diplomaten nicht.

Sorgen machten sie sich schon bald nach 1933 wegen der Wiederaufrüstungsbestrebungen. Eigentlich waren diese Beobachtungen Sache der Nachrichtendienste, doch zog auch die Botschaft Erkundigungen von freiwilligen »Spionen« in bestimmten Fabriken ein und übermittelte sie regelmäßig nach Paris. Solche Informationen ebenso wie weiteres Material aus »kommunistischen Quellen« vertrauten die Franzosen zumindest in den ersten Jahren des NS-Regimes noch relativ unbedenklich dem Diplomatengepäck an. Am 1. November 1933 beispielsweise schickte die Berliner Botschaft »fotografische Dokumente bezüglich des vom Reichsluftfahrtministerium geplanten Flugzeugbaus« nach Paris. Die Fotos zeigen 29 Flugzeugmodelle, die das Ministerium im Rahmen des Konstruktionsprogramms, das noch vor dem 1. Januar 1934 beschlossen werden sollte, anfertigen ließ. Betrachtet man sie mit der Lupe, erkennt man genau, dass es sich um Militärmaschinen handelte: »Die zweimotorigen Eindecker-Bomber vom Typ Messerschmitt M34, von denen zehn Stück gebaut werden sollen, werden voraussichtlich mit zwei Zwillingsmaschinengewehren und einem einfachen Maschinengewehr ausgestattet und können 1098 kg Sprengstoff befördern.«[24]

Viel Raum nehmen in den Berichten und dementsprechend auch in diesem Buch das Erscheinungsbild und die Instrumentalisierung des Antisemitismus in Deutschland und Österreich zwischen 1931 und 1939 ein – ein Thema, das uns heute beson-

---

[24] Berlin, Botschaft, A–426, Nr. 1199, und Völkerbund (VB), Nr. 1200.

ders wichtig ist, weil die Judenverfolgung und der Holocaust in der Erforschung des Nationalsozialismus von zentraler Bedeutung sind. Für mich persönlich hat es zudem aufgrund meiner Arbeiten über die Vernichtung der europäischen Juden einen besonderen Stellenwert. Dass die Situation der deutschen, später auch der österreichischen Juden, die Anfeindungen, denen sie schon vor Hitlers »Machtergreifung« ausgesetzt waren, und die antisemitische Politik der NSDAP und später des Deutschen Reichs in den Berichten eine so große Rolle spielten, hing mit dem besonderen Interesse der französischen Behörden an diesem Thema zusammen. Da Frankreich für Flüchtlinge aus dem Reich zur ersten Anlaufstelle geworden war, kam es dort in den Dreißigerjahren immer wieder zu hitzigen Debatten über die innenpolitische Bewältigung dieses Zustroms.[25] Das Außenministerium, dessen diplomatische Vertretungen ja die Einreisevisa ausstellten, verfolgte deshalb sehr aufmerksam das Schicksal der Juden. Schon ab März 1933 hatte die Berliner Botschaft Anweisung, »die derzeit in Deutschland kursierenden antisemitischen Schmähschriften sowie Zeitungsausschnitte über Gewalttaten gegen Juden«[26] zu sammeln und nach Paris zu schicken. Schon im Februar 1933 beschworen die Depeschen aus Berlin dramatische Bilder herauf. Auch wenn der in Diplomatenkreisen übliche Stil den Verfassern kaum Gelegenheit gab, ihre wirklichen Gefühle angesichts der Tragödie der deutschen Juden auszudrücken, ist die Missbilligung nicht zu übersehen. Scharfsichtig schrieb François-Poncet am 3. April 1933: »Erschrocken sind die deutschen Juden weniger über die körperlichen Misshandlungen. Weitaus mehr fürchten sie eine systematische perfide Verfolgung, die Juden, den Angehörigen der freien Berufe und sogar den kleinen kaufmännischen Angestellten die Lebensgrundlage

---

[25] Caron, Vicki: *L'Asile incertain. La crise des réfugiés juifs en France, 1933–1942*, aus dem Engl. von Simon Duran, Paris 2008, engl. Originalausgabe: *Uneasy Asylum: France and the Jewish Refugee Crisis, 1933–1942*, Stanford 2002.

[26] Berlin, Botschaft, A–423, Nr. 85, 22. März 1933.

entziehen und sie zu Bürgern zweiter Klasse machen, die an den Rand der deutschen Gesellschaft und in eine Art ›moralisches Ghetto‹ gedrängt werden. Tausende Existenzen werden auf diese Weise zerstört.«[27]

Im Laufe dieser Monate und Jahre beschreiben die als Diplomatengepäck übersandten Texte, die chiffrierten und unchiffrierten Telegramme die zunehmende Ausgrenzung der deutschen Juden, manchmal nur am Rande wie in einer Depesche von Januar 1936, die den Ausschluss von »Nichtariern« von der Deutschen Arbeitsfront[28] erwähnt, manchmal sehr detailliert. Obwohl die Depeschen sich um Objektivität bemühen, sind ihre Verfasser selbst nicht ganz frei von antisemitischen Klischees, etwa wenn die Rede davon ist, einige Juden entzögen sich durch Bestechung der NS-Behörden dem Schicksal ihrer Glaubensgenossen, oder wenn es augenscheinlich überzogen heißt, 80 Prozent der Mitglieder der Anwaltskammer seien Juden.

Auch wenn die Analysen des nationalsozialistischen Antisemitismus eher knapp ausfielen, da sie eigentlich nicht Aufgabe der Diplomaten waren, lassen sie dennoch erkennen, dass es sich um eine ganz eigenständige Form des Judenhasses handelte, der nicht lediglich als Aufhänger für die Mobilisierung der Massen diente, sondern ein zentrales Element der nationalsozialistischen Ideologie und eine klare Vorgabe für das Regime bildete. Die NS-Größen überboten sich gegenseitig, um die antisemitische Politik maßgeblich zu beeinflussen. Die Situation der Juden in Berlin selbst erschloss sich den Botschaftsangehörigen durch Beobachtungen der Gewalt in den Straßen, der Boykotte und Angriffe gegen jüdische Geschäfte, aber auch aus der Presse und aus Gesetzestexten. Die Depeschen der außerhalb der Hauptstadt ansässigen Konsuln lassen enge Verbindungen zu jüdischen

---

[27] Berlin, Botschaft, A–422, Nr. 324, Depesche vom 5. März 1933. Das getippte Datum der Depesche ist der 5. März, das ist aber offensichtlich ein Tippfehler, die Depesche wurde nach dem 1. April 1933 geschrieben.

[28] Berlin, Botschaft, A–439, Nr. 117.

Funktionären erkennen, die sie häufig (und stets anonym) zitieren. Am engsten und beständigsten waren diese Kontakte offenbar vor allem in München.[29]

Als weitere Folge der antisemitischen Politik des »Dritten Reichs« mussten die diplomatischen Vertretungen Frankreichs und der übrigen Länder sich um das Schicksal ihrer jüdischen Landsleute kümmern, die in Deutschland in Schwierigkeiten geraten oder verhaftet worden waren. Bei den französischen Staatsbürgern handelte es sich oft um Elsässer und Lothringer, die nach 1918 ins deutsche »Altreich« in den Grenzen von vor 1870 übersiedelt waren und nun von dort ausgewiesen wurden. War eine Haft- oder Geldstrafe gemäß den geltenden »Judengesetzen« verhängt worden, sandte die Botschaft, meist auf Antrag des Außenministeriums, eine Verbalnote,[30] gelegentlich auch eine Bitte um »Gnade«, an ihre offiziellen Ansprechpartner in der Wilhelmstraße. Das war beispielsweise der Fall bei Alfred Lévy, den ein Gericht in Offenburg wegen illegalen Devisenverkehrs zu einer zweieinhalbjährigen Haftstrafe abzüglich der viermonatigen Untersuchungshaft und einer Geldstrafe von 30 000 Reichsmark verurteilt hatte. Der Hintergrund: Lévy hatte ohne Genehmigung Geld ins Ausland überwiesen. Manchmal verliefen die Interventionen der Botschaften erfolgreich, etwa im Fall Manfred Dreyfus, der wegen eines Verstoßes gegen das »Gesetz zum Schutze des deutschen Blutes« inhaftiert worden war und dessen Freilassung und Abschiebung nach Frankreich das Außenministerium der Botschaft im Januar 1938 mit-

---

[29] Als Sonderfall in der französischen Diplomatie, die traditionell wenig Sympathien für den Zionismus und Israel aufbrachte, kann der Dichter Jean Bourdeillette gelten. Er war von 1933 bis 1937 Konsul in Nürnberg und danach bis 1939 in Frankfurt am Main und setzte sich aufgrund seiner Erfahrungen im Deutschland der Dreißigerjahre intensiv für einen jüdischen Staat ein und war 1959 bis 1965 als Botschafter in Israel tätig. 1968 veröffentlichte er ein Buch mit dem Titel *Pour Israël* (Für Israel).

[30] Als Verbalnote bezeichnet man ein Schreiben einer diplomatischen Vertretung an das Außenministerium des Gastlandes.

teilte.[31] Die diplomatischen Vertretungen setzten sich auch dafür ein, dass die im Deutschen Reich ansässigen französischen Juden ihr Vermögen in die Heimat ausführen durften.[32]

Aus welchen Quellen bezogen Frankreichs Botschaft und Konsulate in Deutschland eigentlich ihre Informationen? Angesichts des raschen und stetigen Aufstiegs eines in der Geschichte einzigartigen politischen Regimes und der Schwierigkeit, sich über eine Diktatur und eine gründlich mundtot gemachte öffentliche Meinung ein Urteil zu bilden, ist die Frage sicher berechtigt. Obwohl das Regime schon früh eine strikte Zensur verhängte, die jegliche Veröffentlichung auf das Strengste kontrollierte, blieb die Presse für die Botschaft dennoch bis 1939 eine wichtige Informationsquelle. Nicht selten hatten die Diplomaten Mühe, Meldungen zu deuten, von denen sie wussten, dass sie im Grunde nichts als offizielle Verlautbarungen oder reine Propaganda darstellten. Eine weitere wichtige Quelle waren die offiziellen und inoffiziellen Kontakte zu Diplomaten anderer Staaten. François-Poncet traf sich einmal monatlich zum Abendessen mit seinen Kollegen aus den mit Frankreich verbündeten Ländern,[33] doch im Zuge der Erfolge der deutschen Diplomatie fanden sich nach und nach immer weniger dazu ein. Eine Quelle für Informationen waren auch deutsche Funktionäre, wobei die Kontakte zu NS-Größen in der offiziellen Korrespondenz eigenartigerweise nicht erwähnt werden, ganz so, als hätten die Franzosen sie nicht als vertrauenswürdig eingestuft. André François-Poncet jedenfalls war, wie gesagt, im Umgang mit der Nazi-Prominenz eher zurückhaltend, auch wenn er und seine Frau mehrmals auf Görings Landsitz Carinhall nördlich von

---

[31] Berlin, Botschaft, B–213, Depesche Nr. 22 vom 7. Januar 1938, betr. Freilassung von Manfred Dreyfus.
[32] Berlin, Botschaft, A–439, Depesche Nr. 209 vom 1. Februar 1936, betr. Rückführung der Guthaben jüdischer französischer Staatsangehöriger.
[33] François-Poncet, *Botschafter in Berlin*, S. 186–187.

Berlin zu Gast waren.[34] Auch mit Hitler traf sich François-Poncet mehrfach unter vier Augen. Daher hatte er zweifellos Gelegenheit, den ersten Eindruck zu revidieren, den er bei einem Empfang in der italienischen Botschaft am 9. Februar 1933 von Hitler gewonnen hatte; in seiner Schilderung dieses Abends bezeichnete er ihn als »Dorf-Mussolini«.[35] Ein letztes Mal vor seiner Abreise nach Rom traf er am 18. Oktober 1938 im Kehlsteinhaus (das unter Diplomaten »Adlerhorst« genannt wurde) in den Berchtesgadener Bergen mit Hitler zusammen.[36] In seinem letzten Bericht aus Berlin schilderte François-Poncet diese Begegnung sehr eingehend und griff sie auch 1946 in seinem Buch wieder auf. Diese abschließende Einschätzung Hitlers lässt den Scharfblick vermissen, den der Botschafter sonst in vielen seiner Depeschen bewiesen hatte. Er zögert regelrecht, ein negatives Urteil über den Führer zu fällen: »Offenbar sah er im Geist schon die Möglichkeit einer neuen Krise, vielleicht eines allgemeinen Krieges. Vielleicht auch war er in seinem Innern skeptisch gegenüber den Aussichten, eine solche Tragödie noch zu verhüten? Auf jeden Fall schien er von dem Wunsche erfüllt, es zu versuchen, oder froh, es versucht zu haben, um, wenn auch nicht sein eigenes, so doch das Gewissen seines Volkes zu erleichtern. Und er meinte, durch Frankreich und die Mithilfe Frankreichs sollte zur Tat geschritten werden.« François-Poncet weiter: »Ich gab mich keinerlei Illusionen über den Charakter Adolf Hitlers hin. Ich wusste, er war wechselnd, heuchlerisch,

---

[34] Hermann Göring nutzte Carinhall zur prunkvollen Inszenierung des »Dritten Reichs« für das diplomatische Korps, vgl. Knopf, Volker u. Martens, Stefan: *Görings Reich. Selbstinszenierungen in Carinhall*, Berlin 1999. Göring nahm im »Dritten Reich« eine Schlüsselrolle ein und übte zahllose Ämter aus, u. a. als Innenminister, Ministerpräsident von Preußen, Reichsminister für Luftfahrt und Beauftragter für den Vierjahresplan (Wiederaufrüstung).

[35] Vgl. den Wortlaut des Berichts (auf Französisch) in Schäfer, S. 327–329 sowie S. 168. Das Dokument gehört zu den persönlichen Papieren André François-Poncets, die im Nationalarchiv unter der Signatur AP/462 verwahrt werden, in diesem Fall AP/462 Nr. 14.

[36] François-Poncet, *Botschafter in Berlin*, S. 395 ff.

widerspruchsvoll, und es war kein Verlass auf ihn. Derselbe Mensch, der ein freundliches Wesen zeigte, Empfinden für die Schönheiten der Natur verriet, der mir am Teetisch vernünftige Gedanken über die europäische Politik darlegte, war schlimmster Raserei, wildester Erregung, wahnwitzigster Pläne fähig.«[37]

Um mehr über das Regime in Erfahrung zu bringen, schickte François-Poncet zudem seine Botschaftsmitarbeiter als Beobachter zu Aufmärschen und Kundgebungen und ließ sich von ihnen ausführlich berichten, was sie auf privaten Reisen innerhalb Deutschlands erlebt und gesehen hatten. Darüber hinaus hatte die Botschaft im Stillen einige Informanten, darunter hochrangige Wirtschaftsvertreter und Journalisten, insbesondere der liberal-konservativen *Frankfurter Zeitung*. Dass ihre Namen im diplomatischen Schriftverkehr nirgends auftauchen, belegt zweifellos, dass die Franzosen ihre Kommunikation mit Paris selbst in Form von Diplomatengepäck nicht als hundertprozentig sicher einschätzten. Einer ihrer wichtigsten Gewährsmänner, dessen Ansichten augenscheinlich sehr geschätzt und in langen Berichten übermittelt wurden,[38] war von 1931 bis 1933 Ernst Graf zu Reventlow, ein Aristokrat aus uraltem Mecklenburg-Holsteiner Adel, Autor zahlreicher Werke über geschichtliche Themen, glühender Antisemit und überzeugter Nationalist. Schon vor dem Ersten Weltkrieg hatte er sich in rassistischen und revanchistischen Kreisen bewegt.[39] Er war 1927 in die NSDAP eingetreten, jedoch einem Bericht zufolge möglicherweise schon »seit 1921 ein Gefährte Hitlers«. Zudem galt er als außenpolitischer Fachmann. Seine Nähe zu den französischen Diplomaten beruhte vermutlich darauf, dass seine Frau Französin war und er neben anderen altgedienten Nazis wohl vergleichsweise vertrau-

---

[37] Ebd., S. 402.
[38] Vgl. z. B. Berlin, Botschaft, A–413, Nr. 1013, Gespräch mit Graf zu Reventlow, 3. November 1931.
[39] Klee, Ernst: *Das Personenlexikon zum Dritten Reich. Wer war was vor und nach 1945*, Frankfurt am Main 2003, S. 493.

enswürdig wirkte, zumal er bei seinen revanchistischen Ansichten Frankreich ausklammerte. Sehr wahrscheinlich suchte er sogar im Auftrag der Partei das Gespräch mit Franzosen und bemühte sich, ihre Bedenken bezüglich Hitlers Absichten zu zerstreuen. Im November 1931 beispielsweise äußerte er gegenüber einem Franzosen, der sich auf der Durchreise in Berlin aufhielt: »Der Eifer der Jugend drückt sich stärker durch Gewalt aus, als zu wünschen wäre, aber man darf solchen Auswüchsen keine Bedeutung beimessen, die ihnen in Wahrheit nicht zukommt.«[40] Der Verfasser des Berichts zog daraus den kurzsichtigen Schluss: »Eine regierende nationalsozialistische Partei kann letzten Endes keine andere Außenpolitik betreiben als jede andere deutsche rechte Regierung.«

Im Laufe der Jahre flossen die Informationen insgesamt immer spärlicher. Die französischen Diplomaten waren mehr und mehr isoliert und verfügten über weniger Informanten. Bis in die späten Dreißigerjahre verwertete die Botschaft auch illegale Zeitungen insbesondere kommunistischer Gruppierungen, etwa das Blatt *Der Rote Standard*, das als Quelle im diplomatischen Schriftverkehr allerdings ungenannt bleibt.[41] Wichtige Informationen erhielt die Botschaft auch durch die diskrete Befragung von Elsässern und Lothringern. Viele von ihnen waren Arbeiter, die von ihrem Alltag in deutschen Fabriken erzählten. Aufgrund ihrer Schilderungen der harten Arbeitsbedingungen, aber auch der alltäglichen Probleme im Werk, wussten die französischen Diplomaten, dass sie dem vollmundigen Jubel der NS-Propaganda über die wirtschaftlichen Erfolge des Regimes keinen Glauben schenken konnten. Ein interessantes, bisher noch nicht untersuchtes Phänomen bildeten die vielen anonymen

---

[40] Berlin, Botschaft, A-413, Nr. 1013, 3. November 1931, Gespräch mit Graf zu Reventlow, S. 3. Eventuell stand Reventlow auch nach 1933 noch in Kontakt mit der Botschaft, doch taucht sein Name nicht mehr auf.

[41] Vgl. z. B. Berlin, Botschaft, A-437, Nr. 979, 10. Juli 1935, VB, Nr. 980, Kommunistische Propaganda in Hitlers Formationen.

Schreiben, die in der Botschaft eingingen. Ihren Verfassern war daran gelegen, die Ausländer für die Brisanz der NS-Politik zu sensibilisieren; viele der Schreiben waren Hilferufe. Sie trafen je nach Lage der Ereignisse in Wellen ein, die letzte davon unmittelbar nach der »Reichskristallnacht« im November 1938.[42]

André François-Poncet spielte aufgrund seines unermüdlichen Einsatzes in den Dreißigerjahren nicht nur eine zentrale Rolle in den diplomatischen Kreisen Berlins, sondern dürfte von allen dort akkreditierten Kollegen auch am besten im Bilde gewesen sein. Das erkannte übrigens Hitler selbst in einem seiner »Tischgespräche« an. Im Februar 1942 bemäkelte er, ein Diplomat wisse gewöhnlich nichts über das Volk, weil er mit ihm gar nicht in Berührung komme: »Immer die gleiche Gesellschaftsschicht ist es, in der er nun kreist. Ein ganz kleiner Kreis, der sich selbst genügt, eine vollkommen abgeschlossene Welt, die keine Ahnung hat, was sich im Lande tut.« Auf François-Poncet gemünzt, dessen Kenntnis der deutschen Kultur er zuvor in den höchsten Tönen gelobt hatte, fügte Hitler hinzu: »Poncet ist als einziger herumzigeunert, das war mir manchmal fast unangenehm.«[43]

Wer waren die Adressaten dieses Schriftverkehrs? Die Direktionen am Quai d'Orsay, an die sich die einzelnen Sendungen richteten, waren jeweils im Briefkopf aufgeführt. Anders als heute in Diplomatenkreisen üblich und in erster Linie wohl bedingt durch die eingesetzten Kommunikationsmittel, wurde immer nur eine begrenzte Anzahl von Direktionen angesprochen. Die Konsulate schickten ihre Dokumente zum Teil unmittelbar nach Paris, zum Teil zur Weiterleitung an die Botschaft in Berlin. Sämtliche umfangreichen Berichte aus Berlin waren an die Direktion »Europa« beim Außenministerium in

---

[42] Archives diplomatiques, La Courneuve, Correspondance diplomatique et commerciale, Allemagne, Nr. 705, 15. November 1938, Nr. 1234, Hitlers Pogrom vom 10. November 1938.

[43] Werner Jochmann (Hg.): *Adolf Hitler. Monologe im Führerhauptquartier 1941–1944*, Hamburg 1980, S. 254 (2.2.1942).

45

Paris adressiert. Abschriften erhielten gelegentlich die Vertreter Frankreichs beim Völkerbund in Genf und, soweit es um Ausweisungen ging, hin und wieder auch die Direktion der Ausländerbehörde. In seltenen Fällen gingen Kopien direkt an den zuständigen Minister oder an eine andere Botschaft, etwa in London, Washington oder Rom, manchmal auch an den Service des œuvres françaises à l'étranger, der für die Vermittlung der französischen Kultur und Sprache im Ausland zuständig war und zwischen den Weltkriegen eine wichtige Rolle spielte. Die französische Botschaft beim Heiligen Stuhl erhielt Abschriften von Depeschen über die deutschen Katholiken. Was bewirkten all diese Sendungen? Wurden davon Exzerpte angefertigt und über die Befehlskette bis zum Büro des Ministers oder sogar zu diesem selbst weitergereicht? Wurden diese Informationen über das Außenministerium hinaus weiterverbreitet? Allein anhand der Archives diplomatiques ist all das kaum festzustellen. Als gesichert gilt jedoch, dass die französischen Diplomaten über detaillierte Angaben zum »Dritten Reich« verfügten, zumindest diejenigen, die mit europäischen Angelegenheiten befasst waren. Die Schlussfolgerungen, die sie daraus zogen, dürften allerdings sehr unterschiedlich gewesen sein; die Palette reichte von Beschwichtigungspolitik bis Konfrontation. Auch wie diese Kenntnisse die Haltung der Diplomaten nach 1940 beeinflussten, lässt sich nicht mehr ermitteln. Sicher ist, dass sich sehr viele von ihnen der France Libre anschlossen, überwiegend allerdings erst spät.

Diplomatische Dokumente sind etwas Besonderes. Die meisten sind eher kurz (mit Ausnahme derjenigen André François-Poncets) und in einem speziellen Stil verfasst, der vom üblichen Verwaltungsjargon abweicht. Es sind Arbeitsunterlagen, die in langen Serien aufeinander aufbauen. Der Verfasser schreibt mit Blick auf seine unmittelbaren Leser – in erster Linie den Botschafter, aber auch seine in Paris tätigen Kollegen. Zugleich ist ihm bewusst, dass diese Korrespondenz archiviert und unter

Umständen eines Tages in den offiziellen Bänden der *Documents diplomatiques français* veröffentlicht wird. Er schreibt einerseits, um anstehende politische Entscheidungen zu unterfüttern, ohne seine eigene Rolle innerhalb der extrem bürokratischen, zentralisierten Hierarchie seines Ministeriums aus dem Blick zu verlieren, zugleich aber auch für die Nachwelt. Aufschlussreich ist der Vergleich zwischen den Tätigkeiten von Diplomaten und Journalisten. Beide müssen zeitnah über tagesaktuelle Ereignisse berichten, bei ihren Lesern Anklang finden, dabei aber mit geringen Mitteln auskommen. Wie die in Berlin tätigen französischen Journalisten das »Dritte Reich« darstellten, ist bisher übrigens noch nicht umfassend erforscht.

In diesem Buch habe ich den diplomatischen Schriftverkehr von Berlin nach Paris nach Themenkreisen zusammengestellt. Innerhalb der Kapitel erscheinen die Berichte und Telegramme in chronologischer Reihenfolge. Die meisten Dokumente sind dabei bewusst nicht in voller Länge wiedergegeben, denn es geht mir nicht um die Veröffentlichung historischer Dokumente. Ich möchte dem Leser das »Dritte Reich« vielmehr so vorstellen, wie es sich vor den Augen der zeitgenössischen französischen Diplomaten entwickelte und wie sie es schilderten. Die Auslassungen sind in den Dokumenten jeweils gekennzeichnet. Auch wenn einige der Unterlagen erst nach der Amtsübergabe an Roger Coulondre entstanden, ist André François-Poncet dank seines präzisen Stils und seiner scharfsinnigen Schilderungen die Hauptfigur dieses Buchs. Trotz seiner Fehleinschätzung der gegenüber dem »Dritten Reich« notwendigen Politik war er, wie dieser Band belegt, einer der bedeutendsten Zeitzeugen für den Aufstieg des Nationalsozialismus und dessen Weg in die europäische Katastrophe.

Abb. 3. »Es wäre naiv, die Anziehungskraft dieses Ideals für die deutsche Jugend leugnen zu wollen.« BDM-Mädchen marschieren durch das Brandenburger Tor in Berlin, 1933.

Kapitel eins
Deutschland am Vorabend von Hitlers Machtergreifung

»In dem Maße, wie die Bedrohung durch Hitler
zunimmt [...]«

Inmitten der Krise Europas in den Dreißigerjahren war beson-
ders Deutschland ein von Unruhen geschütteltes, instabiles Land,
das seinen Nachbarländern erneut große Sorgen bereitete. Frank-
reich hatte sich seit der Unterzeichnung des Versailler Vertrags
um eine Annäherung an die Weimarer Republik bemüht, die in
den Zwanzigerjahren eine stabile Demokratie zu bilden schien.
Die Krise von 1929 machte jedoch unvermittelt deutlich, dass
Nationalismus, Revanchismus und militärischer Expansionis-
mus beim Nachbarn im Osten nicht verschwunden waren. In
ganz Mittel- und Osteuropa waren Demokratie und Liberalismus
in Gefahr, und das Deutsche Reich mit seiner massiven Wirt-
schaftskrise und seinen bis zu 30 Prozent Arbeitslosen erschien in
besonderem Maße gefährdet. Die ersten Wahlerfolge der NSDAP
gaben diesen Befürchtungen neue Nahrung, auch wenn man im
Ausland wenig Genaues über diese Bewegung wusste. Während
die Straßenkämpfe zwischen NS-Anhängern und Kommunisten
immer wieder Menschenleben forderten, versorgten die französi-
schen Diplomaten ihr Ministerium mit Informationen über die

vielschichtige, von Gewalt geprägte neue Krise. Die Kommunistische Partei taucht in ihren Schreiben nur am Rande auf, beunruhigte sie also kaum. Ihnen ging es viel eher darum, die von der NS-Bewegung ausgehende Bedrohung zu bewerten. Deshalb informierten sie sich über Wesen und Stärke des Nationalsozialismus, aber auch über die Schlagkraft der »Republikaner«, also jener Deutschen, die zum Widerstand gegen Hitler bereit waren. Im Laufe des Jahres 1932 wurden die Depeschen immer dringlicher: Ein Bürgerkrieg oder zumindest ein ernsthafter Widerstand gegen die Machtübernahme der NSDAP wurde zusehends unwahrscheinlicher, die Anzeichen für den Selbstmord der Republik dafür immer konkreter. Die Themen, um die es den Franzosen in den Monaten vor Hitlers Ernennung zum Reichskanzler in ihren Meldungen nach Paris ging, beherrschten noch bis 1939 die meisten ihrer Berichte, Depeschen und Telegramme: die Propaganda, die öffentliche Meinung über den Nationalsozialismus, Aufbau und Organisation der NSDAP und die Vereinnahmung des Staates und sämtlicher Bereiche der deutschen Gesellschaft durch die Partei.

3. Oktober 1931: NSDAP-Kundgebung in Berlin[1]

Am 2. Oktober fand im Sportpalast[2] eine große Kundgebung statt. 15 000 Menschen kamen zu einer Rede des Reichstagsabgeordneten Dr. Goebbels,[3] der Leiter des nationalsozialistischen Gaus Groß-Berlin und in Deutschland einer der bekanntesten Gefolgsmänner Hitlers ist. Ich habe die Ehre, Ihnen anliegend

---

[1] Berlin, Botschaft, A–417, Nr. 884.
[2] Der Sportpalast in Berlin-Schöneberg diente als Schauplatz für Sportereignisse, aber auch für Veranstaltungen aller Art. Die NSDAP hielt dort bis 1945 zahlreiche Kundgebungen ab.
[3] Joseph Goebbels (1897–1945), NS-Propagandafachmann, Nationalsozialist der ersten Stunde und Vertreter des »linken Flügels« der NSDAP (er selbst bezeichnete sich als Sozialist). Er wurde 1926 zum Gauleiter von Groß-Berlin ernannt und 1928 in den Reichstag gewählt. Ab 1933 war er als Propagandaminister maßgeblich für die antisemitische Hetze und die Ereignisse der »Reichskristallnacht« verantwortlich.

ein Protokoll dieser Kundgebung zu übersenden, das ein von
mir beauftragter Augenzeuge angefertigt hat.

Anlage zur Depesche Nr. 884: NSDAP-Kundgebung in Berlin
(1. Oktober)

Anfang September 1931 lancierte die NSDAP nach dem Vorbild der Kommunistischen Partei das Schlagwort »Hinein in
die Betriebe«.[4] Da sich die nationalsozialistische Kundgebung
am 1. Oktober im Sportpalast erstmals ausschließlich an Arbeiter richtete, hatte die Partei darauf verzichtet, sie mit Zeitungs-
annoncen oder Anschlägen anzukündigen, und die Eintrittskarten nur in Fabriken und Büros ausgegeben. Auch am
Veranstaltungsort waren keine Karten erhältlich. Strikte Ein-
gangskontrollen sorgten dafür, dass in den Saal nur Inhaber
von Eintrittskarten und Parteimitglieder mit Ausweis gelang-
ten. Trotz dieser Beschränkung war der riesige Saal bis auf den
letzten Platz besetzt, Hunderte standen zudem in den Korrido-
ren, alles in allem waren es schätzungsweise 15 000 bis 16 000.
Als Saalordner fungierten mehrere Kommandos der SA (Sturmabteilung), deren Angehörige offenbar allmählich disziplinier-
ter und nicht mehr so arrogant wie bisher vorgehen. Dr. Frick,[5]
Vorsitzender der NSDAP-Reichstagsfraktion, und Dr. Goebbels, Reichstagsabgeordneter und Gauleiter von Groß-Berlin,
betreten den Saal mit dem üblichen militärischen Zeremoniell,
gefolgt von einem kleinen Generalstab und Fahnenträgern. Die
Rednerbühne ist wie immer umrahmt von vier Männern in
Habachtstellung, die im Stundentakt abgelöst werden. Befehle
werden im Kasernenton erteilt. Alles dient dazu, die Vorliebe
für alles Militärische zu befriedigen, die in der Seele jedes Deutschen verankert ist. An den Saalwänden hängen Banner mit

---

[4] Nach dem Vorbild der KP gründete die NSDAP auch »Betriebszellen«.
[5] Wilhelm Frick (1877–1946), Polizeibeamter und Nationalsozialist der ersten
     Stunde, war von 1933 bis 1945 Reichsinnenminister. 1931 war er Innen- und
     Volksbildungsminister von Thüringen.

Parolen wie: »Ein Volk ohne Ehre ist ein Volk ohne Brot«, »Wir kämpfen, notfalls bis zum Tod« oder »Wir fordern den deutschen Arbeiterstaat!«.

Der Berliner Stadtverordnete Engel[6] eröffnet die Kundgebung mit einer kurzen Rede, in der er die marxistische Politik verurteilt. Er preist stattdessen die Diktatur, wie sie die Nationalsozialisten anstreben. Die marxistische Politik hat in drei Schritten in die Katastrophe geführt: durch die Vergeudung der deutschen Reichtümer, durch die Kreditpolitik und – nach deren Scheitern – durch die Verschleuderung des deutschen Volksvermögens (Enteignung der öffentlichen Körperschaften insbesondere in Berlin). Dem derzeitigen Parlamentarismus, der die sozialen Klassen gegeneinander aufhetzt und nur den Interessen der Parteien dient, stellt Engel die Diktatur gegenüber, der das Gemeinwohl der Nation am Herzen liegt und die damit zwangsläufig die Interessen des Volkes vertritt. Dr. Frick greift mit äußerst scharfen Worten die derzeitige Regierung an.

Angesichts der Ergebnisse der Wahl in Hamburg, bei der die NSDAP mehr als ein Viertel der Stimmen erhielt, fühlt sich die Partei zur Frage an den Reichskanzler berechtigt, wie lange er noch gegen den erklärten Willen des Volkes regieren will. Marschall Hindenburg muss sich die Frage gefallen lassen, ob er auch weiterhin als Reichspräsident die Hand über die fiktive Demokratie halten will, zu der die deutsche Republik verkommen ist. Die Demokratie hat jegliche Freiheit in Deutschland zunichtegemacht. Die NSDAP ist Opfer einer Gewaltherrschaft. Unschuldige wurden zu langen Haftstrafen verurteilt und die Vorfälle in den Prozessen als Schande für die ganze Kultur bezeichnet. Die wahre Schande für die deutsche Kultur ist aber, dass im Laufe eines Jahres 200 Arbeiter von Mördern erschos-

---

[6] Johannes Engel (1894–1973), militanter Nationalsozialist, ab 1929 Angehöriger der Berliner Stadtverordnetenversammlung, zuständig für die Parteipropaganda für Arbeiter und Begründer der NS-Betriebszellenorganisation.

sen oder erstochen wurden, ohne dass die Regierung das Geringste unternommen hat, um der Täter habhaft zu werden. Als der Führer der nationalsozialistischen Reichstagsfraktion, Dr. Frick, in einem Telegramm an den Reichskanzler gegen die jüngst erlassenen Urteile protestierte, blieb seine Depesche unbeantwortet und er selbst wurde der Frechheit bezichtigt. Das deutsche Volk erlebt derzeit das völlige Scheitern der seit zwölf Jahren verfolgten absurden Politik, die nur die Erfüllung des Versailler Vertrags im Auge hat. Erst kürzlich musste der Präsident der Reichsbank ins Ausland fliegen und um Kredite bitten, wurde jedoch überall abgewiesen.

(In diesem Moment wird Dr. Fricks Rede unterbrochen. Engel verkündet, der im Saal anwesende Polizist verbiete Dr. Frick, seine Rede fortzusetzen. Es entsteht ein gewisser Tumult. Dr. Goebbels gelingt es, wieder für Ruhe zu sorgen. Er bittet die Zuschauer, sich nicht provozieren zu lassen und der Polizei keinen Vorwand zu liefern, die erste große Arbeiterkundgebung der NSDAP aufzulösen. Der Aufschrei der Empörung weicht frenetischem Beifall, als Dr. Goebbels das Wort ergreift.)

Mit Blick auf das Scheitern des Marxismus erinnert Dr. Goebbels an das Anfang September von der Partei ausgegebene Motto »Hinein in die Betriebe«. Ziel ist es, die deutschen Arbeiter aus den Klauen der Sozialdemokraten zu befreien.

Die Sozialdemokratie hat die Arbeiterklasse verraten und dem internationalen Kapitalismus schutzlos ausgeliefert. Der 9. November 1918 besiegelte nicht nur den Sieg der Sozialdemokratie, sondern auch den Triumph der internationalen Finanzwelt über die deutsche Arbeiterklasse. Allein im Vertrauen auf Wilsons Versprechen haben die Sozialdemokraten das deutsche Volk gezwungen, die Waffen niederzulegen, und es damit seinen Erzfeinden schutzlos ausgeliefert. Nach der Unterzeichnung des Versailler Vertrags hätten die Sozialisten ihren Fehler eingestehen müssen, aber dazu fehlte ihnen der Mut. Stattdessen pochten sie weiter auf die Erfüllung des Vertrags. Versailles, London, der Dawes-Plan, der Young-Plan[7] sind die Stationen des Kreuzwegs, den das deutsche Volk seit zwölf Jahren zurücklegt.

Scheidemann hat erklärt, für die Kriegsschulden müssten die Besitzenden aufkommen, obwohl er sehr wohl wusste, dass solche Kosten immer von der Arbeiterklasse getragen werden. Der Young-Plan hat den deutschen Arbeiter zum Sklaven gemacht; die Reparationszahlungen hat Deutschland aus seiner ureigenen Substanz beglichen.

Deutschland hat den Krieg verloren, doch auch eine Kapitulation kann die Seele eines Volkes nicht zerrütten. Durch den Verrat der Sozialdemokraten hat Deutschland eine Revolution verloren; es hat die Hoffnung auf den wahren Sozialismus verloren, und erst diese Niederlage hat die Nation bis ins Mark erschüttert. Die Revolution hat uns in sozialer Hinsicht in zwei Lager gespalten: das Bürgertum und das Proletariat, und beide sind in ihrer Situation erstarrt. Der Sozialismus ist zu einer Phrase verkommen.

Nun, da der finanzielle Zusammenbruch unmittelbar bevorsteht, versucht man, die Kaufkraft des Volkes und das Steueraufkommen zu senken. Man treibt die Unternehmen in die Pleite und verschärft damit die Arbeitslosigkeit. So entsteht ein Teufelskreis, mit dem man das Schicksal des ganzen Volkes aufs Spiel setzt. Es heißt, Deutschland könne gar nicht untergehen, aber die Geschichte lehrt uns, dass schon ganze Kulturen versunken sind. Vorerst jedoch hat man das Reich der Bank für Internationalen Zahlungsausgleich[8] ausgeliefert und es zum Spielball der internationalen Finanzwelt gemacht.

Es folgen die wichtigsten Punkte des Parteiprogramms der NSDAP.

---

[7] Internationale Vereinbarungen, die eine gestaffelte Begleichung der im Versailler Vertrag von Deutschland geforderten Reparationszahlungen vorsahen.

[8] Während der Bankenkrise 1931 wurde Deutschland zunehmend von internationalen Kreditgebern abhängig.

Aber noch ist nicht alle Hoffnung verloren. Genau zu der Zeit, als der Marxismus 1919 den Sozialismus verriet, gründeten sieben Männer in München die NSDAP und erklärten dem Versailler Vertrag den Krieg. Das war ein Hoffnungsschimmer für die deutsche Arbeiterklasse, denn der Sozialismus ist in Deutschland unmöglich, solange nicht das Joch der Reparationen abgeschüttelt ist. Allein, den Arbeitern neue Hoffnung gegeben und die Sozialdemokraten bloßgestellt zu haben, die durch Cliquenwirtschaft an die Macht kamen, ist schon ein Zeichen der Dankbarkeit gegenüber der Geschichte.[9]

Unter den Nationalsozialisten ist der Sozialismus keine Frage der sozialen Klasse mehr, sondern ein nationales Anliegen. Sie haben das ganze Volk gegen die Cliquen mobilisiert. Die Bewegung bildete den Ausgangspunkt für die Anerkennung des Landes. Anschließend umreißt der Redner die wichtigsten Punkte der Doktrin und des Programms der NSDAP:

1. Im Gegensatz zum Kapitalismus geht der Sozialismus nicht vom Einzelnen, sondern vom Volk aus. Politik, Wirtschaft und Kultur müssen dem Volk dienen. Sie sind lediglich Mittel zum Zweck, und dieser Zweck ist das Volk an sich.

2. Alle Bürger dienen dem Volk, die Minister ebenso wie die Besitzenden. Was zählt, ist weniger die Funktion, die jemand ausübt, als vielmehr die Art und Weise, wie er sie erfüllt.

3. Im Staat ist die gesamte Macht des Volkes vereinigt. Er ist das oberste Kontrollorgan. Er ist befugt, in das Räderwerk der Wirtschaft einzugreifen und diese der generellen Politik unterzuordnen.

4. Eine derart grenzenlose Macht darf nicht das Monopol einer oder mehrerer Klassen sein. Deshalb beziehen die Natio-

---

[9] »Avoir redonné l'espoir aux ouvriers, avoir démarqué les sociaux-démocrates arrivés au pouvoir grâce aux Tributs, était déjà un titre de la reconnaissance de l'histoire.« Der Sinn dieses Satzes ist unklar. Möglicherweise sind in François-Poncets Original mit »Tributs« die Juden gemeint.

nalsozialisten die Arbeiterklasse mit ein. Sie soll die Grundlage des Staates bilden.

5. Geld muss sich auf nationale Werte stützen (Grundbesitz). Der Goldstandard[10] muss »zertrümmert« werden. Dadurch wird das Geld unabhängig vom Ausland und beschert der deutschen Wirtschaft einen neuen Aufschwung. Das ist keine Utopie, denn zum Beispiel England und die skandinavischen Länder beweisen es. Diese Länder verzichten auf Gold [als Standard], weil das Edelmetall zum Werkzeug der weltweiten Diktatur geworden ist.

6. Alles, was sich dafür eignet, muss vergesellschaftet werden, das heißt alles, was grundsätzlich keine schöpferische Intelligenz erfordert. Geld, Transportwesen, die Trusts müssen verstaatlicht werden.[11]

7. Die politischen Grundlagen, auf denen diese Reformen fußen sollen, wird die Partei nach ihrer Machtübernahme schaffen, also in nicht allzu ferner Zukunft.

Die Nationalsozialisten werden den Staat nach dem Vorbild ihrer Partei aufbauen: im Innern Sozialismus, nach außen Nationalismus. Sie fordern einen starken Staat, in dem Schwäche und Chauvinismus keinen Platz haben.

Das Bündnis von Sozialismus und Nationalismus wird der deutschen Politik ein ganz neues Gesicht geben. Der heutige Staat mit seinen verschiedenen Klassen wird durch einen Nationalstaat abgelöst.

---

[10] Der Goldstandard, ein internationales Währungssystem.

[11] Uneinigkeit herrschte innerhalb der NSDAP vor allem zwischen dem »linken« Flügel, der die generelle Abschaffung des Kapitalismus und die Verstaatlichung der Produktionsmittel forderte, und dem »rechten« Flügel, der sich für eine Beibehaltung von Privatbesitz aussprach. Nachdem die »Rechte« 1934 die Oberhand gewonnen hatte, begünstigte das NS-Regime Großunternehmen und ließ sie Gewinne erwirtschaften, solange sie sich als ideologietreu erwiesen und den NS-Größen üppige Pfründe verschafften. Erst ab Beginn des totalen Krieges 1942 unterstanden die deutschen Konzerne einer strikten staatlichen Aufsicht.

Die Nationalsozialisten stellen sich an die Spitze des deutschen Volkes und weisen ihm den Weg zum wahren Sozialismus und zum deutschen Staat. Dieser Sozialismus ist bereits durch das Blut von 200 Arbeitern geheiligt. Dr. Goebbels beschließt seine Rede mit dem Aufruf: »Arbeiter, die ihr getäuscht und verhöhnt werdet – reißt Deutschland an euch, und Deutschland wird die Welt an sich reißen.«

Die Kundgebung schloss in begeisterter Stimmung, aber ohne Zwischenfälle. Sie belegt, welchen Auftrieb die Wahlen in Hamburg der nationalsozialistischen Propaganda gegeben haben, und welche Anstrengungen die Partei unternimmt, um das Proletariat den Sozialdemokraten zu entfremden. Dank ihrer starken Organisation kann die sozialistische Partei diesem Versuch deutlichen Widerstand entgegensetzen, doch die derzeitige Deflationspolitik und in ihrem Gefolge das Absinken der Löhne und des Arbeitslosengeldes machen es der Parteispitze zunehmend schwer, ihre Wähler an sich zu binden. Das schlachten die Nationalsozialisten zu ihren Gunsten aus.

Bemerkenswert ist, dass die Nationalsozialisten schon heute gegenüber der Arbeiterklasse die »Wohltaten« der Diktatur rühmen, obwohl sie diese Wählergruppe brauchen, um die aktuelle Regierung zu besiegen.

27. Oktober 1931: Versammlung der NSDAP in Berlin[12]

[...] Höhepunkt der Veranstaltung war die Ansprache des Abgeordneten Gregor Strasser,[13] der bereits 1923 federführend am Münchner Putschversuch beteiligt gewesen war und Hitlers Regierungsprogramm erstellt hatte. Ich übersende anliegend eine

---

[12] Berlin, Botschaft, A–417, Nr. 959.
[13] Gregor Strasser (1892–1934) trat 1920 in die NSDAP ein und nahm 1923 am Hitlerputsch teil. Hitler betraute ihn mit der Organisation der NSDAP, die Strasser zu einer Partei für die Massen machte. Als Vertreter des antikapitalistischen Flügels wurde er 1934 in der »Nacht der langen Messer« ermordet.

Zusammenfassung der Rede des Dresdner Abgeordneten.[14] Die NSDAP, der ihre Gegner zu Recht vorwerfen, ihre Anziehungskraft beruhe lediglich auf ihrer rüden Opposition gegen den aktuellen Status quo, bemüht sich derzeit ganz offensichtlich, ein positives Aktionsprogramm auf die Beine zu stellen, um gerüstet zu sein, falls sie an die Macht kommt oder an der Regierung beteiligt wird.

Interessant ist dabei, dass Strasser die Einführung eines allgemeinen Arbeitsdienstes befürwortete, der bezeichnenderweise wie ein verkappter Wehrdienst anmutet, dass er ebenso wie Hitler einräumte, Deutschland müsse seine Geschäftsschulden begleichen, und schließlich, dass er sich außenpolitisch jeder Verbalattacke gegen Frankreich enthielt.

13. November 1931: Die Organisation der NSDAP[15]

Ich erlaube mir, seiner Exzellenz beiliegend eine von Herrn Dejean[16] auf meine Bitte hin verfasste Notiz zu übersenden, die den Aufbau der NSDAP beschreibt und auf ihre Kampftruppen, Zeitungen und parlamentarischen Vertreter sowie ihre Jugendorganisationen eingeht.

Der entscheidende Zug dieser Organisation besteht darin, dass sie nunmehr über einen Verwaltungsapparat und beträchtliche Propagandainstrumente verfügt, ohne jedoch bisher Gewerkschaften gegründet zu haben und damit mit jenen Parteien auf einer Stufe zu stehen, die als »Marxisten« firmieren. Angestellte, Kaufleute und Arbeitslose lassen sich schnell für Hitlers Programm begeistern, aber die Arbeiter bleiben

---

[14] Gregor Strasser war ab 1924 Abgeordneter des Wahlbezirks Dresden-Bautzen.
[15] Berlin, Botschaft, A–417, Nr. 1020.
[16] Maurice Dejean (1899–1982), Chef des Pressedienstes der französischen Botschaft in Berlin. Er ging später nach London, war von Februar bis September 1941 in der Exilregierung De Gaulles für außenpolitische Fragen zuständig und später außenpolitischer Nationalkommissar und diplomatischer Berater der Exilregierung. Botschafter 1945–1949, 1952–1953 in Tokio und 1955–1964 in Moskau.

praktisch geschlossen der Sozialdemokratie und dem Kommunismus treu.

Im parlamentarischen Bereich hat die Partei hingegen beachtliche Erfolge vorzuweisen, wie den von Herrn Dejean angeführten Statistiken unschwer zu entnehmen ist. Würden die Landtagswahlen in Preußen und Bayern im Mai 1932 ähnlich verlaufen wie diejenige in Hessen,[17] wären die Nationalsozialisten in den Parlamenten der wichtigsten Länder derart stark vertreten, dass die Regierung in mehr oder weniger absehbarer Zukunft wohl keine Möglichkeit mehr hätte, Hitler den Zugang zur Macht zu verwehren.

Bericht vom 18. November 1931: Die Organisation der NSDAP
Einleitung
I   Die Reichsleitung
II Die Gebietseinteilung
    a Deutsches Reichsgebiet
    b Österreichisches Reichsgebiet
    c Tschechoslowakisches Reichsgebiet
III Die Hitlerjugend
IV Die nationalsozialistische Presse
V   Die nationalsozialistische Reichstagsfraktion
VI Hitlers Armee
Fazit

I Der Aufbau der NSDAP
Die NSDAP verdankt ihren seit den aufschlussreichen Wahlen von September 1930 anhaltenden Erfolg nicht nur ihren pauschalierenden, radikalen außenpolitischen Forderungen und der Anziehungskraft, die ihr auch innenpolitisch recht konfu-

---

[17] Am 15. November 1931 erhielt die NSDAP in Hessen 37,1 Prozent der Stimmen (27 Sitze im hessischen Landtag).

ses Programm auf die unterschiedlichsten gesellschaftlichen und politischen Gruppierungen ausübt, sondern auch dem schrittweisen Aufbau eines gewaltigen Verwaltungsapparats, der mit einem fast lückenlosen Netz regionaler und lokaler Organisationen das gesamte Reichsgebiet abdeckt. Der Verwaltungsapparat der NSDAP ist schon jetzt mit dem der Sozialisten vergleichbar. [...]

III Die Hitlerjugend
Die Jugendorganisationen werden von einer eigenständigen Verwaltung auf Reichs- und Landesebene geleitet, deren Bezirke nicht immer denen der Partei selbst entsprechen.

Die Reichsleitung, der ein gewisser Kurt Gruber[18] vorsteht, hat ihren Sitz in München (Brienner Straße 45). Die Verwaltung der Hitlerjugend ist analog zur Parteiorganisation aufgebaut. Jeweils eigene Gruppierungen bilden die in »Scharen«[19] zusammengefassten jüngeren Kinder und der Bund deutscher Mädel. Speziell an die deutsche Jugend richteten sich einige Zeitschriften:

Sturmjugend und Kopferblätter [sic][20], monatlich erscheinende Pflichtlektüre für alle HJ-Mitglieder

Deutsches Jungvolk, Monatszeitschrift, ebenso wie die vorige von Kurt Gruber herausgegeben und in Dessau gedruckt

Nachrichten- und Artikeldienst der NS-Jugend, von der Reichsleitung herausgegebenes offizielles Bulletin der Hitlerjugend

---

[18] Kurt Gruber (1904–1943) gründete 1922 den ersten nationalsozialistischen Jugendverband und wurde im Oktober offiziell Reichsführer der HJ. Er starb an den Folgen eines Schlaganfalls.
[19] Eigentlich Gruppe von je 40 Kindern/Jugendlichen in allen Teilen der Reichsjugendführung. A.d.Ü.
[20] Gemeint ist vermutlich *Sturmjugend, Kampfblatt schaffender Jugend*. A.d.Ü.

IV Die nationalsozialistische Presse

Seit einem Jahr hat die NSDAP die Zahl ihrer Zeitungen und Zeitschriften so gut wie verdoppelt.

Vor einem Jahr gab die Partei 18 Tageszeitungen und 36 wöchentlich oder monatlich erscheinende Zeitschriften heraus; derzeit sind es 35 Tageszeitungen und rund 50 Wochenschriften, seit 1. Januar zudem alle 14 Tage das illustrierte Satireblatt *Die Brennessel*.[21]

Das Zentralorgan der NSDAP ist der in München von Adolf Hitler persönlich herausgegebene *Völkische Beobachter*. Sein Chefredakteur Rosenberg (Schellingstraße 39), der innerhalb der Partei vor allem außenpolitisch einen eher radikalen Flügel vertritt, soll bei Hitler nicht mehr allzu hoch im Kurs stehen.

Es folgt die Liste der bekanntesten NS-Publikationen nach Erscheinungsort.

Zudem gibt Adolf Hitler in München die *Nationalsozialistischen Monatshefte* heraus, vorgeblich ein »Fachblatt«, das aber der Verbreitung der Pateidoktrin dient.

Dr. Buttmann, Abgeordneter im bayrischen Landtag, gibt das *Mitteilungsblatt der Nationalsozialisten in den Parlamenten* heraus, das sämtliche der NSDAP angehörende Parlamentarier und Stadträte beziehen müssen.

V Die nationalsozialistische Reichstagsfraktion

Die nationalsozialistische Fraktion im Reichstag unter ihrem Vorsitzenden Dr. Frick formierte sich im Laufe der Legislaturperiode 1924–1928 und bestand anfangs nur aus sieben Mitgliedern. Bei der Wahl am 20. Mai 1928 erhielt die NSDAP nur

---

[21] Das 1931–1938 erschienene Blatt enthielt (vor allem antisemitische) Karikaturen, die ausschließlich der Parteipropaganda dienten.

zwölf Sitze; erst im September [1930] sicherte sie sich 107 Sitze und wurde damit zu einer der großen Parteien Deutschlands.

Die derzeitige Schlagkraft der nationalsozialistischen Fraktion entspricht nicht der seit einem Jahr wachsenden Bedeutung der Partei als innenpolitischer Faktor. Alle Landtagswahlen seit September 1930 belegen nämlich, dass die Partei in der Wählergunst enorm gestiegen ist. Im Vergleich zu September 1930 konnte sie Zugewinne von 60 bis 115 Prozent erzielen und teilweise über ein Viertel, gelegentlich sogar über ein Drittel der Mandate für sich verbuchen.

Es folgt eine Schilderung der Erfolge der NSDAP bei diversen Landtagswahlen.

VI Hitlers Armee

Hitlers Armee besteht aus der Sturmabteilung (SA) und der Schutzstaffel (SS). Die Sturmabteilung, deren Name an die revolutionären Ursprünge des Nationalsozialismus erinnert, untersteht Hitlers persönlichem Oberkommando und bildet den Großteil seiner Armee.

Der Hitler-Armee gehören derzeit im gesamten Deutschen Reich und in Österreich 2000 Sturmtrupps an. 100 davon sind mit Kraftfahrzeugen ausgestattet, insbesondere mit Motorrädern.

Die Züge sind in 120 »Standarten« unterteilt, die ihrerseits verwaltungstechnisch zu zehn »Gruppen« zusammengefasst werden.

Wie groß die Sturmtrupps sind, ist schwer zu veranschlagen. Den öffentlichen Erklärungen einiger Parteiführer nach zu urteilen, dürften sie alles in allem rund 200 000 Mann umfassen (was etwa 100 Mann pro Zug entspräche).

Schätzungen einer kommunistischen Tageszeitung zufolge stehen insgesamt rund 65 000 SA-Männer mit 1,50 bis 2 Mark pro Tag im Sold der Partei.

Die SA rekrutiert ihre Mitglieder in ganz unterschiedlichen gesellschaftlichen Kreisen, von Studenten bis zu jungen Arbeitslosen. Eine relativ große Zahl von ihnen wohnt gemeinsam in einer Art Kasernen; die Reichsregierung behält sich übrigens laut Verordnung vom 6. Oktober vor, diese Unterkünfte räumen zu lassen, sollte sie darin eine Bedrohung für die öffentliche Sicherheit sehen.

Aus militärischer Sicht ist die SA angeblich nutzlos. Die Truppen verfügen weder über den inneren Zusammenhalt noch die Disziplin der Angehörigen des Stahlhelms, noch durchlaufen sie wie diese ein körperliches Training oder eine Ausbildung an der Waffe.

Ihre Bewaffnung ist in der Theorie rudimentär und in der Praxis völlig unbrauchbar. Ernsthaften Widerstand gegen eine reguläre Einheit der Reichswehr oder der Polizei könnten sie damit nicht leisten.

Um die Zukunft der SA ging es unter anderem in den Gesprächen zwischen Hitler und General Schleicher. Die Befehlshaber der Reichswehr würden nach einer Machtübernahme der Nationalsozialisten keine Umwandlung der SA in faschistische Milizen zulassen. Das ist angeblich aber auch nicht Hitlers Absicht.

Aus vertraulicher Quelle war zu erfahren, die Parteispitze beabsichtige, nach ihrer Machtübernahme die SA-Männer großenteils in die Polizei einzugliedern, um dort die sozialistischen Elemente zu ersetzen, deren gnadenlose Ausschaltung die Partei beschlossen habe.

Fazit

[...] In dem Maße, wie die Bedrohung durch Hitler zunimmt, sind gewisse Ansätze für eine Annäherung zwischen den beiden großen Arbeiterparteien erkennbar: Die Sozialisten und die Kommunisten fassen einen gemeinsamen Widerstand gegen den Faschismus ins Auge. Der Wahlkampf in Hessen, vor allem die Rede Dr. Breitscheids,[22] deutet auf eine solche Entwicklung hin. Allerdings ist die Feindschaft, die das Verhältnis zwischen den Sozialisten- und Kommunistenführern bisher geprägt hat, so alt und sitzt so tief, dass eine Annäherung in absehbarer Zeit unvorstellbar ist und eine Verschmelzung auch nur unter dem Druck einer faschistischen Diktatur möglich erscheint.

Als gesichert anzunehmen ist, dass die Nationalsozialisten bei den Landtagswahlen in Preußen und Bayern 40 Prozent der Mandate erhalten werden. Nach Vereinnahmung der Reste der bürgerlichen Parteien werden die Nationalsozialisten somit einen Block bilden, der zwar nicht ausreicht, um allein zu regieren, aber immer noch stärker ist als jede linke Koalition ohne die Kommunisten.

Die Zentrumspartei[23] wird deshalb schon bald vor dem Dilemma stehen, entweder mit der NSDAP zusammenarbeiten oder Rückhalt bei den Kommunisten suchen zu müssen. Ebendies erklärte die NSDAP-Führung selbst in ihrem Kommentar zur Wahl in Hessen.

Der Handlungsspielraum, und damit in gewissem Umfang auch die Unabhängigkeit der Zentrumspartei gegenüber den Nationalsozialisten, ist damit extrem eingeschränkt.

3. Dezember 1931: Die Boxheim-Affäre[24]

Die letzten Novembertage standen im Zeichen der besagten Boxheim-Affäre, die wie eine Magnesiumlampe ein grelles Schlaglicht nicht nur auf die Gedanken und Absichten der Kreise um Hitler warf, sondern auch auf die Verflechtungen

---

[22] Der deutsche Sozialdemokrat Rudolf Breitscheid (1874–1944) war Vorsitzender der SPD-Reichstagsfraktion und gehörte zu den außenpolitischen Fachleuten der Partei. 1933 ging er nach Frankreich ins Exil, wurde aber 1941 von der französischen Polizei verhaftet und an die Gestapo ausgeliefert. Er wurde in Buchenwald interniert und dort im August 1944 vermutlich erschossen.

[23] Die katholische Zentrumspartei gehörte zu den großen Parteien der Weimarer Republik.

[24] Berlin, Botschaft, A–417, Nr. 1075.

zwischen den Landesregierungen, ihr Verhältnis zu den Reichs-
behörden, die Positionen der verschiedenen Parteien, die öffentliche Meinung und generell die politische und moralische
Lage in Deutschland. Allein die Männer, die bei geheimen Treffen auf dem Boxheimer Hof bei Darmstadt ausheckten, wie die
Partei vorgehen sollte, sobald sich die Gelegenheit für einen
Putsch bietet, stehen bereits stellvertretend für die sozialen
Kreise, aus denen die Nazis ihre Anführer rekrutieren: je ein
Offizier der Marine und des Heeres (beide entlassen), ein
schwärmerischer Landwirt, ein wegen Urkundenfälschung ver-
urteilter, gescheiterter Kaufmann und ein amtierender Richter.

Es wurde versucht, diese Männer als Statisten darzustellen,
die innerhalb von Hitlers Partei weder Einfluss noch Autorität
genießen. In Wahrheit stehen sie jedoch in Hessen an der Spitze
der Bewegung. Bei den Wahlen am 15. November wurden sie in
den dortigen Landtag gewählt; der Denunziant – der Kaufmann und verurteilte Urkundenfälscher Schäfer – erhielt einen
gehobenen Posten in der Landesregierung, als die Nazis dank
ihres kürzlichen Wahlsiegs Anspruch auf Posten in einem neu
gebildeten Ministerium erhoben.

Der Richter – ein gewisser Best[25] – war derjenige, der im August das sogenannte Boxheimer Dokument erstellte. Es handelt
sich um den Entwurf für ein an das Volk gerichtetes Manifest,
mit dem nach dem Sturz der regulären Behörden und der Ausschaltung der Kommunisten die Anordnungen der Hitler-Dik-
tatur bekannt gegeben werden sollen. Ich habe Seiner Exzellenz

---

[25] Der nationalistische Jurist Werner Best (1903–1989), seit 1930 Parteimitglied,
saß ab 1931 im hessischen Landtag. Ab 1933 war er Organisationschef des Si-
cherheitsdienstes der SS (SD). Er plante die Röhm-Morde. Er war Staatskommis-
sar für das Polizeiwesen in Hessen und ab 1940 Chef des Verwaltungsstabs beim
Militärbefehlshaber Frankreich. Von 1942 bis 1945 war er als Reichsbevoll-
mächtigter in Dänemark für die dortige Besatzungsverwaltung zuständig. Die
Boxheim-Affäre beruhte auf der Veröffentlichung von Unterlagen, in denen
Werner Best die gewaltsame Machtübernahme der NSDAP im Fall eines poten-
ziellen kommunistischen Staatsstreichs darlegte. Sein Rivale in der hessischen
NS-Landtagsfraktion, Hermann Schäfer, spielte die Unterlagen der Polizei zu.

eine Übersetzung dieses Dokuments übersandt, das übrigens nur von einigen wenigen Zeitungen im vollen Wortlaut veröffentlicht wurde. Da der Text im Wesentlichen für sich spricht, sind keine ausführlichen Kommentare dazu erforderlich. Auffallend ist vor allem der terroristische und bolschewistische Hintergrund. Das Papier sieht die Einrichtung von Kriegsgerichten vor, um, wie es darin heißt, »den Anschein von Willkür« zu vermeiden, doch zugleich soll die SA unverzüglich den gesamten Polizeiapparat übernehmen. Wer sich widersetzt, soll »sofort erschossen« werden. Unter Androhung standrechtlicher Erschießungen sollen Nahrungsmittel beschlagnahmt werden, um die Versorgung der Bevölkerung sicherzustellen, und Lebensmittelkarten ausgegeben werden. Die Bevölkerung soll zur Zwangsarbeit herangezogen werden, und wer nicht arbeitet, soll auch kein Brot erhalten. Aller Privatbesitz wird vorläufig enteignet. Alle Verträge werden für nichtig erklärt, mit der Folge, dass Mieter keine Miete und Schuldner keine Zinsen mehr zahlen würden. Auch der Goldstandard wird abgeschafft.

Die Veröffentlichung dieses verblüffenden Plans, der beängstigend detailliert den Anbruch des »Dritten Reichs« beschreibt, hat in Deutschland für Aufruhr gesorgt. [...]

25. Januar 1932: Die Wahl der studentischen Vertretung an der Universität Berlin und die politische Orientierung der deutschen Studentenschaft[26]

[...] In der bereits erwähnten Depesche nannte ich einige der Gründe, die den Erfolg des Nationalsozialismus unter Studenten erklären. Es bleibt noch hinzuzufügen, unter welchen konkreten Schwierigkeiten die Hochschulen derzeit leiden. Kurz nach dem Krieg wurden in Deutschland mehrere neue Universitäten und zahlreiche technische Hochschulen gegründet. Die Studentenzahlen stiegen an den Universitäten von 1911 bis

---

[26] Berlin, Botschaft, A–418, Nr. 71.

1925 von 55 000 auf 60 000 und bis 1931 nochmals auf 100 000, an den technischen Hochschulen von nur 10 000 im Jahr 1911 auf heute 24 000. Mittlerweile gibt es ein regelrechtes Intellektuellen-Proletariat; schätzungsweise 60 000 Akademiker sind derzeit arbeitslos, und die Reichsregierung sah sich vergangene Woche zu Maßnahmen veranlasst, um sie zu unterstützen und die Studentenzahl in Zukunft einzuschränken. Dass die Theorien der extremistischen Parteien, allen voran der Hitleranhänger, bei Hochschülern unter diesen Umständen auf so fruchtbaren Boden fallen, ist nachvollziehbar. Der Nationalsozialismus wird auf die jetzt studierenden Generationen zweifellos nachhaltigen Einfluss ausüben: abgesehen von dem unter Intellektuellen nach wie vor lebendigen »großdeutschen« Gedanken[27] haben die Nazis die Vorstellungen von Rasse, Hierarchie und Nationalismus wiedererweckt, die schon der imperialistischen Politik Deutschlands zugrunde lagen. Die ursprünglich liberalen deutschen Hochschulen sind derzeit reaktionärer denn je. Die demokratische Bewegung, die nach den Verträgen von Locarno[28] in Erscheinung trat, ist offenbar völlig verschwunden.

9. Februar 1932: Militärschulen der NSDAP[29]
Die kommunistisch ausgerichtete *Neue Montagszeitung* bringt in ihrer Ausgabe vom 8. Februar folgende Meldung:

In der Ortschaft Kreiensen (Freistaat Braunschweig), die nur 2000 Einwohner zählt, aber einen sehr wichtigen Eisenbahnknotenpunkt darstellt, haben die SA und die SS zwei Schulen eröffnet.

---

[27] Das Streben nach »Großdeutschland«, d. h. Rückgewinnung der 1918 abgetretenen Gebiete oder sogar nach einer Osterweiterung.

[28] Die am 16. Oktober 1925 in Locarno von sieben europäischen Mächten unterzeichneten Völkerrechtsverträge sollten die Stabilität Europas durch internationale Kooperation sichern.

[29] Berlin, Botschaft, A–418, Nr. 102.

Die SS-Schule, die erste ihrer Art, bezog die Gebäude der Firma Niemeyer & Co., die dort bisher Kleinkaliberwaffen herstellte. Das zur Fabrik gehörige Gelände erstreckt sich bis zum Bahnhof und ist nur durch ein Gitter davon getrennt. Am Schornstein flattert die Hakenkreuzfahne. SS-Posten in blauer Uniform halten an der Hof- und Straßenseite Wache. Derzeit werden dort 80 Schüler unterrichtet.

Am Ortsrand befindet sich die weitaus wichtigere »SA-Führervorschule«. Sie ist in der ehemaligen Gewehrfabrik Burgsmüller untergebracht, die zu einer regelrechten Kaserne umgebaut wurde. Geleitet wird sie vom Oberst a. D. Oberdieck. Die SA belegt praktisch sämtliche Räumlichkeiten mit Ausnahme eines winzigen Bereichs, in dem ein knappes Dutzend Arbeiter weiter Waffen herstellt. Im Dorf erzählt man sich, die Firma Burgsmüller habe der SA Waffen im Wert von 60 000 Reichsmark verkauft. Derzeit werden dort 160 Schüler ausgebildet, doch wäre in der riesigen Fabrik durchaus Platz für die doppelte Zahl.

Diese 160 SA-Mitglieder kommen aus allen Teilen des Reichs zu jeweils zweiwöchigen Kursen dorthin und werden danach von den nächsten 160 abgelöst, sodass pro Jahr knapp 4000 SA-Angehörige dort unterrichtet werden. Die Feldübungen finden in den umliegenden Wäldern statt.

10. Februar 1932: Die Reichspräsidentenwahl und die Intrigen der nationalistischen Opposition[30]
[...] Auf die katastrophale finanzielle Lage hatte ich ja bereits hingewiesen, ebenso auf die infolge des zu geringen Steueraufkommens leere Staatskasse, das entsprechend zunehmende Haushaltsdefizit, die anhaltende Schwächung der Reichsbank und die aufgrund all dieser Erscheinungen starke inflationäre

---

[30] Berlin, Botschaft, A–418, Nr. 118.

Strömung, die der Wagemann-Plan[31] deutlich machte und die offensichtlich die Sozialdemokratie und die Gewerkschaften ebenso mitzureißen droht wie die Geschäftswelt. Selbst wenn man einmal von der in drei Monaten in Preußen anstehenden Landtagswahl absieht, lässt all das künftig viele Probleme und Komplikationen erwarten. Über die einzelnen Geschehnisse hinaus dürfen wir aber nicht aus dem Auge verlieren, dass es aktuell weniger um das persönliche Schicksal von Marschall Hindenburg, Reichskanzler Brüning und Hitler geht als darum, ob es den seit zwei Jahren hartnäckig arbeitenden reaktionären Kräften auf nationaler Ebene gelingen wird, die letzten Hürden zu nehmen und den Kurs der deutschen Politik zu ändern. Schon jetzt ist überaus bemerkenswert, dass Marschall Hindenburg, vor sieben Jahren siegreicher Kandidat der Rechten, nun als Kandidat der Mitte und der Linken auftritt, ohne sich im Geringsten verändert zu haben; man ist versucht, hieran die Entwicklung zu bemessen, die Deutschland sachlich und geistig durchgemacht hat. [...]

3. März 1932: Das Wiedererstarken des deutschen Militarismus[32]

Unter Rückgriff auf eine vor zehn Jahren unterbrochene Tradition hat der Berliner Garnisonskommandant entschieden, dass die Ehrenkompanie bei der Wachablösung der Garde am Präsidentenpalast künftig jeden Sonntag in Begleitung einer Militärkapelle durch das Brandenburger Tor und Unter den Linden marschieren wird. Wie den beigefügten Fotografien zu entnehmen, fand dieses Schauspiel am Sonntag im Beisein einer großen Menschenmenge inmitten regen Treibens statt, was vom wiederbelebten Interesse der Berliner an Militärparaden zeugt. [...]

---

[31] Ernst Wagemann, Präsident des Statistischen Reichsamtes, erstellte 1931 ohne Wissen der Reichsregierung einen Plan zur Überwindung der Wirtschaftskrise.
[32] Berlin, Botschaft, A–418, Nr. 186.

24. Februar 1932: »Eiserne Front« und republikanische Regierung[33]

Unmittelbar nach der Landtagswahl in Hessen, die mit einem glänzenden Sieg für die Nationalsozialisten ausging, schien die Hitler-Welle alles zu überfluten.

Trotz wiederholter Beteuerungen, alles sei ganz legal zugegangen, forcierte Herr Hitler den Ausbau seiner Sturmtruppen, als wolle er sich die nötigen Mittel verschaffen, um sich den Weg zur Macht mit Gewalt zu erzwingen, sobald es ihm opportun erscheint, auf die »legale Taktik« zu verzichten.

Unter den Republikanern machte sich Entmutigung breit, so als resignierten sie vor einem unausweichlichen Schicksal, als sie sahen, dass Hitlers Partei von den Massen gefeiert und zugleich von gewissen Behörden wohlwollend toleriert wurde. Diese Ermüdung war vor allem bei den Demokraten spürbar, denen jede neue Wahl eine weitere Niederlage bescherte und die nicht ohne Sorge die Entstehung der bewaffneten Banden sahen, die sich morgen vielleicht der Straßen bemächtigen werden.

Analysiert man aber im Detail die Wahlergebnisse seit September 1930, zeigt sich, dass die Hitler-Bewegung, obwohl sie ja in erster Linie dem Marxismus den Kampf angesagt hatte, zwar die bürgerlichen Parteien der Rechten und der Mitte vernichtend geschlagen hat, es ihr jedoch nicht gelungen ist, die proletarischen Massen ernsthaft auf ihre Seite zu ziehen.

Bei den fest in den sozialistischen Gewerkschaften verankerten [unleserliches Wort] deutschen Arbeitern stießen die Versprechungen dieses vorgeblichen »Sozialismus«, der lediglich die Rückkehr zu einem militaristischen Deutschland kaschieren soll, auf taube Ohren. Und auch wenn viele Arbeiter, der Unterstützungspolitik überdrüssig, der Sozialistischen Partei den Rücken kehrten, dann nur, um sich den Kommu-

---

[33] Berlin, Botschaft, A–417, Nr. 63.

*» Anhänger
der Republik«*

nisten zuzuwenden, aber nicht, um Hitlers Lager noch weiter zu vergrößern. [...]

Die Republikaner verfügten zwar noch über beträchtliche Lebenskräfte, doch fehlte es ihnen an Siegeswillen und Zukunftsglauben, kurz gesagt: an einer mystischen Idee, die sie Hitlers Ideologie hätten entgegensetzen können.

Deshalb ging der Widerstand gegen den Aufstieg der Nationalsozialisten nicht von den Anführern der Republikaner aus, sondern von den Arbeitern selbst.

Schon lange kommt es durch die Arroganz der Nationalsozialisten und die aufgeheizte politische Atmosphäre täglich aufs Neue zu Zusammenstößen zwischen Hitlers Milizen und der Arbeiterklasse; lässt man einmal die weitaus besser organisierten Kommunisten beiseite, wird ersichtlich, dass der erste Anstoß zu einem effizienten Widerstand gegen die Hitleranhänger von Selbstschutzgruppen ausging, die sich im Chaos des im ganzen Reich schwelenden, Tag für Tag mehr Opfer fordernden Bürgerkriegs spontan bildeten.

Ende November warf dann die Boxheim-Affäre ein grelles Schlaglicht auf jenes »Dritte Reich«, mit dessen bevorstehendem Anbruch sich zahlreiche Republikaner bereits abgefunden hatten. Unvermittelt erfährt der Arbeiter, dass das »Dritte Reich« nichts anderes bedeutet als die Abschaffung jeglicher Freiheit, Zwangsarbeit, Willkürherrschaft und die Todesstrafe für geringste Verstöße

Bauern und Kleinbürger, unter denen Hitler einen großen Teil seiner Gefolgschaft rekrutiert, stellen nun fest, dass der Nationalsozialismus ihre Ernten requirieren und ihren Privatbesitz enteignen wird. Heftiger Unmut macht sich unter allen deutschen Republikanern breit und rüttelt ihre Führer aus ihrer Lethargie. Die Sozialistische Partei versucht, alle republikanischen Kräfte zu mobilisieren, um Hitlers Bewegung mit einer geschlossenen Mauer den Weg zu versperren. Die eigentlichen

Gründer der Eisernen Front sind insofern die Verfasser des Boxheimer Dokuments.

André François-Poncet beschreibt die Regierungsbildung der neuen republikanischen Koalition und die Entstehung der Eisernen Front.

In einem Aufruf vom 25. Januar forderten die Mitglieder des Zentralkomitees der »Eisernen Front für Volksrechte, gegen Diktatur« alle Republikaner auf, sich ihnen anzuschließen, und verkündeten, es sei durchaus nicht ihre Absicht, gewaltsame Auseinandersetzungen zu provozieren, doch würden sie sich darauf eher noch einlassen, als die Republik den Boxheimer Politikern [sic] mit ihren Mord- und Hungerplänen in die Hände fallen zu lassen.

Gegen Ende Januar schätzte die liberale Presse die Mitgliederzahl des Reichsbanners[34] und des Arbeiter-Sportbundes innerhalb der Eisernen Front auf acht Millionen. [...]

Seit Anfang Januar entfalten die Organisatoren der Verteidigungsbewegung eine rege Aktivität. Im ganzen Reich, insbesondere in den Gebieten mit hohem Arbeiteranteil, halten sie mit großem Erfolg Kundgebungen ab. In Berlin organisierte die demokratische Partei, die man schon völlig abgeschlagen wähnte, Veranstaltungen mit 8000 bis 10 000 Teilnehmern. Die Sozialisten brachten am Abend des 31. Januar 25 000 Menschen zusammen und ließen Tausende junge Mitglieder des Reichsbanners, der Gewerkschaften und des Arbeiter-Sportbundes in dichten Reihen marschieren.

Es folgt die Schilderung zahlreicher Kundgebungen in allen Reichsstädten, bei denen sozialistische Redner das Wort ergriffen.

---

[34] Das 1924 gegründete Reichsbanner Schwarz-Rot-Gold war ein paramilitärischer sozialistischer Verband zur Verteidigung der Weimarer Republik, der jedoch 1933 versagte.

Welchen Wert hat diese Bewegung, die gerade einmal drei Monate alt ist?

Aus psychologischer Sicht ist die Gründung der »Eisernen Front« ein interessantes Phänomen, denn sie spricht für eine Widerstandsbewegung gegen den Nationalsozialismus.

Zahlenmäßig hat die »Eiserne Front« eine gewisse Schlagkraft; doch sind die tatsächlichen Mitgliederzahlen schwer einzuschätzen.

In der Praxis ist es allerdings noch schwieriger zu beurteilen, von welchem Wert die Organisation wäre, wenn sie in die Lage käme, dem Nationalsozialismus effektiven Widerstand entgegensetzen zu müssen. Den Republikanern scheint es an der Begeisterung zu fehlen, die Hitlers Anhänger antreibt. Zumindest dürfte die republikanische Verteidigungsbewegung so stark sein, dass man mit einiger Gewissheit erwarten darf, dass die Republikaner im Fall einer – legalen oder illegalen – Machtübernahme der Nationalsozialisten ernsthaften Widerstand leisten oder mindestens den Anstoß zu einem Bürgerkrieg geben würden.

Abb. 4: »Zum ersten Mal kann die Nazi-Partei in den Dienst ihrer Propaganda sämtliche Mittel stellen, auf die sie dank ihrer Regierungsbeteiligung Zugriff hat, und man weiß, dass sie diese skrupellos nutzen wird.« Reichstagswahl im März 1933. Alfred Hugenberg, Vorsitzender der DNVP und Reichswirtschaftsminister (mit Melone), vor einem Berliner Wahllokal.

Kapitel zwei
Die Errichtung der Diktatur

»Deutschland wird sich eilfertig und klaglos in die
Knechtschaft begeben.«

*Am 30. Januar 1933 wurde Hitler zum Reichskanzler ernannt.
Seit Beginn der Krise mit den Wechselfällen der deutschen Politik
vertraut, beobachteten die französischen Diplomaten mit Interesse, wie sich die Nationalsozialisten absolute Macht verschafften. André François-Poncet zufolge waren die Würfel schon im
März 1933 gefallen. Die völlige Vereinnahmung Deutschlands
durch den Nationalsozialismus aufhalten konnten nach seiner
Einschätzung nur interne Auseinandersetzungen, sei es innerhalb
des Regimes, zwischen der NSDAP und ihren deutschnationalen
Verbündeten oder unter den Anführern der NS-Bewegung, die ja
unterschiedliche Strömungen innerhalb der Partei repräsentier-
ten. Dabei überschätzte François-Poncet jedoch den Stellenwert
solcher interner Querelen. Angesichts der sich überschlagenden
Ereignisse mussten die französischen Gesandten tatenlos zusehen,
wie souverän Hitler die Zügel in die Hand nahm. Manche Berichte klingen geradezu bewundernd. Bei der letzten Reichstagswahl am 5. März entfielen auf die NSDAP 49,3 Prozent der Stimmen, also 10,8 Prozentpunkte mehr als bei der Wahl im November
1932, sodass die Partei nun über eine solide legitime Grundlage*

verfügte. Zugleich verfolgte sie ihre Widersacher in der KPD und SPD mit aller Schärfe und nahm schließlich auch die großen institutionellen Eckpfeiler der deutschen Politik und Wirtschaft einen nach dem anderen ins Visier. Besonderes Augenmerk galt dabei der Polizei und der Armee, die ihr mit Waffengewalt den Weg hätten versperren können. Schon 1933 begannen die Botschaftsberichte aus Berlin das zu analysieren, was sich im Nachhinein als totalitärer Staat offenbarte.

15. Februar 1933: Die Parteien am Vorabend der Wahl vom 5. März[1]

[...] Die Anhänger Hitlers hingegen erwarten, dabei große Zugewinne zu erzielen. Kürzlich sprach der Kanzler in einer Rede davon, die Regierung erhoffe sich am 5. März 52 bis 54 Prozent der Stimmen. Ein solches Ergebnis ist nicht sehr wahrscheinlich, jedoch auch nicht von vornherein auszuschließen. Zum ersten Mal kann die Nazi-Partei in den Dienst ihrer Propaganda sämtliche Mittel stellen, auf die sie dank ihrer Regierungsbeteiligung Zugriff hat, und man weiß, dass sie diese skrupellos nutzen wird. Innerhalb weniger Tage hat die Partei Männer ihres Vertrauens an Spitzenpositionen in den Verwaltungen der Länder und in der Polizei gesetzt. Der Rundfunk ist inzwischen zum bevorzugten Instrument der Regierungspropaganda geworden. Die Pressefreiheit ist abgeschafft. Die oppositionellen Zeitungen werden erheblich am Wahlkampf gehindert. Grundsätzlich allerdings ist nicht anzunehmen, dass die Parteien der derzeit regierenden Harzburger Koalition[2] die absolute Mehrheit bekommen werden.

---

[1] Berlin, Botschaft, A–422, Nr. 164.

[2] Gemeint ist hier das Kabinett Hitler-Papen, in dem die NSDAP zusammen mit der DNVP und weiteren rechten Politikern eine Regierungskoalition bildete. NSDAP und DNVP waren auch an der sogenannten Harzburger Front beteiligt, einer rechtsextremen Koalition antidemokratischer Kräfte, die sich am 11. Oktober 1931 gründete und Widerstand gegen Reichskanzler Brüning leistete.

[...] Eine solche Koalition ist umso wünschenswerter, als man überzeugt ist, dass die derzeitige Regierung und vor allem Hitlers Partei unabhängig vom Ausgang der nächsten Wahl fest entschlossen ist, an der Macht zu bleiben.

Im Übrigen lassen die öffentlichen Erklärungen Hitlers hieran keinen Zweifel. Schon in seiner Rede am 10. Februar im Sportpalast hatte der Kanzler angekündigt, selbst wenn das deutsche Volk ihn am 5. März im Stich lassen sollte, werde er dennoch »den Weg gehen, den [ihm sein] Glaube vorgibt, damit Deutschland nicht zugrunde geht«. Diese Aussage, die in der liberalen Presse hohe Wellen schlug, wurde aus der offiziellen Version der Agentur Wolff[3] getilgt, doch machte Hitler am 12. in Kassel ähnliche Aussagen. »Jeder«, bekräftigte er dort, »muss am 5. März seine Pflicht tun. Auf jeden Fall jedoch müssen wir entschlossen sein, Deutschland nicht zugrunde gehen zu lassen.«

2. März 1933: Der Einfluss der NSDAP auf die Polizei. Gründung einer Hilfspolizei[4]

Die Einsetzung des Kabinetts Hitler-Papen[5] hat Deutschland in zwei Lager gespalten: die »Nationalen«, sprich: die Anhänger der Regierungsparteien, die von den Behörden jegliche Gunst erwarten können, und die »Marxisten«, sprich: die Oppositionsparteien, denen man nur Knüppel zwischen die Beine wirft. Dieser Unterschied wird besonders deutlich in einer

---

[3] Kurzform für Wolffs Telegrafisches Bureau, damals eine große deutsche Presseagentur.
[4] Berlin, Botschaft, A-422, Nr. 218, und VB, Nr. 219.
[5] Franz von Papen (1879–1969), konservativ-katholischer deutscher Politiker, vom 1. Juni bis 17. November 1932 Reichskanzler. Da seine Regierung keine Mehrheit besaß, bemühte er sich um Hitlers Unterstützung und leistete damit der Regierungsbeteiligung der NSDAP Vorschub. Am 30. Januar 1933 stimmte er der Ernennung Hitlers als Reichskanzler zu und begnügte sich mit dem Vizekanzlerposten. Die Nationalsozialisten stellten ihn umgehend kalt, verschonten ihn jedoch in der »Nacht der langen Messer«. Er wurde anschließend Botschafter in Wien und später in Istanbul. Er gilt als mitschuldig an Hitlers Machtübernahme.

Reihe von Maßnahmen, die Reichsminister Göring als kommissarischer Innenminister von Preußen gegenüber der Polizei angeordnet hat.

In einer Dienstanweisung vom 10. Februar werden die Polizisten angehalten, bei Straftaten darauf zu achten, welche »Motive und Absichten der Delinquent verfolgt«, die nationalen Truppen nicht zu behindern und diesen gegenüber keine feindselige Haltung zu bekunden.

Zweifellos aufgrund dieses Rundschreibens befindet sich der junge Hitleranhänger, der den sozialistischen Bürgermeister von Staßfurt ermordet hat, bereits wieder auf freiem Fuß.[6] [...] Offen gesagt hat Herr Göring lediglich ein Vorhaben verwirklicht, das die Anhänger Hitlers schon lange planten und das die NS-Regierungen einiger Länder, darunter vor allem Oldenburg, Mecklenburg und Braunschweig, schon in die Tat umzusetzen versucht hatten. Man weiß, dass sich die Regierungschefs dieser drei Länder im August letzten Jahres, als die SA in diesen Gebieten und vor allem in Ostpreußen gerade massiv Leute rekrutierten, mit Reichsinnenminister Freiherr von Gayl trafen und ihm die Einstellung von SA-Männern als Hilfspolizisten antrugen. Herr von Gayl lehnte diesen Vorschlag kategorisch ab, da er zweifellos erkannte, welche Gefahren eine Eingliederung solcher Fanatiker in die Polizei bedingt. Herr Göring, der sich rühmt, nur zwei Arten von Bürgern zu unterscheiden, ließ sich hingegen nicht von derlei Skrupeln leiten.

Die Mordanschläge, auf die der Minister anspielt, sind zu einem alltäglichen Phänomen geworden, seit das Verbot der SA aufgehoben wurde und das Tragen von Uniformen wieder er-

---

[6] Am 4. Februar 1933 wurde der sozialdemokratische Bürgermeister von Staßfurt (Sachen-Anhalt), Mitglied des preußischen Landtags und erbitterter Gegner der Nationalsozialisten, von einem Gymnasiasten erschossen. Der Mörder wurde – offiziell aus Mangel an Beweisen – schon am 8. März 1933 auf freien Fuß gesetzt. In den Monaten direkt vor und nach Hitlers »Machtergreifung« gab es rund 600 politische Morde.

laubt ist. Tag für Tag kommen mehrere Menschen auf diese Weise um. Die Täter sind mindestens ebenso oft Hitleranhänger wie Kommunisten. Herrn Göring dienten sie lediglich als Vorwand. Der Minister wollte ein Versprechen einlösen, das er vor langer Zeit den SA-Angehörigen gegeben hat, er wollte die Kontrolle der Partei über die Polizei auf Dauer absichern, die Nationalsozialisten als Verteidiger der öffentlichen Ordnung gegen die Marxisten darstellen und damit die Einheit von Partei und Staat demonstrieren, die das Fundament von Hitlers Doktrin bildet. [...]

7. März 1933: Gründe und Auswirkungen des Wahlerfolgs der NSDAP vom 5. März[7]

[...] Schon im Vorfeld hielt sich Hitler für prädestiniert; er rief den Beistand Gottes an; er sah sich als Werkzeug des Allmächtigen, dessen Namen er in all seinen Reden im Munde führte. Der Wahlsieg am 5. März ist für ihn persönlich zweifellos ein Triumph. Er hat fast ebenso viele Stimmen auf sich vereint wie Marschall Hindenburg bei seiner Wiederwahl. Stürbe der alte Mann, könnte sich Hitler nach Belieben als sein Nachfolger an die Spitze des Reichs setzen.[8] Man wüsste gern, wie der Führer auf diese Genugtuung reagiert hat, die ihn erfüllt haben muss und die seine Selbstachtung gestärkt hat. Auch wüsste man gern, welche unmittelbaren Folgen der Wahlsieg parteiintern in der NSDAP haben wird. Am Vorabend des 5. März waren bei den Anhängern Hitlers zwei Strömungen zu beobachten: die Gemäßigten, die angeblich Hitlers besondere Gunst genießen, und die Extremisten in Görings Umfeld. Derzeit lässt sich noch unmöglich abschätzen, in welchem Umfang das Wahlergebnis eines der beiden Lager stärken wird. [...]

---

[7] Berlin, Botschaft, A–423, Nr. 231.
[8] Genau das geschah nach Hindenburgs Tod.

16. März 1933: Die Wahl am 12. März und Hitlers weiteres Vorgehen[9]

Der Wahlsieg Hitlers am 5. März bringt in verblüffendem Tempo und Umfang Konsequenzen mit sich, die seine historische Tragweite schon jetzt zur Gänze spürbar machen.

Die Nationalsozialisten begnügen sich nämlich nicht damit, ihren Sieg mit einer wahren Orgie von Aufmärschen, Umzügen, Musik und Paraden aller Art zu feiern, sondern setzen zugleich ihre Serie von Gewalttaten fort und verbreiten weiterhin in ganz Deutschland blanken Terror. Dabei verfolgen sie offensichtlich drei Ziele: Die ungebärdigsten Angehörigen ihrer Milizen dürfen sich austoben, ihre Widersacher sollen gelähmt und die Gleichgültigen und Zaudernden schneller gewonnen werden. Gerade hier in Berlin haben Strafexpeditionen, Hausfriedensbrüche, willkürliche Verhaftungen und lange Internierungen ein beunruhigendes Ausmaß angenommen. Angesichts der Tatsache, dass viele Ausländer ernsthaft belästig wurden, darunter ein knappes Dutzend Amerikaner, dass Angehörige des diplomatischen Korps schikaniert und die ausländischen Außen- und Innenministerien in den letzten Tagen mit Beschwerden überhäuft wurden, war der Aufruf zu mehr Disziplin und Respekt vor dem Gesetz, den der Kanzler am 15. März an seine Truppen richtete, dringend geboten.

Anstatt sich auf ihren Lorbeeren auszuruhen, haben die Hitleranhänger angesichts der Wahlergebnisse vom 5. März aber vor allem zum Angriff auf die Regierungen der Länder geblasen. Sie haben sie verjagt. Sie haben an ihrer Stelle eigene Leute eingesetzt. Überall, selbst in Bayern, reichte der Erfolg als Rechtfertigung für ihr freches Vorgehen aus. Nirgends regte sich der geringste Widerstand. Gleich beim ersten Ansturm fiel das System wie ein Kartenhaus in sich zusammen, und das ist nicht weiter verwunderlich, denkt man daran, wie sang- und klanglos 1918

---

[9]   Berlin, Botschaft, A–423, Nr. 260.

schon das Kaiserreich unterging. Heute weht die Hakenkreuzflagge im ganzen Reich an sämtlichen öffentlichen Gebäuden.
In dieser Hinsicht ist den Hitleranhängern ein Meisterstück gelungen. [...]

Der Schlag gegen die Länderregierungen, die Hitlers Bewegung kritisch gegenüberstanden, war somit in weniger als einer
Woche erledigt. Selbst dort, wo noch kurz zuvor glühende Un-
abhängigkeitsschwüre erklungen waren, sitzen nun Kommis-
sare inmitten einer Garde von Braunhemden und einer lokalen
Polizei, die sie unverzüglich auf ihre Seite gezogen haben. Die
Blitzartigkeit eines Manövers, vor dem Hitlers Vorgänger stets
zurückgeschreckt waren, ebenso wie der Erfolg dieser Vorgehensweise, das völlige Fehlen von Widerstand, die Leichtigkeit,
mit der die Nationalsozialisten ihren Willen durchsetzen konnten, und vor allem die Resignation, mit der der Reichspräsident
und die gemäßigten Elemente im Kabinett sich den Wahlergeb-
nissen gebeugt haben, waren natürlich Wasser auf die Mühlen
der NS-Propaganda, mehrten das Prestige der Partei und kamen
ihren Vorhaben zugute. Anstatt sich über ihre Ungeniertheit zu
empören, stürmte das Volk eilfertig zu den Fahnen, die überall,
wo sie sich entfalteten, den sicheren Sieg zu verheißen schienen.
[...] Deutschland bleibt ein Land voller Überraschungen und
verwirrender Sprünge. Verleugnung und Begeisterung gehen
Hand in Hand. Gegensätze wohnen am selben Ort, in denselben
Herzen dicht beieinander. Wer gestern seine Stimme Hitler gegeben hat, stimmt vielleicht morgen schon für Prinz Rupprecht[10]
und setzt sich für die Freiheit der Länder ein, nachdem er deren
Verlust bereits akzeptiert zu haben schien. Sicher ist allerdings,
dass die Hitlerbewegung zwielichtige Elemente in ihren Reihen

---

[10] Rupprecht (1869–1955), Sohn von Ludwig III., dem letzten König von Bayern,
und bayerischer Kronprinz, kämpfte als Heerführer der deutschen Armee im
Ersten Weltkrieg. Als erklärter Gegner des Nationalsozialismus verbrachte er
den Zweiten Weltkrieg im italienischen Exil, doch seine Familie war bis Kriegsende in einem Konzentrationslager interniert.

mitführt, die jederzeit die Oberhand gewinnen können. Wenn die Nazis sich rühmen, sie hätten eine Revolution vollbracht, ist das keine Übertreibung. Die Flut, die alle Deiche durchbrochen hat, ist revolutionär. Sie folgt keinem vorbestimmten Lauf. Niemand kann sie vorhersehen. Festzuhalten ist jedoch schon jetzt, dass der Sieg Hitlers auf beängstigende Weise den Germanismus, wenn nicht sogar den Pangermanismus in Europa wieder zum Problem gemacht hat.

22. März 1933: NS-Gewalt gegen Mitglieder linksextremer Parteien[11]

Einer meiner Mitarbeiter hatte gestern Gelegenheit, mit einem sozialistischen Bekannten zu sprechen, der sich bei einem gemeinsamen Freund versteckt hält. Der junge Mann hatte auf Anordnung der Nazi-Partei gerade zwei Wochen im Gefängnis verbracht und war erst am letzten Sonntag, dem 19. März, wieder auf freien Fuß gesetzt worden. Nachfolgend seine Schilderung der Geschehnisse:

»Wie Sie wissen, war ich zwei Jahre lang Mitglied der kommunistischen Partei, wurde aber 1929 aufgrund bourgeoiser Neigungen ausgeschlossen. Seither gehöre ich dem linken Flügel der sozialistischen Partei an. Trotzdem hatte ich immer ein gutes Verhältnis zu nationalsozialistischen Kommilitonen, mit denen ich an der Universität zusammenkam. Neulich erst führte ich für die Zeitschrift, die ich herausgebe, ein Streitgespräch mit ihrem Chef, das aber im Ton immer höflich und sogar freundschaftlich blieb. Ich hatte nicht den geringsten Anlass anzunehmen, die Hitleranhänger hätten etwas gegen mich. In der Wahlnacht hielt ich es nicht für nötig, aus dem Haus zu gehen.

Als ich um viertel vor zwölf Uhr nachts gerade im Radio die Wahlergebnisse hörte, schellte es an meiner Tür. Ich ging hin und öffnete. Vor mir standen fünf Nazis mit Revolvern in der

---

[11]   Berlin, Botschaft, A–423, Nr. 282.

Hand. Um zu verhindern, dass ich die Tür wieder schloss, drangen sie sofort ein. Keiner von ihnen trug eine Armbinde der Hilfspolizei. Sie fragten mich – übrigens sehr höflich –, ob ich Herr B. G. sei, und erklärten, man werfe mir vor, in meinem Zimmer hätten sich mehrmals sieben bis acht Revolutionäre getroffen und ich würde dort auch ganze Berge subversiver Flugblätter und Schriften aufbewahren. In dem Glauben, es handle sich lediglich um eine Hausdurchsuchung, bat ich sie hinauf in mein Zimmer. Sie erwiderten, das sei völlig überflüssig, denn ich hätte ja bereits alle kompromittierenden Unterlagen verschwinden lassen. Stattdessen solle ich sie bitte begleiten, damit die Sache aufgeklärt werden könne. Sie sagten, es sei nicht nötig, irgendetwas mitzunehmen, denn wir seien in wenigen Minuten wieder zurück. Beim Hinausgehen sah ich vor der Haustür zwei weitere Nazis, die draußen Schmiere standen. Man ließ mich in einen Personenwagen einsteigen. Ich saß zwischen vier Hitleranhängern mit Revolvern in der Hand. In einem zweiten Auto folgte uns der Rest der Bande.

Von der Kaiserallee, wo ich wohne, fuhren wir mit Vollgas in südwestlicher Richtung quer durch Steglitz und Lichterfelde. Auf meine Frage: ›Wohin fahren wir?‹ hieß es lediglich: ›Wir sind gleich da.‹ Die beiden Autos hielten schließlich nahe am Bahnhof Lichterfelde-West vor einer Gaststätte, die der ›NS-Standarte Nr. 9‹ als Hauptquartier dient – eine der Räumlichkeiten, die die Hitleranhänger pompös als ›Kasernen‹ bezeichnen. Dort musste ich meine Personalien angeben. Sie nahmen mir Papiere und Geld ab, versicherten mir aber, ich erhielte alles so bald wie möglich zurück, und stellten mir im Namen der Standarte Nr. 9 eine ordnungsgemäße Quittung aus. Dann musste ich mich mit dem Gesicht zur Wand in eine Ecke setzen; neben mir saßen einige weitere Personen, die auf dieselbe Weise verhaftet worden waren. Neben mir erkannte ich den Chef des Reichsbanner-Ortsvereins Lichterfelde. Als ich ein paar Worte mit ihm wechseln wollte, sagte man mir, wir sollten still sein,

und wer rede, werde erschossen. Sie ließen uns eine Dreiviertel-
stunde warten und teilten uns dann mit, es sei alles erledigt und
wird würden jetzt ›abtransportiert‹. [...] Der Lastwagen hielt
schließlich vor der Polizeikaserne in der Friesenstraße; und da
gingen die Schläge los. Schon beim Aussteigen prügelten sie mit
Schlagstöcken und Revolvergriffen auf uns ein. Auch als sie uns
die Treppe zum dritten Stock hinaufscheuchten, hagelte es
Schläge. Dort oben warteten schon weitere Häftlinge. Wir
mussten unsere Kragen, Hosenträger und Schnürbänder abge-
ben. Eine Stunde lang mussten wir turnen: ›Aufstehen, hinset-
zen, hinlegen, auf die Knie, aufstehen!‹, im Rhythmus dazu hau-
ten sie uns die Schlagstöcke ins Gesicht. Ausgeführt wurde das
Ganze von Mitgliedern der Sturmabteilungen. Hilfspolizisten
und reguläre Polizisten. Gerade Letztere taten sich durch ihren
Eifer und ihre Brutalität besonders hervor. Dann kam ein Nazi-
Anführer und stellte sich als Sturmführer Ernst[12] vor. Er sei
Chef der SA Berlin-West. Die reguläre Polizei stand vor ihm
stramm und führte seine Befehle aus.

Die zwangsweisen Turnübungen gingen im Hof weiter.

Um fünf Uhr morgens ließ man uns in einen Lastwagen einsteigen, der uns zum Polizeipräsidium am Alexanderplatz brachte,
und führte uns in einen Flur mit Bänken, auf die wir uns endlich setzen durften. Wir waren völlig verdreckt, viele von uns
hatten Blut in den Haaren und im Gesicht.

Sie ließen uns den ganzen Tag da warten. Die Polizisten, die
uns bewachten, verboten uns zu sprechen, beantworteten keine
Fragen, taten uns aber auch nichts. Nach stundenlangem Warten
fragten wir, ob wir etwas zu essen bekämen, aber man sagte uns,
es sei für uns nichts vorgesehen und wir sollten den Mund halten.

---

[12] Karl Ernst (1904–1934), SA-Führer in Berlin, wurde in der »Nacht der langen
Messer« ermordet.

Als uns abends um halb sieben ein ganzer Trupp von 60 Nazis mit Armbinden der Hilfspolizei abholte, begriffen wir, dass alles von vorn losgehen würde. Vom Polizeipräsidium aus ging es zu Fuß los, vor uns ein Lastwagen der regulären Polizei, rings um uns Nazis, manche mit Karabinern, die übrigen mit Revolvern und Gummiknüppeln. Wir mussten Reihen bilden und die Hände im Nacken falten. So erbärmlich unser Trüppchen war, stellte man uns Passanten gegenüber als gefährliche Kommunisten hin. So durchquerten wir die belebtesten Viertel von Berlin: die Königstraße, den Platz vor dem kaiserlichen Schloss, Unter den Linden. Dort präsentierte der Nazi-Anführer den Polizisten einen Befehl des Innenministeriums, dass unsere Gruppe ihm unterstellt sei, und schickte den Lastwagen weg. Noch immer im selben Aufzug bogen wir in die Friedrichstraße ein. Einer meiner Gefährten war mit seiner Kraft völlig am Ende und hatte so große Angst, das Spiel der vergangenen Nacht werde weitergehen, dass er sich vor einen Autobus warf. Unsere Bewacher richteten ihre Revolver auf uns, und wir mussten mit erhobenen Händen dastehen, bis ein Krankenwagen kam und den Verletzten wegbrachte.

Vor einem Gebäude in der Friedrichstraße zwischen der Kochstraße und dem Belle-Alliance-Platz hielten wir an. Man scheuchte uns die Treppe hinauf bis zum Dachboden. Dort gab es eine große Halle, deren Fußboden mit Stroh ausgestreut war. In der Mitte erwarteten uns faschistische Milizionäre mit Karabinern in der Hand.[13]

Fast die ganze Nacht lang wurden wir weiter verprügelt. Man stellte uns ganz unterschiedliche, völlig hirnrissige Fragen. Ganz gleich, was wir antworteten, sie schlugen uns ihre Knüppel mitten ins Gesicht. Später kamen neue SA-Männer, die auch an die

---

[13] Der junge Mann wurde an einen der vielen Orte in Berlin gebracht, an denen die SA nach dem Wahlsieg der NSDAP illegal Menschen festhielt. Die Orte wurden im Zuge des Ausbaus der Gestapozentrale und dem Bau von Konzentrationslagern nach und nach aufgegeben.

Reihe kommen wollten. Hinterher schickte man uns einen nach dem anderen in den Nebenraum, um jeden von uns als »Einzelfall« genauer zu prüfen. Mit Knüppelschlägen zwang man uns, die Namen und Anschriften von uns bekannten Sozialisten und Kommunisten zu nennen.

Schließlich kam ein Arzt und untersuchte die Verletzten.

Ich wurde ins Berliner Haftkrankenhaus gebracht und dort in eine Zelle gesperrt, wurde aber hervorragend behandelt. Ich wurde gewaschen, verbunden, gepflegt, mit Essen versorgt und schon am nächsten Tag auf freien Fuß gesetzt.«

Er war also bis zum Abend des 19. inhaftiert.

Diese Schilderung, die Herr B. G. meinem Mitarbeiter anvertraute, kann als glaubwürdig eingestuft werden. Einige Elemente darin bestätigen im Übrigen, was mir von anderen Seiten zugetragen wurden, dass nämlich in den beiden Tagen nach der Wahl das Gebäude in der Friedrichstraße Nummer 234, das Hitleranhängern gehört, Schauplatz von NS-Gewalttaten war. [...][14]

Die SA-Männer konnten in ihren eigenen Wohnvierteln nach Gutdünken ihrem Hass auf politische Gegner freien Lauf lassen, mit denen sie schon seit Jahren dauernd kämpfen. Seit dem 5. März wurden mindestens 15 Kommunisten auf Berliner Straßen tot aufgefunden. Die strikt zensierte Presse verschweigt diese Vorkommnisse meist oder stellt sie als legitime Notwehr von Nazis dar, die sich angeblich der Angriffe bewaffneter Kommunisten erwehren mussten.

---

[14] Es handelt sich um den Gutschow-Keller der Lebensmittelhandlung der Gebrüder Gutschow, die der SA schon Ende 1932 ihr früheres Warenlager zur Verfügung stellten. Hunderte Oppositionelle wurden in dieser »Blutburg« festgehalten und gefoltert.

28. März 1933: Briefe deutscher Bürger an die französische Botschaft[15]

Seit Langem erreichen die Gesandtschaft hin und wieder Briefe unbekannter oder anonymer deutscher Absender, doch hat ihre Zahl angesichts der außerordentlichen Tragweite der jüngsten Ereignisse in der deutschen Politik erheblich zugenommen. Innerhalb der letzten zwei Wochen erhielt ich mehr als zehn Schreiben, die meisten augenscheinlich von frankophilen Deutschen, andere von erklärten Feinden unseres Landes. Obwohl die Schreiber solcher Briefe in der Regel kritischen Verstand vermissen lassen und nur über eine rudimentäre Bildung verfügen, scheinen mir ihre Mitteilungen erwähnenswert, weil sie die Dinge beim Namen nennen. Während die deutsche Presse nämlich ihre Unabhängigkeit völlig verloren hat, liefern diese Schreiben vorbehaltlos eine improvisierte Chronik, die vielleicht auch für Sie interessante und unerwartete Einblicke bietet. Nennenswert ist vor allem ein anonymes Schreiben, das die [französische] Regierung rundheraus zu einer Besetzung des deutschen Reichsgebiets auffordert: »Zum letzten Mal«, heißt es darin, »vermutlich zum allerletzten Mal hat Frankreich Gelegenheit, als Friedensstifter und Befreier in die deutschen Geschicke einzugreifen. Eine Besetzung des Rheinlands ließe sich aus hunderterlei Gründen rechtfertigen und würde von der Mehrheit der Bevölkerung begrüßt, vor allem in katholischen Kreisen.« […]

30. März 1933: Deutschland nach dem »Ermächtigungsgesetz«[16]

Die Ereignisse auf der deutschen Bühne überschlagen sich so rasant, dass es wenig Sinn ergäbe, sich mit der denkwürdigen Sitzung aufzuhalten, in deren Verlauf der Reichstag gestern, kurz

---

[15] Berlin, Botschaft, A–423, Nr. 303.
[16] Berlin, Botschaft, A–423, Nr. 305.

nach dem Tag von Potsdam,[17] seine sämtlichen Befugnisse abge-
treten hat.[18] Hervorzuheben ist allerdings, wie streng und perfekt
inszeniert diese parlamentarische Legalisierung der Diktatur war.
Die rechtsextremen Blätter überbieten sich mit Lobreden über den
militärisch anmutenden Verlauf der Sitzung und die Präzision,
mit der das festgelegte Programm ablief. Man hätte meinen können, eine Kompanie gut gedrillter Infanteristen unter Führung
ihres Hauptmanns exerzieren zu sehen, meinten Hugenbergs Zeitungen.[19] So entstand der Eindruck, als würden die Nationalsozialisten ihr Publikum vollkommen beherrschen, obwohl sich
zumindest in den Reihen der Katholiken und Sozialdemokraten
viele bewährte, routinierte Parlamentarier befanden. Diese Wahrnehmung beruhte nicht nur auf den im Plenarsaal zahlreich ver-
tretenen Uniformträgern, den in den Fluren postierten Milizionä-
ren oder den rings um den Reichstag versammelten SA-Männern,
die Anweisung hatten, in regelmäßigen Abständen zu rufen:»Wir
fordern die Ermächtigung, sonst setzt es was!« Bezeichnend war
auch der Eindruck, den Hitler selbst mit seinem Auftreten, das
ungeachtet seiner gewöhnlichen Gesichtszüge martialisch anmu-
tete, und der geradezu lächerlichen Uniform vermittelte, nicht zuletzt durch seine Sprechweise, die gleichermaßen eine staatsmän-
nische Reflexion und Besonnenheit wie einen gebieterischen

---

[17] Als Tag von Potsdam bezeichnete die Propaganda einen Festakt am 21. März
1933 in Potsdam, das als Inbegriff des preußischen Militarismus galt, in Anwesenheit der Angehörigen des neu gewählten Reichstags. Zwei Tage später ließ
Hitler über das Ermächtigungsgesetz abstimmen, das ihm umfassende Vollmachten einräumte.

[18] Nach dem Reichstagsbrand in der Nacht auf den 28. Februar 1933 verhängte die
Regierung per Verordnung den Ausnahmezustand und setzte alle in der Verfassung verankerten Freiheiten aus. Der Brand diente zudem als Vorwand für die
verschärfte Jagd auf Oppositionelle. 4000 Regimegegner wurden unmittelbar
nach dem Brand verhaftet.

[19] Alfred Hugenberg (1865–1951), Geschäftsmann und deutschnationaler Politiker, hatte ein Zeitungs- und Filmimperium aufgebaut, das er in den Dienst des
NS-Regimes stellte. Von 1928 bis 1933 war er Vorsitzender der DNVP und als
Wirtschaftsminister Mitglied von Hitlers Kabinett. Im Juni 1933 wurde er entlassen und seine Partei aufgelöst.

Willen und durchsetzungsfähigen Charakter widerspiegelt. Auf der Rednertribüne stand Hitler seinen Vorgängern in nichts nach; wenn er sich überhaupt von ihnen unterschied, dann zu seinem Vorteil durch sein glühendes Temperament und seine Schlagfertigkeit. Seine Gegner waren bereits mit dem Entschluss in die Sitzung gekommen, vor ihm im Staub zu kriechen, und mussten nun zudem anerkennen, dass der Reichskanzler seine Führungsqualitäten bewiesen und ihnen imponiert hatte.

Man staunt über die Reichweite der Ermächtigung, die Herr Hitler gefordert hat, ebenso wie über die Leichtigkeit, mit der ihm eine Macht zugestanden wurde, wie sie noch nie jemand in Deutschland innehatte. Vor allem aber ist erstaunlich, dass der Reichspräsident einen solchen Eingriff in seine eigenen Vorrechte zulässt und sogar billigt, dass Verordnungen auch ohne seine Unterschrift erlassen werden können. In Wahrheit aber hat der Marschall nicht nur auf Einwände verzichtet, sondern selbst darum gebeten, von dieser Verantwortung entbunden zu werden, denn im Falle einer Diktatur hätte er so den Vorteil, dass er nicht für deren sämtliche Beschlüsse haftbar wäre.

Angesichts des exorbitanten Umfangs der Privilegien, die der Reichstag der Regierung verleihen oder besser gesagt abtreten sollte, gingen manche davon aus, das Zentrum[20] werde sich enthalten, doch die Partei sagte dem Kabinett ihre Unterstützung zu. Eine Rolle spielte dabei, dass die deutschen Katholiken keine Märtyrer mehr sein wollen und nicht die geringste Lust auf einen erneuten »Kulturkampf«[21] haben, an den sie noch üble Erinnerungen hegen. Nach den unmissverständlichen Aussagen des Kanzlers haben sie begriffen, dass er eine Enthaltung ihrerseits als feindseligen Akt auffassen und sie hart anpacken würde, ohne dass ihnen dies etwas einbrächte. Um sie gefügig zu machen, bekamen sie zudem umfangreiche Zusagen. Selbst

---

[20] Die katholische Zentrumspartei.
[21] Bismarcks katholikenfeindliche Politik.

89

aus Rom erhielten sie die Empfehlung, lieber geduldig zu kooperieren als fruchtlosen Widerstand zu leisten. Der Heilige Stuhl und vor allem, so heißt es, der Papst selbst soll der Hitlerbewegung durchaus wohlgesonnen sein. Man bereue im Vatikan inzwischen, die Nationalsozialisten noch unlängst bekämpft und sogar verdammt zu haben, und habe erkannt, dass die neue Reichsregierung den Mut besitze, Front gegen die Kommunisten zu machen und das Christentum und die Achtung vor der Religion zu den Grundlagen ihrer Politik zu erklären. So kam es, dass die katholische Zentrumspartei sich, ungeachtet aller Beschwörungen und Aufrufe zum Heroismus von Seiten Dr. Brünings,[22] beugte und mit Hitler paktierte, zumal auch die jungen Parteimitglieder beim Wiedererstarken Deutschlands nicht außen vor bleiben wollen.

Es folgt eine Analyse der Deutschnationalen im Kabinett Papen.

Dass das Ermächtigungsgesetz der Regierung de facto einen Freibrief ausstellt, reicht allerdings nicht aus, um die Lage in Deutschland im Anschluss an den 23. März nachzuvollziehen. Wichtig ist nämlich auch, dass es künftig nicht nur kein Parlament mehr gibt, sondern auch keine Presse: Die kommunistischen Blätter wurden ausgeschaltet, die sozialistischen bleiben bis auf Weiteres verboten, die katholischen werden von der Regierung gesteuert, die früher liberalen haben ihre Redakteure entlassen und schreiben unter Aufsicht eines Revisors. Die Pressefreiheit ist ebenso abgeschafft wie alle übrigen Freiheiten. Stattdessen sorgen Denunziantentum und Postzensur dafür, dass die Polizei gut zu tun hat.

Hitlers Diktatur steht der eines Stalin und eines Mussolini in nichts nach.

---

[22] Heinrich Brüning (1885–1970), Mitglied der Zentrumspartei und von März 1930 bis Mai 1932 Reichskanzler; versuchte, den Aufstieg der NSDAP zu verhindern. 1934 ging er ins Exil in die USA.

Der Verfasser schildert nun, wie es mit den Landtagen und Ge-
werkschaften weitergeht, und erörtert ausführlich die sich in Vor-
bereitung befindlichen Gesetze. Die im Ausland veröffentlichten
Berichte über Ausschreitungen gegen Juden haben die NS-Füh-
rungsriege erbost. Dass die von Hitler ernannte Regierungskoali-
tion noch unterschiedliche Strömungen umfasst, lässt Spannun-
gen zwischen den Nationalsozialisten und den deutschnationalen
Parteien erwarten. Danach geht es um die Ereignisse in Braun-
schweig, wo Straßenschlachten zwischen SA und Stahlhelm die
Angst vor dem Ausbruch eines Bürgerkriegs schürten.

Dennoch wird behauptet, der Vorfall habe weder eine besondere
Bedeutung noch irgendwelche Konsequenzen und könne auch
die brüderlichen, kameradschaftlichen Gefühle zwischen Nationalsozialisten und Deutschnationalen in keiner Weise trüben.
Diese Versicherungen werden natürlich mit einer gewissen
Skepsis aufgenommen. Manche sehen in den Vorfällen in Braunschweig sogar Vorboten für den großen Knall, mit dem ihrer
Meinung nach früher oder später die plebejischen, sozialistischen, revolutionären Hitleranhänger und die monarchistischen, reaktionären, gesetzestreuen Deutschnationalen aufeinan-
nanderprallen werden. Die entscheidende Rolle in einer solchen
Auseinandersetzung wird der Reichswehr zukommen, die bisher schweigend, wenn auch missbilligend zuschaut, wie eine Bewegung sich nach und nach sämtlicher staatlicher Mechanis-
men bemächtigt und selbst die Leitung der Polizei übelsten
Aufwieglern, ja sogar notorischen Mördern anvertraut.
Ob solche Prognosen tatsächlich eintreffen, darf allerdings
bezweifelt werden; Der Zeitpunkt einer solchen Auseinandersetzung – sollte sie denn stattfinden – erscheint noch in weiter
Ferne. Die Hitler'sche Flutwelle hat ihren Höchststand noch
nicht erreicht. Die radikalsten Naziführer beweisen tagtäglich
aufs Neue ihre Überlegenheit, was Frechheit, Mut und takti-
sches Denken betrifft. Ihnen hat der Stahlhelm nicht viel entge-

genzusetzen. Auch er wird sich voraussichtlich ebenso gütlich einigen wie die Katholiken.

Das heißt aber nicht, dass das Experiment Hitler zwangsläufig in ruhigeren Bahnen verläuft. Die öffentliche Meinung in Berlin hegt nach wie vor große Befürchtungen und rechnet offenbar mit weiteren dramatischen Entwicklungen, auch wenn sie diese nicht im Einzelnen benennen kann. Sie lässt sich von der Gewalt beeindrucken, sie hat Angst und eilt beflissen in die Knechtschaft. Im Grunde ihrer Seele jedoch ist sie mitnichten überzeugt, dass Hitlers Macht endgültig etabliert ist und in der Lage wäre, jedes Hindernis zu überwinden. Sie rechnet nicht damit, dass Kommunisten oder Sozialisten Widerstand leisten, sondern viel eher damit, dass es innerhalb der NSDAP selbst Konflikte geben wird, wo sich Flügelkämpfe, wie einst zwischen Girondisten und Bergpartei,[23] bereits abzeichnen. Selbst wenn es dem neuen Regime gelänge, alle äußeren Schwierigkeiten zu meistern, ist dennoch zu bezweifeln, dass es die Wirtschafts- und Finanzkrise in den Griff bekommt, sodass man sich schon jetzt vor den Folgen dieser Enttäuschung fürchtet.

5. April 1933: Die Haltung der Opposition[24]
Besonders traurige Aspekte des Schauspiels, dem wir seit zwei Monaten in Deutschland beiwohnen, sind die Kleinmütigkeit der Gegner des neuen Regimes, der schwache Widerstand der Oppositionsparteien gegen die Errichtung von Hitlers Diktatur und der Beifall zur Politik der Wahlsieger, dem sich immer größere Teile des Volkes anschließen [...]

Übrig bleiben nur die Kommunisten, die aber tagtäglich mehr geschwächt werden, da viele von ihnen verhaftet und in Arbeitslagern interniert worden sind. Die übrigen werden strengstens überwacht.

---

[23] Miteinander rivalisierende politische Gruppierungen während der Französischen Revolution.
[24] Berlin, Botschaft, A–423, Nr. 27.

Diese Geisteshaltung ist nur nachvollziehbar, wenn man den Druck berücksichtigt, den die Hitleranhänger seit den Wahlen vom 5. März durch Willkür, Zensur und Überwachung auf alle deutschen Behörden ausüben. In sämtlichen Ämtern haben sie mit einer Säuberungsaktion begonnen, mit dem Ziel, ihre Gegner aus dem Weg zu räumen und zugleich Platz für Mitglieder ihrer Bewegung zu schaffen. Die Angst vor dem Verlust ihres Postens veranlasst schon jetzt viele zur Denunziation. In allen Behörden, die nun vertrauenswürdige Nazi-Anhänger leiten, werden die Telefone abgehört. Kürzlich erzählte man mir, ein Beamter im Wirtschaftsministerium sei allein wegen eines völlig harmlosen Scherzes entlassen worden, den er sich über das neue Kabinett erlaubt hatte. Angesichts solcher Vorkommnisse beeilen sich alle, die neuen Herren von Deutschland ihrer Loyalität zu versichern. Doch unabhängig von der Frage, warum die früheren Regierungsparteien der Weimarer Republik angesichts der widerwärtigen Judenverfolgungen ebenso stillschweigen wie zahlreiche Einzelpersonen, die oft noch deren Nutznießer sind, bleibt in der Chronik der jüngsten Ereignisse eines frappierend: Bei der Errichtung der Diktatur wird es weder Helden noch Märtyrer geben. Deutschland wird sich selbst ohne jede Klage, ohne jeden Vorwurf eilfertig in die Knechtschaft begeben. Die deutsche Demokratie hat nichts zu wahren vermocht, nicht einmal ihr Gesicht.

11. April 1933: Pierre Arnal,[25] französischer Geschäftsträger in der Berliner Botschaft, über die »Säuberung« der Beamtenschaft durch das Gesetz vom 7. April[26]
Die antiliberale Strömung, die derzeit Deutschland erfasst hat und dabei ist, alle Hindernisse zu beseitigen, die sich der natio-

---

[25] Pierre Arnal, geb. 1892, geistes- und sozialwissenschaftliches Studium (Licencié ès lettres), Karriere im Diplomatischen Dienst; von 1922 an in der Berliner Botschaft tätig; Fachberater der französischen Delegation bei der 11. Sitzung des Völkerbunds am 10. September 1930; 1931–1936 Botschaftsrat in Berlin, ab 1937 außerordentlicher und bevollmächtigter Botschafter Frankreichs (Ministre plénipotentiaire 2. Klasse).

[26] Berlin, Botschaft, A–424, Nr. 338. Ausländerüberwachung Nr. 51.

nalsozialistischen Vorherrschaft jetzt noch in den Weg stellen könnten, musste irgendwann auch die Beamtenschaft treffen. Seit Herr von Papen im Juni 1932 den »neuen Kurs« ankündigte, ist die höchste Beamtenebene in den meisten Behörden fast vollständig ausgetauscht worden. Mit einer Ausnahme wurden sämtliche sozialistischen Verwaltungsleiter entlassen oder haben selbst gekündigt; die neuen Polizeipräsidenten stammen ausschließlich aus den Reihen der Hitlerpartei. Viele jüdische Beamte wurden bereits ihrer Funktionen enthoben. Unter den mittleren und kleinen Beamten hatte es jedoch noch eine gewisse Zahl von Sozialisten und Juden gegeben, die das neue Regime auch noch loswerden wollte. Darüber hinaus musste der Status der zahlreichen entlassenen Beamten geregelt werden, insbesondere ihre Pensionsansprüche. Diese beiden Ziele verfolgt nun das Gesetz vom 7. April, das gerade vom Kabinett verkündet und vom Reichskanzler, vom Innen- und Finanzminister unterzeichnet worden ist.

Das Gesetz richtet sich gegen die politischen Gegner der Regierung, gegen die Juden und nicht zuletzt gegen die Beamtenschaft sowie die Richter und Staatsanwälte, denen man auf Monate jede Garantie entzieht und deren Kündigungsschutz abgeschafft wird, um die Säuberung völlig ungeniert vornehmen zu können.[27]

»Zur Wiederherstellung eines nationalen Berufsbeamtentums und zur Vereinfachung der Verwaltung« sieht das Gesetz vor, dass Beamte in allen darin aufgeführten Fällen entlassen werden können, auch wenn die nach geltendem Recht erforderlichen Voraussetzungen nicht vorliegen. Es betrifft alle Beamten

---

[27] Das »Gesetz zur Wiederherstellung des Berufsbeamtentums« diente erstmals im großen Maßstab zur Ausgrenzung der Juden. Es definierte erstmals verbindlich, wer als Jude galt, und löste damit eine Welle von Gerichtsurteilen und Verwaltungsakten aus. Von den rund 5000 jüdischen Beamten wurde die Hälfte aufgrund dieses Gesetzes entlassen. Die übrigen verschonte man vorerst aufgrund ihres Status als Veteranen des Ersten Weltkriegs.

des Reichs, der Länder und Gemeinden gleichermaßen und ermächtigt die Reichsbahn und die Reichsbank, ebenfalls entsprechende Anordnungen zu treffen.

Das vor allem als Maßnahme gegen die Sozialdemokratie gedachte Gesetz sieht die sofortige Entlassung (mit dreimonatiger Fortzahlung ihrer Bezüge) aller Beamten vor, die »in das Beamtenverhältnis eingetreten sind, ohne die für ihre Laufbahn vorgeschriebene oder übliche Vorbildung oder sonstige Eignung zu besitzen«. Gerade diese letzte Bestimmung ermöglicht den deutschen Behörden die gnadenlose Eliminierung der meisten Leiter und Mitglieder sozialistischer Organisationen, die seit der Revolution von 1918 in den Beamtenstand erhoben wurden, und zugleich deren Ersetzung durch Personen, die in ihren Augen die nötige Eignung besitzen. So machen die Mitglieder der Sozialistischen Partei Platz für die Mitglieder der Hitlerpartei.

Die gemäß dieser Bestimmung entlassenen Beamten haben laut Gesetz vom 7. April keinen Anspruch auf Ruhegeld und dürfen nicht einmal mehr ihren Titel führen, Uniform oder Dienstabzeichen tragen. Lediglich bei Bedürftigkeit, besonders wenn sie mittellose Angehörige versorgen, können sie eine jederzeit widerrufbare Rente erhalten, die aber nur bis zu einem Drittel ihres letzten Grundgehalts betragen darf.

Die zweiten Opfer des neuen Gesetzes sind die Juden. Es sieht nämlich vor, dass »Beamte, die nicht arischer Abstammung sind«, in den Ruhestand zu versetzen, sogenannte Ehrenbeamte zu entlassen sind. Insofern werden die Juden noch etwas milder behandelt als die Sozialisten: Sie werden nicht entlassen, sondern nur pensioniert. Außerdem gilt das neue Gesetz nicht für diejenigen, die schon vor dem 1. August 1914 Beamte waren, die im Weltkrieg an der Front für das Deutsche Reich oder für seine Verbündeten gekämpft haben oder deren Väter oder Söhne im Weltkrieg gefallen sind. In dieser Bestimmung lässt sich der Einfluss der konservativen Kreise und des Stahlhelms erkennen. Anzunehmen ist auch, dass sich der Reichspräsident für die jüdischen Veteranen eingesetzt hat. [...] Interessant ist andererseits, dass die ehemaligen Beamten ihren Pensionsanspruch verlieren.

Eine allgemeinere Bestimmung betrifft alle Beamten, die aufgrund ihrer bisherigen politischen Betätigung nicht genügend Gewähr bieten, dass sie sich jederzeit staatstreu verhalten. Auch sie dürfen entlassen werden, erhalten drei Monate lang weiter ihre Bezüge und danach drei Viertel ihrer Pension. Die neuen Herren von Deutschland haben sich so die Möglichkeit geschaffen, sich aller politischen Gegner in den Behörden zu entledigen.

Zur Entscheidung über Entlassungen, Versetzungen und Pensionierungen ist laut Gesetz vom 7. April nur die oberste Reichs- oder Landesbehörde befugt. Jegliches Rechtsmittel gegen diese Entscheidungen ist ausgeschlossen.

Die entsprechenden Maßnahmen müssen bis zum 30. September 1933 eingeleitet werden.

Auf diese Weise sehen sich ausnahmslos alle deutschen Beamten nun mehrere Monate lang der Willkür der neuen Führer Deutschlands ausgesetzt. Nicht nur Juden und Sozialisten, sondern auch alle, die angeblich nicht als absolut linientreu gelten, werden unbarmherzig aus dem Dienst entfernt werden, ohne dass auch nur eine Beschwerde gegen solche Beschlüsse möglich wäre. Jeder Beamte, jeder Richter und Staatsanwalt, der sich der Regierung nicht bedingungslos beugt, wird vor den Scherben seiner Karriere stehen. Unter diesen Umständen werden Verwaltung und Gerichte zweifellos innerhalb kürzester Zeit ausschließlich mit nationalsozialistischen Beamten oder Personen besetzt sein, die um die Gunst des neuen Regimes wetteifern.

Spürbar ist diese Entwicklung schon jetzt in den berufsständischen Vereinigungen der Beamten. Der 1,3 Millionen Mitglieder zählende Deutsche Beamtenbund ist bereits in die Hände der Hitleranhänger übergegangen. Zum Vorsitzenden wurde der NSDAP-Abgeordnete Sprenger[28] ernannt.

12. April 1933: Pierre Arnal über die »Säuberung« der deutschen Wirtschaft[29]

Nicht genug damit, dass die Regierung in allen politischen und administrativen Organen auf Reichs- und Landesebene entsprechend den am 5. und 12. März dieses Jahres gewählten Volksvertretungen eine neue Personalstruktur durchgesetzt hat – sie beabsichtigt nun auch eine entsprechende Umgestaltung der großen Wirtschaftsvertretungen, um dafür zu sorgen, dass deren Aktivitäten fortan in perfektem Einklang mit dem Nationalgeist die Pläne der Behörden unterstützen.

In den großen Wirtschaftsverbänden will man ein neues System einführen, das euphemistisch als »Zusammenarbeit« bezeichnet wird, der Regierung aber in Wahrheit Eingriffe in sämtliche Wirtschaftätigkeiten des Reichs gestattet.

Die Auflösung und Neugründung des Reichswirtschaftsrats wurde bekanntlich schon am 3. März beschlossen.

Auch der einflussreiche Reichsverband der Deutschen Industrie (RDI) blieb, obwohl er eine private Organisation ist, bei dieser nationalen Sanierungsaktion nicht verschont. Künftig lenkt die Regierung dessen Tätigkeit mithilfe zweier eigener Vertreter im Verbandsvorstand: des nationalsozialistischen Abgeordneten von Lücke und des deutschnationalen Abgeordneten Möllers[30]. Interessanterweise gilt Letzterer als ein noch glühenderer Verteidiger der »Autarkietheorie«[31] als sein Kollege von der NSDAP.

---

[28] Jakob Sprenger (1884–1945), militanter Nationalsozialist, ab 1927 Gauleiter von Hessen-Nassau-Süd, ab 1930 Mitglied des Reichstags. Selbstmord im Mai 1945.

[29] Berlin, Botschaft, A–424, Nr. 357.

[30] Alfred Möllers (1883–1969), Unternehmensleiter. 1924–1934 Vorsitzender des Bundes für Nationalwirtschaft und Werksgemeinschaft (Arbeitgeberverband).

[31] Die Nationalsozialisten strebten eine Volkswirtschaft an, die sich möglichst weitgehend selbst versorgt.

Die Entlassung von Herrn Castel,[32] Mitglied des Verbands-
präsidiums, und seines Sekretariats wurde mit Empörung auf-
genommen.

Auch der große rheinisch-westfälische Interessenverband
»Langnam-Verein«[33] wird derzeit gerade mit den gleichen Methoden umstrukturiert. [...]
Aus Sorge um eine Einmischung seitens der Behörden versicherten mehrere Verbände die Regierung eilends ihrer Loyalität. So etwa der Essener Bergbauverein, dessen Präsident Dr.
Brandi in einer Sitzung seiner Hoffnung und Zuversicht Ausdruck verlieh: »Deutschland«, erklärte er, »ist endlich wieder zu
einem Nationalstaat unter starker, klar denkender Führung geworden. Das bestärkt uns in unserem Optimismus, und wir
sind bereit, daran mitzuwirken, dass sich das große Schicksal
des deutschen Volkes erfüllt.«

Säuberung der Handelskammern

[...] In der Landwirtschaft ist eine ähnliche Entwicklung zu beobachten. Der Reichslandbund,[34] dem die meisten Großgrund-
besitzer angehören und der die vorigen Regierungen ab und an
regelrecht tyrannisiert hatte, ist keine unabhängige Organisation mehr. Auf Empfehlung seines eigenen Präsidenten Graf

---

[32] Gemeint ist wahrscheinlich Ludwig Kastl, der geschäftsführendes Präsidiums-
      mitglied des RDI war und als Jude 1933 zum Rücktritt gezwungen wurde. A.d.Ü.
[33] »Langnam-Verein« war Bismarcks Spitzname für den »Verein zur Wahrung der
      gemeinsamen wirtschaftlichen Interessen in Rheinland und Westfalen«, einen
      1871 in Düsseldorf gegründeten Zusammenschluss der Eisen-, Textil- und Koh-
      leindustrie.
[34] Der 1921 gegründete Reichslandbund vertrat die Interessen der Großerzeuger,
      überwiegend der Großgrundbesitzer im Osten Deutschlands, gegenüber der
      Schwerindustrie. Der Verband begrüßte Hitlers Machtübernahme und betrieb
      freiwillig seine Gleichschaltung.

von Kalckreuth[35] wurde nämlich ein »zentrales Direktorium«[36] eingesetzt, dem unter dem Präsidium von Dr. Darré[37] die ranghöchsten Agrarexperten der NSDAP angehören. Reichskanzler Hitler hat sich bereit erklärt, die Schirmherrschaft über die gesamte deutsche Bauernschaft zu übernehmen, deren Interessen das Komitee vertritt. Der *Völkische Beobachter* verkündete daraufhin triumphierend, damit seien ab sofort drei Millionen deutsche Landwirte in der NSDAP organisiert.

24. April 1933: Das Auswärtige Amt und das Hitlerregime[38]

Von allen großen staatlichen Stellen sind nur die deutsche Armee, die Marine und die Diplomatie bisher von einer umfassenden »Säuberung« verschont geblieben. Während die gehobene Beamtenschaft in Verwaltung, Bildungswesen und Justiz bereits in einem Maße Umwälzungen unterzogen wurde, dass man dort nur noch wenige vorfindet, die vor einem Jahr schon dort waren, unterstehen die Streitkräfte zu Lande und zu Wasser noch exakt derselben Führungsriege. Dass sich daran auch langfristig zweifellos nichts ändern wird, hat zwei Gründe: Der NSDAP ist daran gelegen, in den Führungspositionen ihrer Sturmabteilungen und Schutzstaffeln ihre ehemaligen Offiziere und jungen Führungskräfte zu behalten. [...]

---

[35] Eberhard Graf von Kalckreuth (1881–1941), schlesischer Rittergutsbesitzer und ab 1928 Präsident des Reichslandbundes, war Mitglied der Harzburger Front (eine politische Allianz zwischen verschiedenen deutschen Parteien und Veteranengesellschaften) und einer der Unterzeichner der »Industrielleneingabe«, mit der Vertreter von Industrie, Banken und Landwirtschaft im November 1932 Hindenburg aufforderten, Hitler als Reichskanzler einzusetzen.

[36] Gemeint ist hier vermutlich die „Reichsführergemeinschaft", mit der die Gleichschaltung im späteren Reichsnährstand ihren Anfang nahm.

[37] Walther Darré (1895–1953), Diplomlandwirt und nationalsozialistischer Politiker mit Schwerpunkt auf Agrarfragen, Anhänger der »Blut-und-Boden«-Ideologie. Er baute 1930 einen „agrarpolitischen Apparat" innerhalb der NSDAP auf und leitete ab 1932 das neu gegründete Rasse- und Siedlungshauptamt innerhalb der SS. Darré war ab April 1933 als Reichsbauernführer und von Juni 1933 bis 1942 Reichsernährungsminister.

[38] Berlin, Botschaft, A–424, Nr. 405.

In der Wilhelmstraße ist die Lage etwas anders. Die Nationalsozialisten machen kein Hehl daraus, dass sie Zug um Zug das
Personal dieser Behörde auszutauschen gedenken, die ihrer
Meinung nach noch nicht die »Zeichen der Zeit« erkannt hat,
wie es heute euphemistisch heißt. [...]

Die Anhänger Hitlers wollen nämlich im Auswärtigen Amt
ihre eigenen Leute einsetzen, deren Unterstützung sie sicher
sind und auf die sie sich rückhaltlos verlassen können. Die möglichen Anwärter auf frei werdende Posten sind aber derart mit-
telmäßig, dass die nationalsozialistische Führungsriege bisher
davor zurückschreckt, ihnen wichtige Stellungen anzuvertrauen.
Nach dem Ausscheiden von Herrn von Prittwitz[39] war beispielsweise Wilhelm von Wedel als neuer Botschafter in Washington
im Gespräch, doch ist er ein so unzulänglicher, eitler und lästi-
ger Mensch, dass er sich zweifellos mit einem zweitrangigen
Verwaltungsposten im Inland wird zufriedengeben müssen.
Ebenso war auch die Rede davon, der recht bekannte nationalsozialistische Publizist von Schmidt-Pauli[40] solle die Gesandtschaft in Budapest übernehmen, doch heißt es inzwischen, er
komme eher für den Hamburger Senat infrage. Zum Glück
konnten die Nationalsozialisten in der Wilhelmstraße bisher
nur zweierlei für sich verbuchen: Zum einen haben sie bei der
jährlichen Aufnahmeprüfung für die Diplomatenausbildung
vier zusätzliche Plätze durchsetzen können, um sicherzustellen,
dass sorgsam ausgewählte junge Kandidaten aus ihren Sturmtruppen zum Zuge kommen.

---

[39] Friedrich von Prittwitz und Gaffron (1884–1955), deutscher Diplomat, ab 1927
Botschafter in Washington. Bei Hitlers Machtübernahme stellte er seinen Pos-
ten zur Verfügung. Als Demokrat und Befürworter der internationalen Zusam-
menarbeit schied er aus dem diplomatischen Dienst aus, machte aber nach dem
Zweiten Weltkrieg nochmals eine bescheidene politische Karriere als CSU-
Abgeordneter im bayerischen Landtag.

[40] Edgar von Schmidt-Pauli (1881–1955), nationalistischer Schriftsteller und Publizist. Ursprünglich Monarchist, trat er 1933 in die NSDAP ein. In den Dreißigerjahren schrieb er verherrlichende Biografien führender Nationalsozialisten
und von Admiral Horthy.

Zum anderen haben sie in die Personalabteilung einen jungen Prinzen zu Waldeck und Pyrmont[41] berufen, der zweifellos alle Schritte des Abteilungsleiters Freiherr von Grünau überwachen soll, dem die Rechtsextremen nicht trauen. Die Einsetzung des Prinzen zu Waldeck war übrigens mit einer recht pikanten Anekdote verbunden. Entsprechend der Gepflogenheit sollte er sich dem Staatssekretär von Bülow[42] vorstellen. Dieser erkundigte sich durch seinen Amtsdiener, in welcher Kleidung der Prinz zu kommen gedenke. Als dieser ausrichten ließ, er werde das Braunhemd, also die Uniform der SA tragen, weigerte sich Herr von Bülow kategorisch, ihn in diesem Aufzug zu empfangen, mit der Begründung, in seiner neuen Stellung müsse er ohnehin auf die Uniform verzichten. Der Prinz erwiderte darauf eilends, zu seinem großen Bedauern befinde sich seine gesamte Zivilkleidung daheim auf seinem Landgut, wohin er aber erst in den Osterferien fahren werde. »Na schön«, meinte von Bülow, »dann empfange ich ihn eben erst nach Ostern.«

Auf der Negativseite beschränkte sich die Säuberung bisher auf die Entlassung einiger jüdischstämmiger Beamten, die nach den Bestimmungen des neuen Gesetzes nicht in Führungspositionen bleiben konnten.[43] Richard Meyer,[44] der Leiter der Ost-

---

[41] Josias zu Waldeck und Pyrmont (1896–1967) machte Karriere in der Partei und in der SS, dort als Adjutant von General Sepp Dietrich und Heinrich Himmler. Arbeitete kurz im Auswärtigen Amt, jedoch nur bis 1934. Er war Höherer SS- und Polizeiführer für den Wehrkreis IX, in dem auch das KZ Buchenwald lag, wurde nach Kriegsende als Kriegsverbrecher angeklagt und zu lebenslänglicher Haft verurteilt, jedoch schon 1950 auf freien Fuß gesetzt.

[42] Bernhard Wilhelm von Bülow (1885–1936), deutscher Diplomat mit liberalen Tendenzen, jedoch Gegner von Gustav Stresemanns Verständigungspolitik. Er wurde 1920 Staatssekretär im Auswärtigen Amt. Als Verwaltungschef leistete er bis 1936 Widerstand gegen die Nationalsozialisten, passte aber dennoch die deutsche Außenpolitik den Wünschen des Regimes an und unterstützte insbesondere ihre antisemitische Propaganda.

[43] 1933 gab es nur noch vier deutsche Diplomaten jüdischer Herkunft, die allerdings alle zum Protestantismus konvertiert waren.

[44] Richard Meyer (1883–1956), Diplomat jüdischer Herkunft, trat 1913 in das Auswärtige Amt ein und machte eine steile Karriere unter anderem als Mitglied der deutschen Friedensdelegation in Versailles. 1935 musste er das Auswärtige Amt

Abteilung,[45] der bereits vor 1914 dem diplomatischen Dienst angehörte und zudem brillante Kriegserfolge vorweisen kann und Träger des Eisernen Kreuzes ist, scheint sich noch zu halten und die Früchte des radikalen Nationalismus zu ernten, den er seit vielen Jahren vertritt. Der auf deutsch-russische Beziehungen spezialisierte Generalkonsul Schlesinger[46] musste dagegen seinen Dienst quittieren.

André François-Poncet berichtet, wie eine SS-Abordnung in Schlesingers Privatwohnung eindrang, das Haus durchsuchte und Schlesingers Frau einschüchterte.

Nennenswert unter den jüngsten Ernennungen ist lediglich Vicco von Bülow,[47] der bisher für den Stahlhelm eine wichtige Position im Innenministerium bekleidete und als Legationsrat in den diplomatischen Dienst übernommen wurde.

Von Bülow wird als extrem reaktionärer Mann beschrieben, der darüber hinaus bei den Arbeitern in dem Dorf, das zu seinem Schloss gehört, äußerst unbeliebt ist.

Kaum im Auswärtigen Amt eingetroffen, gehörte es zu seinen ersten Amtshandlungen, die zahllosen Zusammenstöße zwischen Hitleranhängern und Ausländern, insbesondere Polen,

---

verlassen. 1939 ging er nach Schweden ins Exil, kehrte aber nach dem Krieg als Berater der neuen deutschen Diplomatie in die Bundesrepublik zurück.

[45] Tatsächlich war Meyer für den Nahen Osten zuständig.

[46] Moritz Schlesinger (1886–1974), Kaufmann, trat 1918 als Experte für Wirtschaftsbeziehungen zu Russland und später zur Sowjetunion in den diplomatischen Dienst ein. Er emigrierte 1933 in die USA. Sein Archiv vermachte er der Yale University.

[47] Vicco von Bülow-Schwante (1891–1970), Neffe von Bernhard Wilhelm von Bülow, Mitglied des Stahlhelms und der NSDAP. Ab 1933 im Auswärtigen Amt, das ihn mit der Gründung und Leitung des Sonderreferats Deutschland betraute. Eine der ihm unterstehenden Abteilungen war für jüdische Angelegenheiten zuständig.

Tschechen und Amerikanern, zu regeln, die in letzter Zeit auftraten. Den Beginn seiner Verwaltungslaufbahn hatte er sich zweifellos anders vorgestellt. [...]

Vorläufig gereicht Hitlers Spionageapparat dem Auswärtigen Amt eher zum Nachteil als zum Vorteil.

Es folgen Überlegungen zur Frage, ob Konstantin von Neurath[48] seinen Posten beibehält.

Der Staatssekretär [von Bülow] ist zwar in allen außenpolitischen Fragen durch und durch Nationalist, jedoch kein Nationalsozialist, und wird es auch zweifellos niemals sein. Vor diesem Hintergrund ist mit Fug und Recht anzunehmen, dass die Nationalsozialisten, sobald das bisher noch nicht verfügbare Personal bereitsteht, eine systematische Säuberung auch des Auswärtigen Amts durchführen werden. Das neue Amt, das wie gesagt bereits unter der Leitung von Herrn Rosenberg[49] ins Leben gerufen worden ist, hat augenscheinlich die Aufgabe, eine Reihe von Parteigängern des neuen Regimes auf ihre späteren Aufgaben vorzubereiten. Schon jetzt ist ersichtlich, dass die meisten deutschen Diplomaten der Zentralverwaltung ihre Zukunft mehr oder weniger stark bedroht sehen. Dennoch wird ihre Besorgnis wohl kaum dazu führen, dass sie viel Charakter zeigen. Die meisten von ihnen legen es nur darauf an, sich den

---

[48] Konstantin von Neurath (1873–1956), Diplomat und 1932–1938 Reichsaußenminister. Von März 1939 bis September 1941 war er Reichsprotektor in Böhmen und Mähren. Als Hauptkriegsverbrecher wurde er 1946 in Nürnberg zu 15 Jahren Haft verurteilt, 1954 vorzeitig entlassen.

[49] Alfred Rosenberg (1893–1946), der »Vordenker« des Nationalsozialismus, war auch für die Außenbeziehungen der Partei zuständig. 1933 wurde er zum Leiter des neu gegründeten Außenpolitischen Amtes der NSDAP ernannt, das in einem Seitenflügel des Hotels Adlon residierte, ganz in der Nähe des Auswärtigen Amtes. Der Regierung gehörte Rosenberg erst ab Juli 1941 als Reichsminister für die besetzten Ostgebiete an. Im Nürnberger Prozess gegen die Hauptkriegsverbrecher wurde er zum Tode verurteilt und gehängt.

heutigen Machthabern anzubiedern, indem sie sich gegenseitig an Chauvinismus überbieten.

10. Mai 1933: Vorgehen der deutschen Kommunisten[50]

Rote Fahne
Das erste Anliegen der neuen Herren von Deutschland war es, die sogenannten marxistischen Parteien zum Schweigen zu bringen, also Kommunisten, Sozialisten und sogar Demokraten. Diese Parteien wurden zwar nicht verboten, aber ihre Presseorgane durch eine drakonische Verordnung mundtot gemacht, auf deren Grundlage die Regierung Veröffentlichung und Verkauf der Zeitungen bis auf Weiteres unterbinden kann. Weder das kommunistische Blatt *Die rote Fahne* noch die sozialistische Tageszeitung *Vorwärts* sind seither erschienen. Die Öffentlichkeit wird fortan ausschließlich mit dem abgespeist, was die Regierungszeitungen ihnen vorsetzen.

Dennoch erhielt ich ein Exemplar eines hektografierten Blattes, das sich, trotz eines entsprechenden Verbots, als Ersatz für das kommunistische Organ *Die rote Fahne* ausgibt und das ich zur Kenntnis Seiner Exzellenz beilege. Diese Ausgabe trägt das Datum 18. Mai[51] und die Nummer 9 und wird für den Preis von fünf Pfennig – natürlich unter der Hand – verkauft. Die miserable Aufmachung ebenso wie die Tatsache, dass sich keine Druckerei für eine ordentliche Vervielfältigung gefunden hat, ist meiner Meinung nach aufschlussreicher als die Verbreitung dieser wenigen maschinengeschriebenen Seiten.

Diese sind natürlich ein Indiz dafür, dass es trotz Hitlers Diktatur noch Menschen von unversöhnlichem Geist gibt. Allerdings [unleserliches Wort] sie sich, und ihre heimlich redigierte

---

50 Berlin, Botschaft, A–424, Nr. 509.
51 Die nicht korrespondierenden Zeitangaben (10. Mai 1933 / zitiertes Blatt vom 18. Mai) irritieren, finden sich aber tatsächlich so im Original.

»Zeitung« lässt sich nicht als offizielles Organ einer nennens-
werten Bewegung auffassen. »Alle Kameraden«, heißt es darin,
»sollten daran denken, dass Hunderttausende Bolschewisten
jahrelang unter dem Zarenregime aktiv waren. Ihre Aufgabe
war nicht leicht, doch heute sind dieselben Bolschewisten die
Herren in ihrem eigenen Land. Das Proletariat hat triumphiert.
Strengen wir uns an, wahre Bolschewisten zu sein, damit auch
Deutschland eine Oktoberrevolution erlebt.«

Dieser Vergleich zwischen der Situation der Kommunisten im
russischen Zarenreich und den deutschen Kommunisten unter
Hitler mag überzeugten Marxisten, die unter der Verfolgung
durch Hitlers Polizei leiden, vielleicht einleuchten, trifft aber leider nicht zu. Die unzweifelhafte Unterstützung, die das neue
Regime bei der Masse der Bevölkerung findet, und die von ihm
derzeit betriebene Vereinnahmung der Arbeiter und Bauern
spiegeln eine Vitalität und Macht wider, die das Zarentum nie
hatte. Gerade der volkstümliche, Gemeinschaft bildende Charakter der Hitlerbewegung scheint einer der Gründe für ihren
Erfolg zu sein.

28. November 1933: Dresden, Durchschlag aus dem Archiv der französischen Botschaft beim Heiligen Stuhl in Rom[52]

Im Namen des evangelischen Landesbischofs von Sachsen und
derzeitigen Koadjutors des Reichsbischofs, Coch[53], hat der Berater in Kirchenfragen Adolf Müller[54] vor Kurzem in Dresden

---

[52] Centre des archives diplomatiques, La Courneuve, Correspondance diplomatique et commerciale, Allemagne, Nr. 705, Religion israélite, Kopie in der Botschaft beim Heiligen Stuhl, Nr. 212.

[53] Friedrich Coch (1887–1945), evangelischer Bischof und NSADP-Mitglied, gehörte zu den Deutschen Christen, die Christentum und nationalsozialistische
Ideologie in Einklang zu bringen versuchten. Coch war Gaufachberater für
kirchliche Angelegenheiten, vermutlich verwendet François-Poncet die (katholische) Bezeichnung „Koadjutor" in diesem Sinne.

[54] Vermutlich Adolf Müller, der 1933–1935 Oberlandeskirchenrat in Sachsen und
Mitglied der Deutschen Christen war.

wichtige Erklärungen zu den Zielen der Deutschen Christen abgegeben, insbesondere zur Stellung der »Judenchristen« innerhalb der Deutschen Evangelischen Kirche, also der Juden, die durch die Taufe zum Christentum konvertiert waren, sowie Christen mit einem jüdischen Vorfahren.

Die Deutschen Christen, so erklärte der Redner, wollen zu hundert Prozent Christen und zugleich zu hundert Prozent Deutsche sein. Luther habe die Bibel nicht lediglich übersetzt, sondern »verdeutscht«.

Der Redner erklärte anschließend, wie der Arierparagraf innerhalb der Deutschen Evangelischen Kirche anzuwenden sei. Bekanntlich sind durch diese Bestimmung Nichtarier grundsätzlich von allen öffentlichen Ämtern, leitenden oder repräsentativen Funktionen in Deutschland ausgeschlossen. Sie können nicht Mitglied des Verwaltungsrats einer evangelischen Kirche werden. »Der Arierparagraf ist in der Kirche ebenso notwendig wie überall sonst«, bekräftigte Herr Müller. »Es handelt sich um eine volksrechtliche Bestimmung. Auch spaltet er nicht etwa die Glaubensgemeinschaft. Judenchristen sollten nach Möglichkeit in separaten Gemeinden zusammengefasst werden. Eine deutsche Nationalkirche kann keine Würdenträger einer anderen Rasse einstellen, ohne sich in den Augen ihres eigenen Volks unglaubwürdig zu machen. Gleichheit vor Gott bedeutet nicht Gleichheit vor den Menschen.« Von der Krise, die in Berlin ebenso wie in Bayern, Württemberg, Hessen und Baden unter den Deutschen Christen ausgebrochen ist und in der rein religiöse, universelle christliche Traditionen den politischen und rassistischen Tendenzen des Nationalsozialismus gegenüberstehen, ist in Sachsen öffentlich nichts zu spüren. Bezeichnenderweise ist Bischof Coch Oberhaupt sowohl der Evangelischen Landeskirche Sachsen als auch der regionalen Organisation der Deutschen Christen. Allerdings, so heißt es, gebe es viele Pastöre und sogar junge Theologen, die sich dieser Doktrin widersetzen.

PS: Die Kirchenbehörden wollen in der evangelischen Kirche eine geradezu militärische Disziplin und Zentralisierung einführen. Künftig soll jeweils am ersten Sonntag im Monat – in ganz Deutschland Eintopfsonntag – in allen evangelischen Kirchen im Reich über dasselbe Thema gepredigt werden. Für die Lesung am nächsten Sonntag ist Kapitel 18–37 aus dem Johannesevangelium festgelegt. Gesungen werden soll der Psalm »Machet die Tore weit und die Türen in der Welt machet hoch«.

Abb. 5: »Unter den Nationalsozialisten ist der Sozialismus keine Frage der sozialen Klasse mehr, sondern ein nationales Anliegen.« Hitler bei einer Rede vor Arbeitern der Blohm und Voss Werke in Hamburg am 18. August 1934.

Kapitel drei
Wirtschaftsfragen

»das gewaltigste militärische Werkzeug, das es je gab.«

Der wirtschaftliche Erfolg galt als eine der wichtigsten Messlatten für den Erfolg des neuen Regimes, dessen Aufstieg ja durch die herrschende massive Wirtschaftskrise begünstigt worden war und das seine Berechtigung mit einem Rückgang der Arbeitslosigkeit begründen wollte. Obwohl die Arbeitslosenzahl in der Tat rasch sank, durchschauten die Wirtschaftsfachleute in der französischen Botschaft scharfsichtig die Hintergründe der Jubelmeldungen. Von der Zwangsrekrutierung von Arbeitskräften für unproduktive Großprojekte über den Ausschluss von Frauen und Juden aus dem Arbeitsmarkt bis zur Wiederaufrüstung erklärte einiges den raschen Rückgang der Zahlen. Unzählige Berichte und Depeschen befassten sich sehr ausführlich mit Themen wie diesen. Die Motorisierung, mit der sich das Regime einen modernen Anstrich geben wollte, die Förderung des Automobil- und Flugzeugbaus verblüfften die Franzosen ebenso sehr wie der Bau der ersten Autobahnen, der im kollektiven Gedächtnis noch heute sehr präsent ist. Die Berichte nennen sie auf Französisch »autostrades« nach dem italienischen »autostrada«. Auch der Aufbau der industriell rückständigen östlichen Landesteile war Gegenstand der Regierungspropaganda und wurde von den Franzosen sehr genau beob-

achtet. Wie André François-Poncet rasch erkannte, ging es dabei zugleich um eine Stärkung der Ostgrenzen des Reichs, die vermehrt in den Blick rückten, als die aus dem 19. Jahrhundert übernommene pangermanische Ideologie sie zu einem wichtigen Politikum werden ließ. Doch über reine Wirtschaftsfragen hinaus beschäftigte sich die Botschaft auch intensiv mit der Lenkung der Arbeitswelt durch die NSDAP. Diese erfolgte mithilfe materieller Vergünstigungen durch neu gegründete Regierungsorganisationen wie »Kraft durch Freude« (KdF), die preiswerte Freizeitangebote für Arbeiter bereitstellte. Das alles täuschte die französischen Diplomaten jedoch nicht darüber hinweg, dass die Lebensqualität der Arbeiterfamilien in Wahrheit leicht sank. Als weiteren Aspekt sprachen viele Berichte die berüchtigten »Ersatzprodukte« an und führten dabei das Wort Ersatz *in das französische Vokabular ein. Gemeint sind Nachahmerprodukte aller Art, die Deutschland die fast völlige Autarkie ermöglichen sollten. Alles andere als naiv, erkannten die Franzosen jedoch schon früh, dass diese Autarkiepolitik das Land in Wahrheit auf den Krieg vorbereitete.*

15. Juni 1934: Das Rohstoffproblem[1]

Das Problem der Rohstoffversorgung ist derzeit eines der Hauptthemen im Reich.

1. Um die Reichsbank vor dem Abfluss von Devisen zu schützen, hat die nationalsozialistische Regierung die Einfuhr einer Reihe von Rohstoffen beschränkt. Zug um Zug entstanden neue Lenkungsämter, die den Import von Baumwolle, Wolle, Pflanzenfasern, Nichteisenmetallen, Leder und Pelzen sowie Kautschuk reglementieren, aussetzen und oft sogar verbieten. Darin liegt der negative Aspekt des Problems.

2. Ersatz durch andere Rohstoffe. Die deutsche Industrie könnte fünf bis sechs Monate mit ihren Vorräten auskommen.

---

[1] Berlin, Botschaft, A–430, Nr. 902.

*Im gesamten Reichsgebiet wurden Prospektionen und Probeboh-
rungen durchgeführt, um Erzvorkommen aufzuspüren. Darüber
hinaus liefen zahlreiche Forschungsprojekte zu »Ersatzstoffen« für
natürliche Rohstoffe.*

3. In der Presse und in der Öffentlichkeit wird dieses Thema viel
diskutiert. Mit aller von Regierungsseite auferlegten Zurückhaltung fragt man sich, welche Lösung sich letzten Endes durchsetzen wird – die von den Befürwortern der Autarkie empfohlenen
Methoden oder, im Gegenteil, womöglich doch Maßnahmen wie
eine Geldabwertung? Letztere Meinung vertritt die Deutsche
Allgemeine Zeitung als Pressorgan der Schwerindustrie.

*4. Die Regierung hat Verordnungen über Textilien erlassen, die
den Einkauf gewisser Produkte im Ausland untersagen. Vor allem
bei Baumwolle muss künftig vorab eine Genehmigung eingeholt
werden.*

Metalle: Das Einfuhrverbot für Elektrolyt- und Raffinatkupfer
wurde per 31. Mai aufgehoben, doch für die deutsche Metallin-
dustrie ist die Abschaffung dieses Verbots kaum von Bedeutung.
Das Reichsdevisenamt hat nämlich Verfügungen erlassen, denen
zufolge Importeure unedler Metalle keine pauschale Genehmigung mehr erhalten. Die Einfuhr von Rostoffen für die Metall
verarbeitende Industrie ist künftig nur noch möglich unter
Vorlage einer vom Metall-Überwachungsamt ausgestellten Dringlichkeitsbescheinigung und einer Genehmigung, die dem Antragsteller nach Vorlage einer weiteren Dringlichkeitsbescheinigung des zuständigen Devisenamts erteilt wird. Bei der
Beantragung einer Dringlichkeitsbescheinigung muss der Importeur angeben:
   a) ob und wie viele Vorräte er besitzt,
   b) ob ein Ersatzmetall in der Fertigung eingesetzt werden
   könnte,

c) ob die Verweigerung einer Einfuhrgenehmigung durch das Amt den Importeur zur Entlassung eines Teils seiner Belegschaft zwingen würde.

Es folgt eine Schilderung der Anforderungen für die Einfuhr von Kautschuk, ölhaltigen Erzeugnissen und Getreide.

Forschungsarbeiten und Probebohrungen im Reichsgebiet.

Die zum Konzern Standard Oil gehörige Deutsche Vaccum Oel AG in Hamburg hat bekannt gegeben, dass sie bei Probebohrungen im Nordteil des Nienhagener Beckens gerade eine erdölführende Schicht entdeckt hat und diese schon jetzt eine Fördermenge von rund 110 Tonnen pro Tag liefert.

Die Firma Erdöl AG in Hannover soll hingegen derzeit eine weniger glückliche Hand haben. Sie bohrte vor allem in der Umgebung von Eddesse (Berkhöpener Forst) nach Mineralöl, doch blieb die Fördermenge weit hinter den veranschlagten Zahlen zurück. Mehrere Probebohrungen verliefen völlig fruchtlos.

Die neu gegründete Tochtergesellschaft des Mansfeld-Konzerns führt unter dem Namen »Kupferschieferbergbau A.G., Eisleben« derzeit Probebohrungen im Südharz durch. In einer Tiefe von rund 75 Metern wurden bereits Kupfervorkommen entdeckt, doch ist noch fraglich, ob der Kupfergehalt ausreicht, um eine gezielte Ausbeutung zu rechtfertigen. Eine weitere Probebohrung läuft derzeit im Steigerwald bei Nordhausen.

30. August 1935: Note über die öffentliche Meinung in Mecklenburg und im Raum Berlin im Juli/August 1935[2]

Die Unzufriedenheit ist heute ebenso verbreitet wie am Vorabend des 30. Juni letzten Jahres; als Grund werden meist die hohen Lebenshaltungskosten angegeben. Sie sind insbesondere seit Anfang Mai deutlich spürbar. Auslöser sind einerseits die

---

2   Berlin, Botschaft, A–437, Anlage zur Depesche Nr. 1260.

Einfuhrbeschränkungen für Rohstoffe, vor allem aber der übermäßige Verbrauch dieser Stoffe durch Industriebranchen, deren Produkte wie Rüstungszubehör, Waffen oder Maschinen gar nicht auf den öffentlichen Markt gelangen, und andererseits eine Agrarpolitik, die den Bauern vor ausländischer Konkurrenz schützt. Die Verteuerung wird noch steigen, da der Aufschwung sich im Einzelhandel gerade erst bemerkbar macht. Da der Reichskommissar für Preisüberwachung erst kürzlich (zum 1. Juli) sein Amt niedergelegt hat, ist es der Regierung offensichtlich nicht gelungen, diese Entwicklung zu bremsen. Die offiziellen Statistiken (des Instituts für Konjunkturforschung und der Kreditanstalt) verzeichnen eine Verteuerung der Lebenshaltungskosten um rund fünf Prozent. Betroffen sind davon vor allem die Armen, da sie gerade die Produkte benötigen, die sich laut Preisindex am deutlichsten verteuert haben. Der Preis für Trockengemüse (Erbsensuppe) ist innerhalb eines Jahres um 18 Prozent gestiegen. Gemüse, Fleisch und Textilien sind erheblich teurer geworden, während Mieten, Beleuchtung und Heizkosten praktisch unverändert sind. Es ist davon auszugehen, dass ein durchschnittlicher Arbeiterhaushalt im Vergleich zum Vorjahr zehn Prozent mehr aufwenden muss. Den Bauern dagegen geht es besser als den Arbeitern. Auf Reisen durch Norddeutschland (Mecklenburg, Braunschweig, Hannover, Schaumburg-Lippe) gewann ich den Eindruck, dass der Reichsnährstand[3] gut funktioniert, die Bauern sich aber ihrer privilegierten Stellung nicht bewusst sind. Offenbar haben sich die Preise stabilisiert, anstatt weiter zu steigen, oder die neuen Abgaben, die mehr oder weniger freiwilligen Beiträge und Sammlungen fangen diese Erhöhung auf.

In der Tat ist der Bauer begünstigt, denn seine Lage hat sich seit dem letzten Jahr zwar nicht verbessert, aber gewiss auch

---

[3] Von Walther Darré gegründete Organisation zur Umstrukturierung der gesamten deutschen Landwirtschaft. Der Reichsnährstand gab Bauern Kredite, verwaltete Vertriebszentralen und erforschte Methoden zur Ertragssteigerung.

nicht verschlechtert. Gesetzliche Regelungen wie das Reichserb-hofgesetz wurden überwiegend positiv aufgenommen, weil sie eine günstige Entschuldung in Aussicht stellen. Ohne dieses Gesetz hätten die von der Erbfolge ausgeschlossenen Kinder bei einer Zwangsversteigerung auf Betreiben von Gläubigern nicht viel bekommen. Doch nach erfolgter Entschuldung möchte der Bauer wieder selbst frei über sein Eigentum verfügen. Andererseits ärgert er sich über die pedantische Kontrolle seiner Ernten und die unklare Gesetzeslage. So hob das Gesetz vom 31. Juli kürzlich den Zinssatz für Darlehen der Grundkreditanstalten von 4 auf 4,5 Prozent an, nachdem der Staat die Zahlung der bewilligten Subventionen für diese Anstalt bis zum 1. Oktober ausgesetzt hat.

Generell gehört der Bauer offensichtlich nicht zu den aktiven Unterstützern des Regimes. Im Großen und Ganzen steht er der Politik gleichgültig gegenüber. In gewissen Regionen (Saarland, Thüringen) könnte ihn allenfalls eine gut organisierte Propaganda in der Art, wie sie die Nationalsozialisten vor der Revolution betrieben, aus seiner passiven Unzufriedenheit herauslocken. [...]

Obwohl Streiks verboten sind, haben Arbeiter kürzlich die Arbeit niedergelegt Es ist jedoch schwierig, hierzu genaue Informationen einzuholen. Die illegal erscheinende Zeitung der unabhängigen Sozialistischen Partei, *Das Banner*, führt Beispiele hierfür an. Die Streiks in Sachsen und Westfalen bewirkten offenbar eine Lohnanhebung. In Berlin bewilligte man den Arbeitern einer Schuhfabrik acht Pfennig pro Stunde mehr. Als hingegen die Maurer eines Berliner Bauunternehmens streikten, entließ sie ihr Arbeitgeber auf Anraten der Arbeitsfront und stellte stattdessen genügsamere Arbeiter ein, die er nun jeden Morgen mit Lastwagen in Landsberg abholen und abends wieder zurückbringen lassen muss. Unter dem Strich kostet ihn das mehr, als hätte er sich mit seinen tüchtigeren bisherigen Leuten auf eine leichte Erhöhung verständigt.

4. September 1935: Besuch des diplomatischen Korps in den Arbeitslagern der Ostmark[4]

Diese Depesche schildert eine Besichtigung der Arbeitslager in der Ostmark[5] auf Einladung von Alfred Rosenbergs Außenpolitischem Amt, das zudem regelmäßig abendliche Plaudereien im Hotel Adlon veranstaltete. 200 ausländische Diplomaten und Journalisten machten sich mit Bussen auf den Weg, darunter ein französischer Botschaftsrat, der vermutlich diesen Text verfasste. Auf dem Programm stand auch ein Ausflug in den Spreewald,[6] wo gerade Entwässerungskanäle ausgehoben wurden. Der Empfang wird als »gut organisiert« geschildert.

Den Organisatoren des Ausflugs lag offensichtlich am Herzen, zwei Aspekte des Arbeitsdienstes deutlich zu machen: zum einen die Zielrichtung, den praktischen Nutzen und den wahren Charakter der Einrichtung sowie die greifbaren Ergebnisse, die sie vorzuweisen hat; zum anderen wollten sie den »Arbeitssoldaten« im Eifer des Gefechts zeigen, wie er, die Schaufel in der Hand, sein tägliches Pensum verrichtet, wie er den kargen Boden umgräbt, wie er die Erträge steigert, indem er Tausende Hektar Boden trockenlegt und einen so gewaltigen Auftrag erfüllt, wie ihn keine Gesellschaft, kein Privatunternehmen zu übernehmen gewagt hätte. Unbestreitbar war der Besuch in dieser Hinsicht sehr eindrucksvoll. Unter der Aufsicht von Diplomlandwirten und Beamten des staatlichen Tiefbauamts konnten [die Teilnehmer] sich ein Bild von der gewiss sehr nützlichen und bedeutenden Aufgabe machen, der sich der Arbeitsdienst seit zwei Jahren in diesem benachteiligten Teil Deutschlands widmet [...]. Dabei entstanden 160 Kilometer Deiche, Tausende Hektar neues Ackerland wurden

---

4 Berlin, Botschaft, A–437, Nr. 1270.
5 Der Begriff »Ostmark« hatte im Laufe der deutschen Geschichte diverse Bedeutungen. Hier sind darunter die östlichen Teile des deutschen Reichsgebiets zu verstehen, die kaum Industrie und gewerblich nutzbare Flächen besaßen.
6 Auenlandschaft rund 100 Kilometer südöstlich von Berlin.

geschaffen und die Ernten verdreifacht. Sie bescheren den Bauern nun Sicherheit und Wohlstand. Diese Bilanz wollte der Arbeitsdienst den ausländischen Besuchern vermitteln. In seinen Propagandabroschüren findet sich eine tabellarische Übersicht über die Arbeitstage, die von den Insassen der Arbeitsdienstlager im Spreewald seit deren Gründung am 1. August 1934 geleistet wurden.

Zur Sprache kam auch die erzieherische Dimension, die diese Arbeiten über ihre wirtschaftliche Bedeutung hinaus hatten.

Den überwiegenden Teil der Exkursion machte deshalb die Besichtigung der Unterkünfte aus, begleitet von Gesprächen, Erläuterungen und Vorträgen. Im Lager Fliegerhorst östlich von Frankfurt an der Oder, wo die Karawane gegen Abend eintraf, erwartete die ausländischen Diplomaten eine Überraschung. Im Park des »Lagers« waren auf einer Rasenfläche, umgeben von Bäumen und Grünanlagen, genau gegenüber der Säulenhalle des behaglichen Landhauses, in dem die Lagerleitung untergebracht ist, Sessel und Stühle in Reihen aufgestellt. Vor den 200 Berliner Zuschauern präsentierten sich 150 ausgewählte junge Leute aus Fliegerhorst in ihrer üblichen Uniform. Einige webten, andere machten Handarbeiten, wieder andere bildeten improvisierte Orchester aus Geige, Akkordeon, Cello und dergleichen. In einem schlichten Rahmen, aber von der untergehenden Sonne und dem diffusen Schein geschickt kaschierter Elektrolampen in ein romantisches Licht gehüllt, entfaltete sich das Schauspiel. Ein »Ansager« deklamierte in pathetischem Tonfall die symbolträchtige Geschichte der Menschen in der »Mark« – Bauern, die einst den Naturgewalten hilflos ausgeliefert waren, festgekettet an ihrer kargen, unfruchtbaren Ackerkrume. Dank der wunderbaren Entdeckung des überragenden Wertes von Mühe und Arbeit sind sie heute endlich wieder freie Menschen, die stolz auf ihr Land sind. Erst die Anstrengung und der Schweiß seiner Einwohner haben es verwandelt und urbar gemacht [...].

11. Dezember 1935: Die Tätigkeit der »Freizeitorganisation«[7]
Ich habe die Ehre, Seiner Exzellenz beiliegend eine vom Botschaftssekretär Armand Bérard[8] verfasste Studie über die Tätigkeit der deutschen Freizeitorganisation zu übersenden. Die nach ihrer Devise »Kraft durch Freude« benannte Gemeinschaft ist zweifellos eine der bemerkenswertesten Organisationen Hitlerdeutschlands. Welcher Gedanke – oder Hintergedanke – ihr zugrunde liegt, mag dahingestellt sein. In jedem Fall sollte sie wegen ihrer Bedeutung und ihres kühnen Zuschnitts sehr genau beobachtet werden.

Es folgt der Text des Berichts.

Die Tätigkeit der Freizeitorganisation des »Dritten Reichs«

Einführung

Die Freizeitorganisation »Kraft durch Freude« feierte am 27. November ihren zweiten Jahrestag. Im Rahmen einer Feierstunde, die in Gegenwart von Reichskanzler Hitler im Theater des Volkes[9] mit Reden von Dr. Ley[10] und Dr. Goebbels begangen wurde, lieferte die Organisation ein Beispiel für die Festivitäten, Vergnügungen und Theateraufführungen, mit denen sie im ganzen Deutschen Reich die arbeitende Bevölkerung unterhält. Es ist aufschlussreich, bei dieser Gelegenheit eine Behörde des Dritten

---

[7]   Berlin, Botschaft, A–438, Nr. 1770.
[8]   Armand Bérard (1904–1989), französischer Diplomat, Botschaftsrat in Berlin. 1940 gehörte er der französischen Delegation in der deutsch-französischen Waffenstillstandskommission an, schloss sich dann aber der Résistance an. Später machte er eine glänzende Karriere, 1955 als Botschafter in Bonn, später in Tokio, und leitete schließlich die französische Delegation in der UNO.
[9]   Das Große Schauspielhaus in Berlin-Mitte wurde 1934 umbenannt in »Theater des Volkes«.
[10] Robert Ley (1890–1945), Chemiker, ab 1925 Gauleiter Rheinland-Süd. Im Mai 1933 nach Zerschlagung der Gewerkschaften zum Leiter der Deutschen Arbeitsfront ernannt. Ley war für seine lasche Dienstauffassung bekannt. Er wurde 1945 von den Amerikanern verhaftet und beging in seiner Zelle in Nürnberg Selbstmord.

Reichs näher in Augenschein zu nehmen, die zu den weniger bekannten gehört, jedoch die verblüffendsten Erfolge vorzuweisen hat und ohne die man nur schwerlich erklären kann, wie es dem Hitlerregime gelungen ist, die Arbeiterschichten derart für sich einzunehmen.

Die Ziele der Organisation

[...] Wie konnte der Kanzler hoffen, die eigentlich doch tief in den marxistischen Theorien verwurzelten Arbeiterkreise für seine Sache zu gewinnen?

Er hatte gerade erst die Gewerkschaften zerschlagen, sich ihre Immobilien und Bankkonten angeeignet, ihre Vermögen konfisziert. Durch die Beschränkung des Reichstags auf eine Statistenrolle hatte er den Massen jeglichen politischen Einfluss genommen, ihnen jedes Mittel geraubt, ihre Forderungen und Probleme zu Gehör zu bringen. Angesichts der bei seinem Amtsantritt schon vorhandenen Finanzkrise konnte er sie sich weder mit Lohnerhöhungen gewogen machen noch seinem Regime einen allzu eindeutig sozialistischen Anstrich geben, der das Kleinbürgertum, die Finanzwelt und die Armee verschreckt hätte.

Den einzigen Weg, der ihm blieb, hatte ihm bereits der [italienische] Faschismus vorgemacht, und dessen Beispiel folgte er eifrig nach. Er verkündete seinerseits, auch wenn seine Regierung keinen doktrinären Sozialismus vertrete, sei sie doch auf jeden Fall sozialistisch ausgerichtet. Unter der Bezeichnung »Kraft durch Freude« schuf er ein deutsches Doppo lavore.[11] Originell an seiner Idee war lediglich ihre kühne Umsetzung. Wie alle seine Gründungen hat auch seine Freizeitorganisation monumentale Dimensionen, und in den wenigen Monaten hat er sein Konzept bereits viel weiter vorangetrieben, als es der Duce in Italien in 14 Jahren jemals gewagt hätte.

---

[11] Richtig: »Dopolavoro«, eine 1925 von den italienischen Faschisten gegründete Organisation, die Freizeitveranstaltungen für Arbeiter anbot.

Die Gemeinschaft Kraft durch Freude untersteht der Deutschen Arbeitsfront. Ihre treibende Kraft ist der Leiter der Arbeiterorganisationen des Dritten Reichs, Dr. Ley. Geleitet wird sie von einem seiner Assistenten, Dr. Dreßler-Andreß.

In ganz Deutschland profitiert sie von den Verwaltungsbeziehungen der Arbeitsfront. Sie nutzt deren Dienststellen, bedient sich ihrer Propaganda und sitzt meist sogar in denselben Büros. [...]

Kraft durch Freude hat sich vorgenommen, dem kleinen Mann erschwingliche Vergnügungen zu bieten, die bisher den Reichen vorbehalten waren, und damit drohender Verbitterung und Neid entgegenzuwirken und soweit wie möglich die Klassenunterschiede im deutschen Volk zu überbrücken. Zugleich soll sie dafür sorgen, dass der Arbeiter wieder fröhlich und mit Freude seiner Tätigkeit nachgeht, indem sie die materiellen Bedingungen am Arbeitsplatz verbessert und schließlich auch seine Freizeit lenkt, um ihn von politischen Debatten abzuhalten, die eine Gefahr für die Stabilität des Regimes darstellen könnten. Dank Kraft durch Freude kommt der Arbeiter in den Genuss von Reisen, Ausflügen, Urlauben, Sportkursen und Theatervorstellungen.

Die Berliner Zentralstelle umfasst vier Abteilungen: das Amt für Reise und Urlaub, das Sportamt, das Amt für Schulung und Volksbildung und das sogenannte Amt Schönheit der Arbeit.

Die Verwaltungs- und Finanzabteilungen sind mit denen der Arbeitsfront identisch.

Es folgen Details zur Organisationsstruktur der Unternehmenszellen.

Das Amt für Reise und Urlaub[12]

Die Hitlerpartei vertritt den Grundsatz, dass jedem Arbeiter, der nicht über die nötigen Mittel verfügt, um sich Ferien zu

---

[12] Vollständig: Amt für Reisen, Wandern und Urlaub. A.d.Ü.

gönnen, die Möglichkeit gegeben werden soll, mithilfe der Organisation Kraft durch Freude einmal im Jahr einen mehr oder weniger langen Urlaub zu machen.

Zwei Millionen Arbeiter nahmen 1934 die Reise- und Freizeitangebote von Kraft durch Freude wahr; 1935 waren es über fünf Millionen. Die verfügbaren Reisen sind von unterschiedlicher Länge und Attraktivität. Manche dauern nur zwei bis drei Tage, andere erstrecken sich über ein oder zwei Wochen.

Im Laufe des vergangenen Jahres brachten die Omnibusse von Kraft durch Freude 170 000 Arbeiter zu den bekanntesten Sehenswürdigkeiten Deutschlands. Auf Rhein, Elbe und Oder konnten über 150 000 Schiffspassagiere die schönen Flusslandschaften im Reich erleben. Im Sommer wurden im Schwarzwald, im Harz, im Riesengebirge und in den bayerischen Alpen Hotels requiriert, damit Arbeiter aus den Großstädten dort ihre Ferien verbringen konnten. Im Winter wurden Berghütten und Chalets für Wintersportler bereitgestellt, die dort gegen ein kleines Entgelt Ski laufen konnten.

Zu den beliebtesten Angeboten von Kraft durch Freude gehören eindeutig die Hochseekreuzfahrten. Sieben Passagierschiffe, die wegen der Krise in Hamburg beziehungsweise Bremen[13] festlagen [...], wurden von der Arbeitsfront gechartert und für große Passagierzahlen ausgerüstet. Die Fahrten führen an die Küsten des Ärmelkanals und der Ostsee, in die Fjorde Norwegens, einige kreuzen sogar im Atlantik bis nach Portugal und zu den Azoren.

Die Schiffe haben innerhalb eines Jahres 107 Reisen absolviert und 133 000 Passagiere befördert. Am spektakulärsten war die Kreuzfahrt nach Lissabon, Madeira und zu den Azoren, die 3 300 Arbeiter an Bord der Schiffe *Der Deutsche*, *Oceana* und *St. Louis* erleben durften. [...]

---

[13] Gemeint ist Bremerhaven.

Keine der Reisen ist gratis, aber die Preise werden so niedrig gehalten, dass ein Arbeiter sich für alles in allem 12, 15 oder 16 Reichsmark eine ganze Woche Ferien leisten kann. Die Freizeitorganisation betont, dass sie den bedürftigsten Arbeitern unter die Arme greift, nicht aber den bessergestellten Arbeitskräften. Ihren Statistiken zufolge verdient ein Drittel ihrer Urlaubsreisenden weniger als 100 Mark, ein Drittel weniger als 150 Mark und ein Drittel bis zu 250 Mark im Monat, von denen aber alle große Familien unterhalten müssen.

Die Tätigkeit des Amtes für Reise und Urlaub hat sowohl wirtschaftliche als auch politische Aspekte, die hier hervorgehoben werden sollen.

Der deutschen Tourismusbranche, die ohnehin derzeit in einer massiven Krise steckt, macht die Organisation Kraft durch Freude erhebliche Konkurrenz. Ebenso wie das Arbeitsbeschaffungsprogramm soll sie am Wiederaufschwung der deutschen Wirtschaft mitwirken. Allein die Tatsache, dass 1934 52 Millionen Mark und 1935 70 Millionen Mark durch die Hände der Beamten des Amtes für Reise und Urlaub gingen, spricht für sich.

Ebenso wie sich Hitlers Kolonisierungspläne primär auf die Grenzgebiete Deutschlands richten, schreibt sich auch die Organisation Kraft durch Freude die Stärkung des Deutschtums in diesen Regionen auf die Fahne und schickt drei Fünftel ihrer Kunden in die »Grenzmarken« Schlesien, Ostpreußen, nach Schleswig, Sachsen, in die Grenzmark [Posen-Westpreußen] und in die Pfalz.

Nach dem Vorbild der Hitlerjugend gibt sie sich redlich Mühe, die alte Tradition der Fußreisen wiederzubeleben. 1935 organisierte sie 23 000 Wanderungen mit 400 000 Teilnehmern – siebenmal so viele wie im Vorjahr. [...]

Es folgt eine Beschreibung des Sportamts.

[...] Die von Kraft durch Freude veröffentlichten Statistiken belegen den außerordentlichen Aufschwung ihres Sportamts innerhalb eines Jahres. Von 1934 bis 1935 stieg die Zahl der angebotenen Kurse von 8500 auf 48 500, diejenige der Trainingsabende von 55 000 auf 180 000, die der Teilnehmer von 430 000 auf 3,34 Millionen. Wurden 1934 noch 900 Kursleiter beschäftigt, waren es 1935 schon 1500 [...]. Selbst kostspielige Sportarten wie Tennis, Reiten und Golf stehen den Arbeitern offen. Am beliebtesten sind Schwimmen, Leichtathletik und Skilaufen. [...]

Es folgt die Beschreibung des Amtes für Schulung und Volksbildung mit seinen zahlreichen Kulturangeboten.

An der Ostsee plant die Arbeitsfront den Bau eines Hotels mit 20 000 Betten und eigenem Strandabschnitt speziell für Arbeiter. Der dafür gewählte Bauplatz liegt an der Ostküste der Insel Rügen, die ein derzeit zwischen den Ortschaften Binz und Saßnitz im Bau befindlicher Damm mit dem Festland verbinden soll. Diese Ferienkolonie soll jeglichen modernen Komfort bieten.[14] [...]

18. Juni 1936: Das Hitlerregime und der »totale Krieg«[15]

Die zweimonatlich vom Reichskriegsministerium herausgegebene *Militärwissenschaftliche Rundschau* brachte in ihrer letzten Ausgabe eine von Oberstleutnant Warlimont[16] verfasste Studie über den »Einsatz der staatlichen Gewalten in der Führung des totalen Krieges«. Diese Abhandlung ist unter mehreren Ge-

---

[14] 1936 wurde mit dem Bau des KdF-Seebads Rügen in Prora, einem Ortsteil von Binz, begonnen, nach Kriegsausbruch 1939 wurden die Arbeiten eingestellt.

[15] Berlin, Botschaft, A–442, Nr. 1034.

[16] Walter Warlimont (1894–1974), Offizier, zu Beginn des Spanischen Bürgerkriegs Militärberater von General Franco. Ab 1938 stellvertretender Chef des Wehrmachtsführungsstabes im Oberkommando der Wehrmacht unter General Jodl. Er war einer der Theoretiker des Blitzkriegs und an der Vorbereitung des deutschen Überfalls auf die Sowjetunion maßgeblich beteiligt.

sichtspunkten von Interesse. Der Verfasser gibt nämlich die
Denkweise des deutschen Generalstabs wieder und erörtert dessen Konzept für die Gestaltung künftiger Kriege und das ideale
politische Regime, das es einem Volk ermöglichen soll, mit ma-
ximalen Erfolgschancen den Wechselfällen eines Krieges zu
trotzen. Kein anderes Regime als der Nationalsozialismus, so
stellt er klar, könne Deutschland besser auf diesen künftigen
Krieg vorbereiten, den er, General Ludendorff folgend, den »totalen Krieg« nennt.

Diese Theorie führte der frühere Chef der Wehrmachtsfüh-
rung in einem kürzlich veröffentlichten Werk aus. Im nächsten
Krieg werden nicht nur zwei Armeen gegeneinander antreten.
Es wird sich vielmehr um ein Ringen von Völkern handeln, von
denen jedes alle seine körperlichen, seelischen materiellen und
menschlichen Kräfte aufbieten wird, um das andere Volk zu
vernichten.

Die Führung eines solchen Kriegs wird nicht mehr allein
Sache des Militärs sein, vielmehr muss eine Vielzahl ziviler
Mächte an den kolossalen Anstrengungen der Planung, Berech-
nung und Durchführung mitwirken, die dafür erforderlich sind.
Diese Mitwirkung erstreckt sich auf verschiedene Bereiche, die
mit den Militäroperationen im eigentlichen Sinn nichts zu tun
haben. Es ist zu ermitteln, welche Teile der Bevölkerung arbeits-
fähig und wie viele der Männer wehrfähig sind. Schon in Friedenszeiten muss organisiert werden, wie diese Menschen im
Kriegsfall eingesetzt werden können. Ein Mobilisierungsplan für
Arbeitskräfte in der Industrie und Landwirtschaft muss erstellt
werden; dabei sind insbesondere Alter und Geschlecht, militärische und berufliche Vorbildung und besondere Eignungen für
die vielfältigen Erfordernisse eines Krieges zu berücksichtigen.
So ist im Fall eines Krieges der nützliche Einsatz sämtlicher Hu-
manressourcen des Landes sichergestellt.

Wichtiger noch als diese planmäßige Mobilisation der Zivil-
bevölkerung ist jedoch die Weckung und Erhaltung der geistigen

und seelischen Kräfte des Volkes. Von diesem Geist muss das gesamte Erziehungswesen durchdrungen sein. Auch die wissenschaftliche Arbeit muss die militärischen Interessen unterstützen. Die Propaganda soll im In- und Ausland gezielt mit modernsten Methoden vorgehen.

Das Oberkommando macht den Zivilbehörden dabei lediglich die entsprechenden Vorgaben und stellt ihre Erfüllung sicher.

Allerdings, so Warlimont, dürfen sich die Militärbehörden bei der wirtschaftlichen Vorbereitung des Krieges nicht auf die Lenkung der Zivilbehörden beschränken. Diese Vorbereitung erfordert ebenso wie die Wehrwirtschaft im Krieg, dass zahlreiche Behörden auf allen Ebenen eng zusammenarbeiten, wobei die Koordination ausschließlich der Militärführung obliegen soll, die den Bemühungen eine einheitliche Richtung vorgeben und sie auf dasselbe Ziel ausrichten muss. Die Staatsführung muss die militärische Leitung mit den hierfür erforderlichen besonderen Vollmachten gegenüber den Zivilbehörden versehen. »Eine andere Lösung dieses Grundproblems erscheint schon deswegen nicht denkbar, weil die eigentlichen militärischen Planungen in jeder Hinsicht, sei es für Umfang und Organisation der Streitkräfte, sei es, was Operationsräume und -richtungen angeht, die Grundlage für die Planungen aller Stellen bilden müssen.«

Ein Beispiel: die Motorisierung des Heeres, deren Zeitplan und Umfang nur das Oberkommando bestimmen kann und die für eine ganze Reihe von Industrien von größter Bedeutung ist. Die Rüstungsindustrie muss nach Ansicht von Oberstleutnant Warlimont der unmittelbaren Kontrolle der militärischen Führung unterstellt werden und in Kriegszeiten als integraler Teil der Wehrmacht gelten. Doch schon in Friedenszeiten müssen die Militärbehörden sicherstellen, dass der Bedarf der Rüstungsindustrie Vorrang vor allen übrigen Industrien hat. Sie müssen durchsetzen können, dass sich alle übrigen Wirtschaftszweige diesem Anspruch auf Priorität unterwerfen.

Um die Entwicklung der Wirtschaft des Landes entsprechend
den Anforderungen der nationalen Verteidigung zu lenken und
zu gewährleisten, dass der vielfältige Bedarf der unterschiedlichen Waffengattungen in Kriegszeiten gedeckt wird, empfiehlt
Oberstleutnant Warlimont die Bildung eines wirtschaftlichen
Generalstabes, dessen Zuständigkeit sich dank einzurichtender
Abteilungen in den einzelnen Regionen auf das gesamte Reichsgebiet erstreckt. In diesem Zusammenhang wirft er die Frage
auf, wie die administrative innerdeutsche Einteilung und die
Wehrbereiche zur Deckung gebracht werden können.

In seiner Abhandlung verweist Oberstleutnant Warlimont darauf, welche maßgeblichen Vorzüge bei der Vorbereitung und
Führung des »totalen Kriegs« eine autoritäre Regierung bietet,
die zutiefst im Volk verwurzelt und von der Gunst der Parteien
unabhängig ist. »Wenn sich mit solcher Führung noch die
Durchdringung jedes Einzelnen und des gesamten Volkes mit
dem Sinn für eigene Ehre und gemeinschaftliche Pflicht vereint,
so sind die vornehmlichen Voraussetzungen für einen geschlossenen Einsatz der gesamten Volkskraft erfüllt.«

Das Regime, das dem Verfasser dieser Zeilen vorschwebt, ist
eindeutig kein anderes als das nationalsozialistische. Ein Gutteil
der Forderungen, die er für die Vorbereitung des Landes auf den
»totalen Krieg« stellt, wurde ja seit der Machtübernahme der
Hitlerpartei bereit erfüllt oder wird derzeit realisiert.

Schon seit Monaten ist man dabei, Arbeitern nach dem Vorbild von Wehrpässen Ausweisdokumente auszustellen, die im
Kriegsfall deren sinnvolle Verteilung auf die Rüstungsbetriebe
gewährleisten sollen. Dabei handelt es sich augenscheinlich um
die Mobilisierung der Arbeiterschaft, von der Oberstleutnant
Warlimont spricht.

Die Erziehung von Kindern und Jugendlichen richtet sich darauf, die jungen Generationen zu fanatisieren. Die schleichende
Propaganda schürt im ganzen Land skrupellos und ohne Unterlass das Nationalgefühl und weckt im Volk blanken Hass auf

bestimmte Länder. Diese Propaganda ist sogar im Ausland aktiv, verteilt dort großzügig Kredite, führt Wettbewerbe durch und gründet Zentren, die ihre Tätigkeit im Kriegsfall zweifellos verdoppeln würden.

Der Aufschwung der Motorisierung, der Bau von Autobahnen und die Entwicklung paramilitärischer Automobilmodelle sind ebenfalls Faktoren, die eine schnelle Verlegung von Streitkräften erleichtern sollen.

Außerdem wird schon jetzt jede wirtschaftliche und finanzielle Tätigkeit vollkommen der ebenso raschen wie gigantischen Aufrüstung untergeordnet. Durch die Reglementierung des Devisenverkehrs kann die Regierung den Devisenaustausch mit dem Ausland leichter lenken. Die ehemals selbst verwalteten Industrie- und Handelskammern haben der nationalsozialistischen Führung ihre Leitungs- und Lenkungsorgane überlassen. Die Anwerbung der arbeitenden Klassen in die Deutsche Arbeitsfront schützt die Produktion vor einer organisierten Arbeiterschaft.

Der von Warlimont genannte wirtschaftliche Generalstab existiert im Keim bereits in Form der Wirtschaftsabteilung des Kriegsministeriums. Sie entfaltet im Übrigen eine zunehmend rege Aktivität, die sich allmählich auch im Ausland bemerkbar macht.

Das nationalsozialistische Deutschland verkörpert also in erheblichem Umfang schon jetzt das von Oberst Warlimont beschriebene Ideal eines Volkes, das sich auf den »totalen Krieg« vorbereitet. Zudem macht der Generalstabsoffizier kein Hehl daraus, dass der nationalsozialistische Führer Deutschlands in seinen Augen der beste Staatschef ist, den sich das Oberkommando wünschen könnte:

»Der wahrhafte Führer eines Staatswesens muss von soldatischem Geiste erfüllt sein. Er wird das Urteil des Soldaten in großen Fragen der Staatsführung nicht missen wollen und damit diesem wichtigsten Machtfaktor jeder Außenpolitik den gebührenden Anteil für seine Entschlussfassung einräumen.« In dieser Beschreibung ist unschwer das Porträt des Führers erkennbar.

In den letzten drei Jahren wunderten sich viele über die wiederholten Zugeständnisse der Armee gegenüber den Forderungen der Nationalsozialisten. Mit Verblüffung nahm man zur Kenntnis, dass die Soldaten den Treueeid auf Adolf Hitler ablegten, Parteiabzeichen der NSDAP an ihre Uniformen hefteten und die kaiserliche Flagge durch die Hakenkreuzfahne ersetzten. Die Hintergründe dieser Haltung finden sich nun in Oberst Warlimonts Artikel erklärt.

Nach einigen Monaten der Zurückhaltung wurde dem deutschen Generalstab rasch klar, dass er sich für das Wiedererstarken des Reichs als Militärmacht kein besseres Regime wünschen könnte. Wenn er sich der Unterstützung der NSDAP mit ihrem dichtgefügten Netzwerk an Organisationen in sämtlichen Bereichen des Staates versicherte, würden ihm alle Kräfte im Land zu Diensten sein und der Armee wäre die Unterstützung des ganzen Volks gewiss. Zugleich erkannte das Oberkommando, dass es sich keinen besseren Staatschef wünschen konnte als Adolf Hitler, der sich ständig um das Vertrauen der Generäle bemüht, stolz auf das Entgegenkommen des Militärs ist und dessen Wünsche bereitwillig erfüllt. Der Generalstab hat begriffen, dass er im Dritten Reich noch weit mehr als zuvor unter Wilhelm II. eine privilegierte Stellung genießt und in den Regierungsgremien maßgeblichen Einfluss ausüben kann.

Auch wenn bestimmte Aspekte von Hitlers Sozialismus die konservativen Kräfte in der Armee abstoßen, beseelt doch dasselbe vaterländische Ideal, dasselbe Streben nach Ruhm die hohen Militärs und die nationalsozialistische Führungsriege.

Der persönliche Einfluss, den der Führer rasch auf General von Blomberg gewann, erleichterte und beschleunigte die Anbindung des Militärs, wenn auch nicht an die Regierung, so doch zumindest an ihren Chef. Im Zeichen des Bündnisses zwischen Hitler und dem Generalstab ist das nationalsozialistische

Deutschland dabei, sich zum gewaltigsten militärischen Werkzeug zu entwickeln, das es je gab.

24. Juni 1936: Beginn der Bauarbeiten an der Autobahn Berlin–Köln[17]

Wie die Zeitungen in dieser Woche ankündigten, gab der Generalinspektor für das deutsche Straßenwesen, Dr. Todt,[18] den Startschuss für den Beginn der Bauarbeiten an der gesamten Strecke der Autobahn Berlin–Hannover–Köln. Die Arbeiten sollen Anfang 1937 beendet sein.

Zur gleichen Zeit soll auch der Bau der Autobahn Berlin–Stettin abgeschlossen werden, die zwischen Berlin und Frankfurt an der Oder zum Teil bereits für den Verkehr freigegeben ist. Damit wird die erste Autobahn fertiggestellt und eine direkte Verbindung zwischen den Regionen im Osten und Nordosten Deutschlands zu den Gebieten im Westen des Landes geschaffen sein.

In Köln soll die Autobahn an vergleichbare Straßen anschließen, die offenbar derzeit in Belgien und Holland gebaut werden. Desgleichen soll das bereits im Bau befindliche Teilstück die Stadt am Rhein mit Frankfurt am Main verbinden. Von dort wird, soweit man weiß, eine 80 Kilometer lange Autobahn bis nach Heidelberg führen.

Zusammen mit der zeitgleichen Fertigstellung zweier neuer Rheinbrücken bei Duisburg und bei Krefeld belegt der Baubeginn für die neuen Autobahnen das Bestreben der Reichsregierung, so rasch wie möglich über Verkehrswege zu verfügen, die den schnellen Automobilverkehr vom Osten und Norden des Landes nach Westen und Südwesten gewährleisten.

---

[17] Berlin, Botschaft, A–442, Nr. 1069.
[18] Fritz Todt (1891–1942), deutscher Ingenieur, ab 1922 Parteimitglied, in den Dreißigerjahren Generalinspektor für das deutsche Straßenwesen. 1938 gründete er die Organisation Todt, ein riesiges halbstaatliches Tiefbauunternehmen, das gewaltige Bauprojekte in Deutschland und in den besetzten Gebieten ausführte. Ab 1940 Reichsminister für Bewaffnung und Munition. Starb 1942 bei einem Flugzeugabsturz.

6. Januar 1938: Legt das »Dritte Reich« insgeheim Vorräte an?[19]
Auf die relative Verknappung einer ganzen Reihe von Produkten, unter der Deutschland derzeit leidet, wurde bereits mehrfach hingewiesen. Die allgemeinen Ursachen sind bekannt, doch bleibt eine davon Spekulation. Es könnte nämlich sein, dass der Mangel sich zumindest teilweise durch die Anlage von Vorräten und Lagern erklärt. Sollte Hitlers Regierung tatsächlich, wie manche ihm unterstellen, einen Krieg anstreben und dabei sein, das Land auf einen Krieg vorzubereiten, wäre es nicht verwunderlich, wenn er sich um die Beschaffung von Vorräten kümmern würde und die wichtigsten Nahrungsmittel einlagern ließe, an denen es mangelt und die im Reichsgebiet nicht produziert werden können. Im welchem Umfang werden die im Reich erzeugten und eingeführten Produkte als Vorräte eingelagert? Eine präzise, ausführliche Antwort auf diese Frage würde zweifellos auch ein Licht auf die Hintergedanken der nationalsozialistischen Führungsriege werfen. Leider erweisen sich aber Nachforschungen zu diesem Punkt als ausgesprochen heikel.

Die Aufstellung einer schlagkräftigen Armee mit sämtlichen Einrichtungen und Materialien, die ein moderner Militärapparat benötigt, die Durchführung gigantischer Projekte zur Entwicklung von Ersatzmaterialien wie synthetischem Benzin, Kautschuk und Kunstfasern, der Bau eines 7000 Kilometer[20] langen Autobahnnetzes, die Umsetzung eines Städtebauprogramms nach grandiosen Bauplänen, das enorme Anschwellen der Kredite, mit denen das Dritte Reich all diese Arbeiten finanziert – all diese Operationen haben die Konjunktur und den Inlandskonsum in erheblichem Maße angekurbelt. Vor diesem Hintergrund ist es nur logisch, dass der Bedarf im Dritten Reich steigt.

---

[19] Berlin, Botschaft, B–213, Nr. 11.
[20] Die offizielle Zahl belief sich nur auf 3000 Kilometer.

»Gibt es geheime Vorratslager?«, fragt sich der Verfasser der Depesche. Konkrete Belege dafür existieren nicht, außer in bestimmten Bereichen wie zum Beispiel Fleisch. Das »Dritte Reich« ist zur Erzeugung von Ersatzstoffen übergegangen: Die Produktion von Textilien aus Kunstfasern stieg um 40 Prozent, die synthetischer Treibstoffe um 75 Prozent und die von synthetischem Kautschuk (»Buna«) um 15 bis 20 Prozent. Dennoch nahmen die Rohstoffimporte zu.

Trotz allem ist nicht von der Hand zu weisen, dass die gesamte deutsche Wirtschaft derzeit gemeinsam mehr oder weniger direkt an einem gigantischen Programm zur Kriegsvorbereitung arbeitet.

13. Januar 1938: Die wirtschaftliche und finanzielle Lage Deutschlands nach fünf Jahren NS-Politik[21]

Ich habe die Ehre, dem Ministerium beiliegend eine interessante Studie des Finanzattachés der Botschaft zur wirtschaftlichen und finanziellen Lage in Deutschland zu übersenden.

[Sie gliedert sich in] drei Punkte:

1. Seiner Autarkiepolitik zum Trotz bezieht das Dritte Reich auch derzeit 50 Prozent seiner Rohstoffe und Nahrungsmittel aus dem Ausland.

2. Auch wenn es Hitlers Regime mithilfe einer strikten Kontrolle der Wechselkurse, des Finanzmarkts und der Inlandspreise gelungen ist, die Auswirkungen der Kreditflut einzudämmen, die es für die Finanzierung seiner Großbaustellen benötigt, bleibt dennoch eine Diskrepanz von rund 40 Prozent zwischen den deutschen Preisen und den unter Kursverlusten und Abwertungen leidenden Weltmarktpreisen.

Aufgrund dieser Diskrepanz muss Deutschland seine Exporte durch eine kostspielige Dumpingpolitik stützen. Zugleich verschlechtert diese zusehends die Aussichten auf eine Beteiligung

---

[21]   Berlin, Botschaft, B–213, Nr. 50.

des Deutschen Reichs an einer allgemeinen wirtschaftlichen Umstrukturierung.

3. Durch die Verwendung eines Großteils der Tätigkeiten und Ressourcen für unproduktive Investitionen (Rüstung, Großbaustellen) verhütet Deutschland unmittelbare Turbulenzen in seiner Geldwirtschaft und bremst damit zwar die Preissteigerung und das Anwachsen des Konsums, senkt jedoch gerade dadurch den Lebensstandard seiner Bevölkerung. Dieses Phänomen drückt sich aus in einer Qualitätsminderung und Einschränkung von Grundprodukten; in erster Linie zu nennen sind hier staatliche Vorgaben für die Zusammensetzung von Brot, den Verkauf von Fetten sowie die Herstellung von Textilien und Schuhen. Innenpolitisch macht das Dritte Reich insofern beachtliche Anstrengungen, die auf die Dauer erschöpfend sein könnten. Angesichts der wachsenden Belastungen für die deutsche Öffentlichkeit steht zu befürchten, dass ihr Druck eines Tages für ein Währungssystem, das klug gedacht, aber unnatürlich ist, zu stark sein und die gesamte nationalsozialistische Wirtschaftsstruktur in ihren Grundfesten erschüttern könnte.

Gez. Albert Lamarle[22]

---

[22] Albert Lamarle, geb. 1898, Jurist, ab Juni 1921 Attaché im französischen Justizministerium; ab 7. Juli 1921 als Chiffrierer in der Berliner Botschaft; Justizattaché des Berliner Konsulats und später der Botschaft in Belgrad. In Wien akkreditiert, danach in der Zentralverwaltung. Erster Sekretär in Berlin vom 9. Mai 1935 bis zu seiner Versetzung nach Prag am 13. Januar 1938.

Abb. 6: »Die Geschichte, die Herr Frick den Kindern beibringen lassen will, ist nicht die Geschichte Deutschlands, sondern die der germanischen Rasse.« Reichsinnenminister Frick kündigt am 9. Mai 1933 ein reichseinheitliches Schulreform-Programm an, das die Erziehung nach NS-Ideologie zum Ziel hat – der Geschichtsunterricht spielt dabei eine besondere Rolle.

Kapitel vier
Die nationalsozialistische Ideologie

»Eine Philosophie der Welt, eine Erklärung der Geschichte, eine
Moral und eine Ästhetik«

*Die Berichte aus Berlin setzen sich mit der nationalsozialistischen
Ideologie nur am Rande auseinander. Die französischen Diplomaten beschäftigten sich vorrangig mit der Politik und Wirtschaft des
Regimes, waren aber nur bedingt dafür gerüstet, die Tragweite
seiner Weltanschauung nachzuvollziehen. Deshalb behandeln nur
wenige der nach Paris gesandten Schreiben das Credo, die Überzeu-
gungen, die »Philosophie« hinter dem Nationalsozialismus, und
selbst diese nicht ausführlich. Weitaus deutlicher zeigt sich die NS-
Ideologie in den Maßnahmen zum Ausschluss unliebsamer Regimegegner und vor allem in der offiziellen Propaganda. Dennoch wird
in den Gesandtschaftsberichten deutlich erkennbar, dass die Deutschen an die völkischen Mythen glaubten. Für die Analyse erweist
sich dies als zentrales Element: Die nationalsozialistische Weltsicht
war allumfassend. Sie erklärte die Geschichte und sah die Zukunft
voraus. Mit Frankreichs nationalistischer Ideologie war sie in keiner
Weise vergleichbar; das schreiben die Franzosen ausdrücklich. Die
NS-Ideologie drohte das Christentum zu verdrängen, zu dem es in
scharfe Konkurrenz getreten war, wie etwa die Schilderung der Rolle
der Homosexualität in der NS-Bewegung belegt. Auch ohne expli-
zite Ausführungen wird deutlich, dass man diese Ideologie als*

»nicht kirchliche Religion« auffasste. Ohne den französischen Diplomaten in Berlin und André François-Poncet unrecht tun zu wollen, fällt auf, dass in ihren Aussagen gerade der heterogene Charakter des Nationalsozialismus ausgeblendet wird, der uralte deutsche Vorstellungen in sich vereinigte und damit über die radikale Weltsicht hinaus eine ganz neue Situation schuf. Diese »Weltanschauung« war in sich so kohärent, dass sie dem Regime bis zu seinem letztendlichen Untergang festen Zusammenhalt gab.

8. März 1932: Nationalsozialismus und Homosexualität [1]

Schon zu wiederholten Malen haben die Gegner der nationalsozialistischen Bewegung die Öffentlichkeit auf die auffällige Verbreitung der Homosexualität unter Herrn Hitlers Anhängern hingewiesen. Es heißt, gewisse linke Blätter besäßen zu diesem Thema umfangreiche Belege. Wie ich von Theodor Wolff [2] persönlich erfuhr, wurde das *Berliner Tageblatt* mehrfach gebeten, Schriftstücke über den Chefrassisten zu veröffentlichen. Der ehemalige kaiserliche Offizier stand schon 1931 wegen mutmaßlicher Verstöße gegen den berühmten Paragrafen 175 des Strafgesetzbuchs, der gleichgeschlechtliche sexuelle Handlungen untersagt, im Visier der Justizbehörden.

Die sozialistisch-fortschrittliche *Welt am Sonntag* veröffentlichte in ihrer Ausgabe vom 7. März ein Schreiben, das eben dieser Oberstleutnant Röhm [3] 1929 von seinem damaligen Posten im bolivianischen Generalstab an Berliner Freunde sandte. Dieses Dokument spricht sich in der Tat – was bisher von keiner Seite dementiert wurde – so offen für die Päderastie aus, das es voller

---

[1]   Berlin, Botschaft, A–418, Nr. 262.

[2]   Theodor Wolff (1868–1943), einer der bekanntesten deutschen Journalisten der Weimarer Republik, war Chefredakteur des *Berliner Tageblatts*. Er lebte ab 1933 in Nizza im Exil, wurde aber 1943 von der französischen Polizei an die Gestapo ausgeliefert und starb im Jüdischen Krankenhaus Berlin entkräftet an einem Infekt.

[3]   Ernst Röhm (1887–1934), deutscher Offizier und NSDAP-Mitglied der ersten Stunde, gründete 1921 die SA und leitete sie bis zu seiner Ermordung 1934 nach seinem angeblichen Putschversuch. Er vertrat eine volkstümliche, antielitäre Strömung des Nationalsozialismus.

ungewollter Komik steckt. Ich übersende diesen Brief in französischer Übersetzung. Damit steht wohl außer Frage, dass die strafrechtlichen Ermittlungen gegen den Stabschef der SA zu Recht eingeleitet wurden. Fraglich wäre nur, wann Herr Hitler sich entschließt, sich des Mannes zu entledigen, den man nach dieser Veröffentlichung nicht mehr seine rechte Hand zu nennen wagt.

Interessant ist das Verhältnis des Nationalsozialismus zur Homosexualität allerdings weniger aufgrund solcher skandalösen Einzelfälle als vielmehr aus ideologischer Sicht. Unleugbar macht sich in der Hitlerjugend – die darauf brennt, dem Vaterland zu dienen, ohne zu wissen, wie – eine Vorstellung von Freundschaft, Kameradschaft und Gemeinschaft unter Männern breit, die sich ebenso auf ein philosophisches Konzept stützt wie auf historische Vorbilder. Vielen ist aufgefallen, dass zwei der interessantesten Neuerscheinungen der letzten Monate ganz offen die Homosexualität verherrlichen. Ich meine damit Berthold Vallentins *Winckelmann* und Max Kommerells *Dichter unserer Zeit*[4]. Ersteres preist die Lebensweise des illustren deutschen Archäologen[5], der ja, wie Seiner Exzellenz bekannt ist, von einem Ganymed[6] namens Archangeli ermordet wurde. Kommerell liefert – übrigens interessante – neue Erkenntnisse über die Beziehung zwischen Herder und Goethe; er macht den beiden Heroen lediglich zum Vorwurf, dass sie ihr inniges geistiges und mystisches Verhältnis nicht durch eine ebenso innige körperliche Vereinigung vollendeten.

Bisher waren solche Plädoyers das Monopol der Literatenschule im Dunstkreis des berühmten Dichters Stefan George, dem übrigens sowohl Vallentin als auch Kommerell angehören. Befördert

---

[4] Es ist nicht klar, welche Veröffentlichung gemeint ist. Thematisch passend, aber schon 1928 und 1929 erschienen, sind: *Der Dichter als Führer in der deutschen Klassik: Klopstock, Herder, Goethe, Schiller, Jean Paul, Hölderlin* (Berlin 1928) sowie *Gespräche aus der Zeit der deutschen Wiedergeburt* (Berlin 1929). A.d.Ü.

[5] Johannes Winckelmann (1717–1768), Archäologe und Kunsthistoriker, Begründer des Klassizismus, weckte insbesondere das Interesse seiner Zeitgenossen an griechischen Statuen.

[6] Die Figur aus der griechischen Mythologie steht symbolisch für den jugendlichen Liebespartner eines Mannes, Eromenos. A.d.Ü.

wird die aktuelle Situation noch dadurch, dass die Sodomie, die manche als förderlich für die Entfaltung des Denkens sehen, sich augenscheinlich mehr und mehr zu einer Art nationalen, ja sogar nationalistischen Tugend entwickelt. Liest man Vallentins Buch, könnte man hier und da meinen, Winckelmann habe sich aus Hass auf Frankreich dem eigenen Geschlecht zugewandt. Das erklärt, warum manche Denker wie Professor Benda von der Universität Frankfurt die Ursprünge von Hitlers Ideologie auf Stefan George[7] zurückführen zu können meinen. Die bewundernswerten Gedichte, die Letzterer verschiedenen fremden Völkern und vorzugsweise unserem Land widmete, waschen ihn von dieser Anschuldigung natürlich rein, doch tragen seine Schüler zweifellos einen großen Teil der Verantwortung dafür, dass Homosexualität heutzutage in Intellektuellenkreisen so wohlgelitten ist. Erst die nationalsozialistische Bewegung, die bei Frauen begeisterten Anklang findet, obwohl sie darin überhaupt keine Rolle spielen, brachte einen rein männlichen Patriotismus hervor, der München und Berlin dem antiken Sparta ähnlich macht.[8]

22. Juni 1933: Übersendung einer Studie über Hitlers Ideologie[9]
Anliegend übersende ich Seiner Exzellenz eine Studie über Hitlers Ideologie von Jourdan, Direktor der Maison académique française in Berlin. Die vielfältigen Dinge, mit denen wir tagtäg-

---

[7] Stefan George (1868–1933) gehörte Anfang des 20. Jahrhunderts zu den bedeutendsten deutschen Dichtern. Er versammelte einen elitären Kreis um sich, der großen Einfluss auf die deutsche Dichtung und die Intellektuellenkreise ausübte. Vertrat ein aristokratisches, sehr antimodernistisches Ethos. Man wirft ihm vor, die in der Gesellschaft vorhandenen reaktionären Strömungen verstärkt zu haben, auch wenn er sich vom Nationalsozialismus selbst nicht vereinnahmen ließ. Er starb im Schweizer Exil.

[8] Die Verweise auf die Antike (und Ernst Röhm) könnten den Eindruck erwecken, in den ersten Jahren der NS-Zeit sei Homosexualität in Deutschland weitgehend akzeptiert worden, doch war dies nicht der Fall. Unter dem Vorwurf, sie verweigerten sich dem NS-Männlichkeitskult und ihrer rassischen Fortpflanzungspflicht, wurden homosexuelle Männer verfolgt und inhaftiert. Rund 15 000 von ihnen wurden in Konzentrationslagern interniert.

[9] Berlin, Botschaft, A–424, Nr. 660.

lich zu tun haben, lassen uns oft weder genügend Zeit, die Bezüge
zwischen all diesen Fakten und der generellen Doktrin herzustel-
len, auf die sich [die Nationalsozialisten] berufen, noch diese
Doktrin selbst mit der gebotenen Sorgfalt zu analysieren. Die
französische Öffentlichkeit neigt dazu, die nationalsozialistische
Revolution als überwiegend politisch motiviertes, gewagtes Unterfangen abzutun, das durch Arbeitslosigkeit und Armut beflügelt und von schlichten Abenteurern in die Tat umgesetzt worden
sei. Sie ignoriert dabei die theoretischen Grundlagen, auf die
diese Abenteurer ihre Machtergreifung stützen, oder nimmt sie
nicht ernst. Der »Rassismus«, das wiedererweckte »Germanentum«, die Schaffung einer neuen Welt durch »rassenreine« Arier
wirken [auf Franzosen] wie geradezu lächerliche Ideen, auf die
man nicht allzu viel Zeit verschwenden sollte. Diese romantische
Pseudowissenschaft kann man natürlich einfach als nebulös und
kindisch abtun. Man muss aber wissen, dass die Anhänger Hitlers daran glauben. Man muss wissen, dass sie für die meisten
von ihnen das neue Evangelium darstellt. Und man muss wissen:
Einer der Gründe für Adolf Hitlers Erfolg ist gerade, dass er die
Deutschen nicht nur zur Änderung ihrer Politik aufgerufen, sondern ihnen zugleich eine Religion gepredigt hat, die ihr Verlangen nach Mystik befriedigt und damit die Quellen ihrer Begeisterung wieder sprudeln lässt.

Auch muss man wissen, dass der Nationalsozialismus seinen
Anhängern eine Philosophie der Welt, eine Erklärung der Geschichte, eine Moral und eine Ästhetik an die Hand gibt, die er
über die eigenen Landesgrenzen hinaus auch im Ausland umset-
zen will, denn er ist überzeugt davon, dass diese Ideologie ganz
Europa als Erneuerungsprinzip dienen und die Lösung seiner Probleme bescheren wird wie eine neue Reformation.

Die französische Öffentlichkeit täte deshalb gut daran, sich mit
Hitlers »Philosophie« auseinanderzusetzen; dies umso mehr, als
sie in verschiedenen Punkten die Sorgen widerspiegelt, die einen

Maurice Barrès antrieben oder die heute ein Charles Maurras deutlich macht.[10]

In der Kritik am demokratischen Individualismus und an den parlamentarischen Institutionen, in dem Versuch, einem autoritären Regime die Zustimmung des Volkes zu sichern, in der gewollten Befehlsgewalt des »Führers« und in der ihm entgegengebrachten Verehrung, im Konzept des Staates als Garant von Recht und Ordnung inmitten eines Gewirrs widerstreitender Interessen wird auch sie [die französische Öffentlichkeit] Probleme wiedererkennen, die ihr vertraut sind.

Hitlers Philosophie mag zwar den Franzosen wie eine kolossale, naive Ketzerei erscheinen, doch sollte man nicht vergessen, dass ihre Vorkämpfer fanatische, starke, disziplinierte, wohlorganisierte, kämpferische Männer sind, die fest an die Rechtmäßigkeit ihrer Sache glauben, und dass es gerade solche »Irrlehren« sind, die jahrhundertelang die Menschen auf unserem Kontinent dazu veranlassten, Krieg zu führen und sich gegenseitig abzuschlachten.

13. Juli 1933: Rundschreiben des Reichsinnenministers zum Geschichtsunterricht[11]

Die in diesem Rundschreiben erläuterten Ideen sind nicht alle neu. Der Minister pocht insbesondere auf die Vermittlung der Früh- und Vorgeschichte sowie der Geschichte des Mittelalters.

Die Schüler müssen wissen, dass ganz Nordeuropa bis weit über die Weichsel hinaus bis zur Völkerwanderung von Germanen besiedelt war, als die Slawen noch arme Sünder waren, die in den Sümpfen des Pripetz [Prypyat] hausten. Die Kinder lernen, dass die Gebiete östlich der Elbe nach der Völkerwanderung Zug um

---

[10] Beide französischen Schriftsteller und Publizisten engagierten sich politisch für die nationalistische Rechte in Frankreich.

[11] Berlin, Botschaft, A–425, Nr. 772, Kopie an die Dienststelle für französische Werke im Ausland, Nr. 20.

Zug von fremdrassigen Invasoren erobert wurden, aber auch, dass Deutschland im Mittelalter große Macht besaß, denn es war als erstes Volk Europas in der Lage, einen echten Staat zu bilden, während die anderen Völker sich noch in inneren Zwisten und Teilungen aufrieben. Die Geschichte, die Herr Frick den Kindern beibringen lassen will, ist nicht die Geschichte Deutschlands, sondern die der germanischen Rasse. Nach seinen Vorgaben sollen die Lehrer die engen Bindungen der Menschen im Deutschen Reich zu den Skandinaviern betonen. Zudem sollen sie ihren Schülern nahebringen, dass ein Drittel der Deutschen derzeit außerhalb der Reichsgrenzen lebt, und das Interesse der Jugend für diese Brüder im Exil wecken.

Rassentheorie und Nationalgedanke werden im Zentrum dieser neuen Schulbildung stehen. Am Beispiel des Mittelalters und der letzten 20 Jahre soll sie dem Heldenkult Vorschub leisten.

Das grandiose Epos des Ersten Weltkriegs, der heroische Kampf, den das deutsche Volk gegen eine Vielzahl von Feinden bestehen musste, die verhängnisvollen Machenschaften der revolutionären Elemente im Innern des Landes, die nach und nach die Widerstandskraft des Volkes zersetzten, die Demütigung Deutschlands durch das in Versailles auferlegte »Diktat«, das Scheitern der liberalen und marxistischen Theorien und das Erwachen des Volkes in der Zeit von der Ruhrkrise bis zur Bildung der deutschnationalen Regierungskoalition. [...]

31. Januar 1935: Rassenkunde im Schulunterricht[12]

Herr Rust[13] [...] will nun ein neues Kapitel aufschlagen und eine radikale Reform der Lehrpläne durchführen. Diese waren bisher

---

[12] Berlin, Botschaft, A-433, Nr. 131.

[13] Bernhard Rust (1883–1945), Lehrer, ab 1933 preußischer Bildungsminister und von 1934 bis 1945 Reichsminister für Wissenschaft, Erziehung und Volksbildung. Selbstmord nach Bekanntwerden der Kapitulation.

Sache der lokalen Behörden oder der Lehrerschaft selbst. Herr Rust hatte angeordnet, den Unterricht an die Prinzipien anzupassen, die dank der nationalsozialistischen Revolution in Deutschland triumphieren. Nun hält er es für erforderlich, das Problem nochmals mit strikteren Vorgaben für einen Rassenkundeunterricht in der Grundschule und an den Gymnasien anzugehen [...]. Der Rassenkundeunterricht soll nach Herrn Rusts Vorstellung dreierlei beinhalten: Er soll den Kindern eine Vorstellung von der Vererbungslehre vermitteln. Er soll ihnen verständlich machen, wie bedeutsam das Rassenproblem für das deutsche Volk und die deutsche Politik ist. Er soll an ihr Verantwortungsgefühl gegenüber der Volksgemeinschaft appellieren, sie stolz darauf machen, einem Volk anzugehören, das die nordische Tradition verkörpert, und ihre Bereitschaft zur Mitwirkung an der nationalen Wiedergeburt »unter dem Gesichtspunkt von Rasse und Blut« wecken. »Dieser schon in den ersten Klassen einsetzende Unterricht umfasst eine Erziehung des Denkens, Fühlens und Wollens. Künftig darf kein Kind von der Schule abgehen, bevor es nicht die ›Notwendigkeit der Reinhaltung der deutschen Rasse und der Wiederbelebung des germanischen Blutes‹ gelernt hat.« Herr Rust fordert die Lehrerschaft auf, sich nicht auf schöne Worte zu beschränken, sondern ihren Schülern mit einer wahrhaft nationalsozialistischen Lebensweise ein Vorbild zu sein [...]. Mitten im 20. Jahrhundert präsentiert sich Deutschland damit als anachronistisches Land, in dem die Juden von der Schulbildung ausgeschlossen sind oder, soweit sie teilnehmen dürfen, auf abseits stehenden Bänken sitzen müssen, damit ihre arischen Mitschüler nicht durch den Kontakt mit ihnen besudelt werden.

23. Oktober 1935: »Ehegesundheitsgesetz« und Eheverbot für Menschen mit »Erbkrankheiten«[14]

Der Ministerrat des Reiches hat in seiner Sitzung vom 18. Oktober ein Gesetz verabschiedet, das ein Verbot von Ehen ermöglicht, die

---

[14] Berlin, Botschaft, A–437, Nr. 1534.

als »unerwünscht« oder »schädlich« gelten, weil ein Ehepartner an einer ansteckenden oder erblichen Krankheit leidet.[15] Dieses Gesetz schreibt die Reihe von Verordnungen fort, die bereits zum Schutz und zur Reinerhaltung der Rasse erlassen wurden; es bezieht sich insbesondere auf das Sterilisationsgesetz[16] vom 14. Juli 1935 (vgl. mein Schreiben Nr. 837 vom 2. August 1933), denn beide verfolgen vorrangig dieselbe Absicht: die Fortpflanzung von Personen zu verhindern, die in körperlicher oder moralischer Hinsicht erblich vorbelastet sind. Nach dem, was man bisher über das neue Gesetz weiß, dessen Wortlaut noch nicht vollständig bekannt gegeben wurde, ist davon auszugehen, dass es einen deutlich größeren Anwendungsbereich haben wird. Den Presseerklärungen eines hohen Vertreters des Reichsinnenministeriums zufolge wird die Ehe insbesondere in folgenden Fällen als gesellschaftlich gefährlich eingestuft:

Es folgt eine Aufzählung der Fälle, in denen das Gesetz anwendbar sein wird.

Diese Liste ist, wie man sieht, recht umfangreich [...]. Klar offiziellen Vorgaben folgend, betont die Presse, das neue Gesetz strebe keineswegs restriktive Ziele an, sondern sei vielmehr konstruktiv, denn es gehe darum, dem Volk die Voraussetzungen für gesunden Nachwuchs nahezubringen. Bis diese Erziehung aber Früchte trage, seien vorbeugende Maßnahmen erforderlich. Dieses erzieherische Konzept, das sich auch in der Gründung von Beratungsstellen niederschlägt, ist typisch für die Methoden des Dritten Reichs, das seit der Machtergreifung bemüht ist, das deutsche Volk und sein Denken in jeder Hinsicht ganz für sich zu vereinnahmen. Wie zu erwarten, ist das Gesetz selbstverständlich von den theoretischen und praktischen Konzepten des Nationalsozialismus ge-

---

[15] Gesetz zum Schutze der Erbgesundheit des deutschen Volkes (Ehegesundheitsgesetz). A.d.Ü.
[16] Gesetz zur Verhütung erbkranken Nachwuchses. A.d.Ü.

141

prägt. Den Vordenkern der Bewegung zufolge ist alles, was die innersten Qualitäten eines Lebewesens ausmacht, in der Rasse verankert und nicht etwa im Individuum. Zum Beweis berufen sie sich auf moderne Erkenntnisse oder Hypothesen über die »Nichterblichkeit erworbener Eigenschaften« und ziehen daraus den Schluss, im Bereich der körperlichen und moralischen Hygiene könne nichts Tiefgreifendes und Dauerhaftes erreicht werden, sofern man nicht über das Individuum hinaus bei der Rasse ansetze. Hieraus ergibt sich die Vorstellung, die Rasse müsse gepflegt und geschützt werden wie ein Lebewesen. Die Rassenlehre stützt sich zudem auf Darwin und sein »Selektionsgesetz«, geht aber über die Thesen des Verfassers der *Entstehung der Arten* hinaus, denn sie gibt sich nicht mit einer »natürlichen Selektion« zufrieden, sondern propagiert die Notwendigkeit einer kontrollierten, gelenkten Selektion. Dies ist Ausdruck des »aktivistischen« Geistes des Nationalsozialismus, der sich in allen Bereichen weigert, sich von den Ereignissen mitreißen oder auch nur tragen zu lassen, sondern sich stattdessen berufen fühlt, Dinge selbst in die Hand zu nehmen und die Wirklichkeit aktiv zu gestalten. Die Bewegung ist in der Tat sehr populär und dynamisch, und gerade in Bezug auf ihren Rassismus stellt sie sich mit ihrem optimistischen Vorhaben, das auf einer noch in den Kinderschuhen steckenden Wissenschaft basiert, einem aristokratischen Pessimismus entgegen, dessen Lehrer Gobineau kaum noch an eine Chance zur Wiederbelebung der arischen Rasse glaubte. Wie dem auch sei – wir dürfen weder unterschätzen, wie viel Macht die Verbreitung dieser rassischen Bewegung besitzt, die den kühnen Experimenten einiger Staaten der nordamerikanischen Union ähnelt, noch die Ziele missdeuten, die sie hinsichtlich sozialer Hygiene und Prophylaxe anstrebt. Die Gesetze »zum Schutze der Volksgesundheit« bilden gewissermaßen die Kehrseite der Medaille, deren Schauseite die offizielle, intensive Förderung der Leibesertüchtigung ist, mit der schnell und wirkungsvoll Kraft, Vitalität, innere und äußere Dynamik des deutschen Volkes herausgebildet werden soll.

9. August 1937: Deutsch-französischer Sportwettkampf[17]

Christian Vaux de Saint-Cyr,[18] Botschaftsrat und Geschäftsträger des französischen Generalkonsulats in München, an Seine Exzellenz den Außenminister in Paris.

Mit Schreiben vom 31. Juli dieses Jahres machte mich Seine Exzellenz auf einen Wettkampf zwischen deutschen und französischen Sportlern am 8. August in München aufmerksam. Die deutschen Organisatoren hatten mich ebenfalls informiert und zu einem Empfang der Stadt München und zum Wettkampf eingeladen. An beiden Veranstaltungen habe ich teilgenommen.

Wieder einmal mussten unsere Landsleute eine Niederlage einstecken. Von den 15 Wettkämpfen gewannen sie nur einen (Stabhochsprung) und konnten lediglich 48 Punkte erzielen, während die deutschen Konkurrenten 103 einheimsten.

In den drei Jahren meines Aufenthalts in München habe ich, bis auf einmal bei einem Pferderennen, immer wieder Franzosen im sportlichen Wettstreit mit Deutschen unterliegen, teilweise sogar haushoch verlieren gesehen, wie im vergangenen Jahr im Fußball und nun in der Leichtathletik. Die Organisatoren der gestrigen Veranstaltung sagten mir, sie selbst hätten diesen Wettkampf angeregt. Mir ist klar, dass man der patriotischen Dimension solcher Wettkämpfe nicht zu viel Gewicht beimessen sollte, doch gibt es Grenzen. Unsere Landsleute sollten nicht mehr nach Deutschland kommen, wenn sie nicht wenigstens gewisse Erfolgschancen haben. Würde das Unterstaatssekretariat für Sport verhindern, dass sich französische Sportler ohne hinreichende Vorbereitung mit Deutschen messen, könnte man den Athleten und dem Vertreter Frankreichs ständige Demütigungen ersparen.

---

[17] Berlin, Botschaft, B-344, Dienststelle für französische Werke im Ausland, Abteilung Œuvres diverses, Nr. 16.

[18] Christian Carra de Vaux de Saint-Cyr (1888–1954), geistes- und rechtswissenschaftliches Studium, von 1919 an im diplomatischen Dienst tätig, u. a. in Berlin, München, Havanna, Helsinki und Stockholm; nach seiner Entlassung durch das Vichy-Regime 1942 Tätigkeit im Auftrag des franz. Oberkommandos in Algier und ab 1. Juni 1943 Gesandter des Komitees für die Nationale Befreiung (CFLN) in Stockholm; 1945–1951 Botschafter in Athen.

Abb. 7: Reichsparteitag der NDSAP in Nürnberg vom 8. bis 14. September 1936.
»Die in Nürnberg zusammengeströmten Massen sollten nach dem Willen der Organisatoren des Parteitags dieses Inbild des befreiten Deutschlands, der wiedererweckten Armee, der wiedererstarkten Macht als unvergesslichen Eindruck mit nach
Hause nehmen.«

Kapitel fünf
Propaganda und öffentliche Meinung

»Aber ich werde trotzdem eure Söhne haben!«

Faszination und Abscheu zugleich spiegeln sich auf den Hunderten, wenn nicht Tausenden Seiten zur NS-Propaganda, die von Berlin nach Paris gesandt wurden. Eine herausragende Rolle spielen darin die öffentlichen Großveranstaltungen; sie waren für die Gesandten am leichtesten zu beobachten, als ihre Informationsquellen nach und nach versiegten. Ebenso wenig fehlen all die Kundgebungen und Aufmärsche, die der Mobilisierung der Bevölkerung dienten. Nordische Feiern, Erntedankfeste, Reden von NS-Prominenz und von Hitler selbst strukturierten den Kalender des Regimes, vom Jahrestag der »Machtergreifung« [im Januar] bis zu dem des gescheiterten »Hitler«-Putsches (des sogenannten Bürgerbräu-Putsches) von 1923 am 9. November. Im September brachte der Nürnberger Parteitag das ganze Land aus dem Häuschen. Auch die Verhältnisse in den Arbeitslagern und die Kundgebungen der Hitlerjugend kommen in den Schilderungen vor. Zu vielen Ereignissen wurden die französischen Diplomaten sogar als Ehrengäste eingeladen und mussten sich mit Protokollfragen auseinandersetzen, etwa ob es sich um einen Staatsakt handelte, der eine offizielle diplomatische Vertretung erforderte, oder womöglich nur um eine Parteiveranstaltung. Neben den Schilderungen großer offizieller Ereignisse ver-

suchten die Diplomaten auch, die öffentliche Meinung einzuschät-
zen, soweit es ihre spärlichen Quellen zuließen. Sie berichteten über
Gespräche mit den wenigen hochrangigen Persönlichkeiten oder
Beobachtern, die bereit waren, den Franzosen Auskunft zu geben.
Sehr genau achtete die Botschaft auch auf die raren Anzeichen für
Dissens oder wenigstens Nonkonformismus. Die Berichte aus Ber-
lin schildern zwar die einhellige Begeisterung im deutschen Volk,
kommen aber auch zu der Erkenntnis, dass ein Teil davon dem Re-
gime durchaus skeptisch gegenüberstand, dabei jedoch trotz allem
völlig passiv blieb.

Obwohl die Mobilisierung der deutschen Bevölkerung konse-
quent voranschritt, waren Brüche erkennbar – wenn auch nicht
leicht zu deuten. André François-Poncet und seine Mitarbeiter
waren sich der Richtungswechsel in der Propaganda ebenso be-
wusst wie der unvermittelten Wellen, mit denen Strömungen vo-
randrängten, Fronten sich verhärteten, in Gewalt umschlugen. Was
sie beobachteten und schilderten, war die allmähliche Radikalisie-
rung des Regimes.

5. Juli 1933: Demonstrationen in Berlin für die Russlanddeutschen[1]

Seit einigen Tagen nimmt die deutsche Öffentlichkeit lebhaften
Anteil am Schicksal der deutschen Kolonien in Russland, deren
tragisches Geschick angesichts einer immer bedrohlicheren Hun-
gersnot die gesamte Presse dominiert. Die evangelische Kirche,
das Rote Kreuz und der Volksbund für das Deutschtum im Ausland haben sich der Sache angenommen. Eine landesweite Sammlung soll die Not der deutschen Brüder und Schwestern lindern.
Die Berliner Stelle des Volksbunds hat bereits eine Großveranstal-
tung durchgeführt, in deren Verlauf ihr Präsident unter Berufung
auf die unlängst beim Parteitag in Passau festgelegten Grund-

---

[1]   Berlin, Botschaft, A–424, Nr. 727.

sätze der Politik des »Volkstums«[2] erklärte, das Reich werde niemals Not leidende Angehörigen des deutschen Volkes im Stich lassen, ganz gleich, wer und wo auch immer sie sind. Anschließend zeichneten mehrere Redner ein düsteres Bild von der Misere der bis zu rund 100 000 deutschen Bauern, die an der Wolga, im Nordkaukasus oder in Sibirien unter der staatlichen Kollektivierung leiden und vom Hungertod bedroht sind. Weitere öffentliche Veranstaltungen sollen folgen, allen voran eine Massenkundgebung am kommenden Freitag, dem 7. Juli, im Berliner Lustgarten.[3] Für diese Ereignisse werben an den Litfaßsäulen bereits Plakate mit dem anrührenden Bild eines hungernden russlanddeutschen Kindes. Der offizielle oder offiziöse Charakter solcher Wohltätigkeitsveranstaltungen lässt erkennen, wie stark sich die Einstellung zum deutsch-russischen Verhältnis innerhalb weniger Monate gewandelt hat. Zugleich aber zeigt sich, in welche Widersprüche Deutschland sich mit Hitlers Methoden im Hinblick auf ausländische Mächte verstricken kann.

Denn die Menschen in der Sowjetunion leiden nicht zum ersten Mal schreckliche Not. Bisher jedoch hatte Deutschland es diesbezüglich immer vorgezogen, sich vorsichtshalber in Schweigen zu hüllen. Diesmal hingegen mochte sich Herr Goebbels die günstige Gelegenheit nicht entgehen lassen, um ostentativ die Fürsorge der nationalsozialistischen Regierung hervorzuheben, die sich sogar auf die Zweige des deutschen Volkes erstreckt, die sich geografisch am weitesten und historisch am längsten vom Stamm wegbewegt haben. Zudem nutzte er die Gunst der Stunde, um das Versagen des marxistischen Regimes zu geißeln. Dabei focht ihn nicht einen Augenblick der Gedanke an, dass die sowjetische Regierung über eine so polternde Propaganda verärgert sein könnte – und das in einer Phase, in der die deutsche Indus-

---

[2] Der Nationalsozialismus verquickte das Konzept des Volkstums, das ursprünglich eine Sprachgemeinschaft bezeichnete, mit seiner Rassenlehre.

[3] Die Grünanlage auf der Berliner Museumsinsel vor dem Alten Museum diente im »Dritten Reich« als Schauplatz für Kundgebungen und Paraden.

trie auf eine Wiederaufnahme der Wirtschaftsbeziehungen zu Russland in besonderem Maße angewiesen ist, Herr Litwinow[4] in London aber schon über diverse Ostverträge[5] verhandelt, deren Bekanntwerden in Berlin für Aufruhr und Verbitterung gesorgt hat. Ein derart verwunderlicher Leichtsinn spiegelt wider, welches Chaos sich in der Außenpolitik des Dritten Reichs breitgemacht hat.

13. Juni 1934: Feldzug gegen Miesmacher und »Kritikaster«[6]
In seiner großen Rede am 1. Mai in Tempelhof, in der er Schwächlinge, Feiglinge und Schwarzseher geißelte, hatte Reichskanzler Hitler bekanntlich angekündigt, dass eine Reihe von Kundgebungen stattfinden werde, um die ermüdete Begeisterung wieder anzukurbeln, die heimtückischen Aktivitäten der Regimegegner zu bekämpfen und die letzten Zauderer zum Nationalsozialismus zu bekehren. Diese Kampagne wurde nun eingeleitet. Überall im Land verbreitet die nationalsozialistische Prominenz in flammenden Reden die frohe Botschaft, um diejenigen Bevölkerungsteile aufzurütteln, die bisher eher zum Schlummern oder Verzagen neigten. Nur sehr wenige dieser Veranstaltungen sind einer Erwähnung wert. Das stets gleiche Thema lautet: Nieder mit den Miesmachern und »Kritikastern«. Es stimmt zwar, dass das nationalsozialistische Regime noch viele Probleme meistern muss, doch hat nicht Hitler selbst das Volk um eine vierjährige Bewährungsfrist gebeten? Bis jetzt ist es noch kein Jahr her, seit der Nationalsozialismus die gesamte Macht auf sich vereinigt hat.

Eine der aufschlussreichsten Reden hielt Goebbels am 7. Juni in Gleiwitz vor über 30 000 Zuhörern. Anfangs zeichnete er ein düs-

---

[4] Maxim Litwinow (1876–1951), 1930–1939 sowjetischer Volkskommissar für auswärtige Angelegenheiten.
[5] Mit Frankreich und Großbritannien geschlossene Verträge, mit denen die Sowjetunion Deutschland in Schach zu halten versuchte.
[6] Berlin, Botschaft, A–430, Nr. 909.

teres Bild von Deutschland, wie es die Nationalsozialisten bei der Machtübernahme vorgefunden hätten, und ging dann sarkastisch auf die Krittler und Unzufriedenen ein.

Diese Herrschaften mit wohlklingenden Namen und ansehnlichen Vermögen sind es, so Goebbels, die unbeeindruckt vom Unglück des Landes jahrelang glaubten, sie könnten nach dem Krieg einfach so weiterleben wie zuvor. Als ihnen aber klar wurde, dass sie das Volk nicht mehr aus seinem Elend befreien konnten, riefen sie lauthals nach uns. Das sind die Kritikaster. Und während wir uns Tag und Nacht den Kopf über die schwierigsten Probleme zerbrechen, hocken diese Verbrecher gemütlich an Wirtshaustischen und erlauben sich, unsere Arbeit zu sabotieren. Es sind dieselben Herren, die im Krieg beim Bier saßen und Wetten abschlossen, aber von akutem Rheumatismus befallen waren, wenn ihr Einberufungsbefehl ins Haus flatterte. Diese Herren sind sich zu fein, mit der SA mitzumarschieren, aber sie stehen gern am Straßenrand und notieren jeden Fehler, jede Entgleisung. Als die deutsche Revolution ausbrach, verkrochen sie sich daheim wie Mäuse in ihren Löchern.[7] Und heute reißen sie wieder die »Schnauze« auf.

10. Juli 1934: Die dramatischen Ereignisse des 30. Juni[8]

Es geht um die »Nacht der langen Messer«, in der Hitler und seine Vertrauten nach dem angeblichen Röhm-Putsch rund 100 hochrangige Vertreter ihrer eigenen, aber auch der Deutschnationalen Partei ermorden ließen. Angeblich war Hitler davon überzeugt, ein von Ernst Röhm vorbereiteter Staatsstreich stehe unmittelbar bevor, obwohl dies nicht den Tatsachen entsprach. Es herrscht

---

[7] Der Feldzug gegen die »Miesmacher« und »Kritikaster« schlug nach Kriegsausbruch in eine Politik massiver Repression um. Mithilfe des »Heimtückegesetzes« konnten Regimekritiker und Defätisten verhaftet, interniert und in manchen Fällen sogar zum Tode verurteilt werden.

[8] Berlin, Botschaft, A–430, Nr. 1021.

*große politische Ungewissheit. Wird sich das Regime halten? Die
Depesche schließt mit den Worten:*

Den gestrigen Abend verbrachte ich in Gesellschaft des britischen Botschafters im großen Garten einer Gaststätte in Tiergarten. Über 5000 Gäste drängten sich dort unter den Bäumen um
die Tischchen, aßen und tranken offensichtlich mit Freude und
Genuss. Zu den Klängen einer Blaskapelle drehten sich Hunderte
Paare auf der riesigen Tanzfläche. Unbeschwertheit, Desinter-
esse, Zufriedenheit mit dem eigenen Los waren in den Gesichtern
zu lesen. Mein britischer Kollege und ich fragten uns:»Wo liegt
die Wahrheit? Wohin strebt Deutschland? Vielleicht geht die
Taktik des Kanzlers und seiner [...], über den blutigen Spuren des
30. Juni so rasch wie möglich den Mantel des Vergessens auszu-
breiten, ja womöglich doch noch auf?«

**4. Januar 1935: Deutsche Meinungen zur politischen und
wirtschaftlichen Lage[9]**
Einer meiner Mitarbeiter hatte kürzlich Gelegenheit zu einem
Gespräch mit Baron X, einem recht bekannten Berliner Geschäftsmann und vor allem Großaktionär einer der wichtigsten
Versicherungsgesellschaften Deutschlands, sowie einem Direktor der Dresdner Bank.

Besonders die Ausführungen von Baron X erschienen meinem
Mitarbeiter sehr aufschlussreich.

Über die Methoden und die Zukunft von Hitlers Regime, für
das er nicht die geringsten Sympathien hegt, hatte sich Baron X
bisher immer voller Misstrauen und Sorge geäußert, insbesondere seit dem Rücktritt von Wirtschaftsminister Schmidt[10] im
letzten Sommer. In der erwähnten Unterhaltung schien sich seine
Haltung allerdings erstaunlich gewandelt zu haben. Insbesondere

---

[9] Berlin, Botschaft, A–433, Nr. 8.
[10] Richtig: Kurt Schmitt (1886–1950), Reichswirtschaftsminister von Juni 1933 bis
August 1934. A.d.Ü.

legte er in Bezug auf die Konjunkturlage des Reichs nun einen Optimismus an den Tag, der bei aller Relativierung seinerseits in keiner Weise mit den Ansichten vereinbar war, die er noch unlängst vertreten hatte.

Nach Meinung des Barons, der sich der Direktor der Dresdner Bank vorbehaltlos anschloss, hat sich die Lage zum Jahresende 1934 als eindeutig besser erwiesen als zum gleichen Zeitpunkt im Jahr davor. Die meisten Unternehmen hätten Umsatzsteigerungen von 20, 25 und 30 Prozent gegenüber dem Vorjahr verzeichnet. Auch das Weihnachtsgeschäft habe einen vergleichbaren Zuwachs gezeigt. Und obschon sich zweifellos die Lage bei Weitem noch nicht ganz normalisiert habe und die Zukunft viele Schwierigkeiten in sich berge, sei immerhin die noch 1933 vorhandene Ungewissheit beseitigt: Man verfüge nun über klarere Richtlinien, habe große Fortschritte in Richtung einer Normalisierung gemacht, und unbestreitbar kehre das Vertrauen vielerorts allmählich zurück.

Wie die beiden genannten Persönlichkeiten ohne Weiteres einräumten, wurde der von ihnen festgestellte relative Wohlstand zum guten Teil künstlich erzeugt. Die vermehrte Kauflust erklärt sich möglicherweise durch mangelndes Vertrauen in die Stabilität der Mark. Vor allem aber sahen sie sehr wohl die Gefahren, die ein allzu starker Binnenmarkt für die deutsche Wirtschaft mit sich brächte, da dieser einem Land, das in erster Linie auf Exporte angewiesen ist, zu wenig Spielraum böte.

Dennoch sei es immerhin eine beachtliche Leistung, dass man nun einen Wiederaufschwung erkennen könne. Für Deutschland sei es zum jetzigen Zeitpunkt entscheidend, dass diese günstigere Konjunktur vorerst aufrechterhalten bleibe, damit es ohne weitere Erschütterungen in Ruhe abwarten könne, bis sich die Lage in Europa und der Welt verbessert hat und in Deutschland wieder Normalität einkehrt. Baron X und der Direktor der Dresdner Bank waren jedoch der einhelligen Meinung, dies sei keineswegs ausgeschlossen und Deutschland könne unter den gegebenen Voraussetzungen vielleicht noch zwei Jahre durchhalten.

Dieser Optimismus verschleierte natürlich keineswegs ihren Blick für den Ernst der Lage in der Rohstoffbeschaffung. Eine Krise sei vor allem bei Fetten und Textilien zu befürchten. Das derzeitige Exportniveau, die im Ausland noch verfügbaren Mittel, selbst die jederzeit möglichen Kompensierungsmaßnahmen – all das reiche nicht aus, um den unverzichtbaren Bedarf der deutschen Wirtschaft zu decken. Um diese zu sanieren und wieder in Schwung zu bringen, seien weiterhin mehr oder weniger kurzfristige Kredite erforderlich, doch derzeit sei nur England sowohl imstande als wohl auch bereit, diese zu bewilligen, würde im Gegenzug allerdings gewisse Zugeständnisse erwarten.

»Deshalb muss die Politik«, so der Direktor der Dresdner Bank, »den Schlüssel zum Wirtschaftsproblem liefern, das Dr. Schacht[11] zu lösen versucht. Das jedenfalls ist derzeit offenbar die vorherrschende Meinung in gewissen Regierungskreisen und in großen Teilen der Öffentlichkeit. Dort glaubt man, die aktuellen Probleme Deutschlands seien nur durch eine Annäherung an Frankreich zu lösen.« Man geht davon aus, dass der Volksentscheid im Saargebiet das Signal für diese Entspannung geben könnte, die alle für dringend erforderlich halten.[12] Die nationalsozialistische Regierung bemüht sich, diese Überzeugung aufrechtzuerhalten, auch wenn sie selbst sie nur zum Teil vertritt. Nur wer mit der internationalen Lage besser vertraut ist, erkennt, dass entscheidend die Frage der Abrüstung ist. Das Aufsehen, das man mit der Angliederung des Saargebiets an das Reich erregen will, soll Hitler

---

[11] Hjalmar Schacht (1877–1970), deutscher Bankier, 1923–1930 und 1933–1939 Reichsbankpräsident. 1934–1937 auch Wirtschaftsminister. 1930 Beitritt zur NSDAP. Unterstützer der Harzburger Front. Schacht prägte die Geldpolitik des »Dritten Reichs« in den Dreißigerjahren, beschaffte über ein geschicktes System von Wechselkrediten (»Mefo-Wechseln«) Darlehen für Wiederaufrüstung und Großprojekte. Versuchte unter wirtschaftlichen Aspekten die Enteignung jüdischer Unternehmen zu beschränken. Im Nürnberger Prozess freigesprochen, jedoch von einem deutschen Gericht später zu acht Jahren Haft verurteilt.

[12] Das Saarland stand gemäß Versailler Vertrag als »Saargebiet« 15 Jahre lang unter Völkerbundmandat. Beim Referendum am 13. Januar 1935 stimmten 90,3 Prozent der Saarländer für die Wiederangliederung an das Deutsche Reich.

Gelegenheit zu einem erneuten Friedensangebot geben und vielleicht die Möglichkeit verschaffen, dem deutschen Volk Zugeständnisse schmackhaft zu machen, die, wenn vielleicht auch zeitlich befristet, nach Meinung von Herrn Schacht zum Wohle des Reichs unverzichtbar sind. Bei der Frage, innerhalb welcher Grenzen diese erfolgen könnten, spielen primär vier Faktoren eine Rolle: die mehr oder weniger große Dringlichkeit der Kredite, die von der Reichswehr genannten technischen Erfordernisse, die Haltung Frankreichs und vor allem die Offenheit oder Sturheit Englands, das in diesem Fall die »Schlüsselrolle« einnimmt.

1. Mai 1935: Die zunehmende Radikalisierung des Regimes[13]

Schon seit einigen Wochen kursiert in gut unterrichteten Berliner Kreisen das Gerücht, die Ruhe in der Innenpolitik des Reichs sei nur vorgeschoben und die Mäßigung, der sich die führenden Nationalsozialisten jüngst befleißigten, nur vorübergehend. Nach der Waffenruhe über Ostern werde es wieder kämpferischer zugehen, Hitlers Haltung werde sich radikalisieren. Vor allem die Juden äußerten die Befürchtung, sie würden mit neuerlichen Maßnahmen endgültig aus der Volksgemeinschaft ausgeschlossen. Die Ereignisse der letzten Tage beweisen, wie aktuell diese Prognosen waren. Unmittelbar im Anschluss an die Ostertage verdichteten sich die Hinweise auf einen neuen Kreuzzug gegen die Gegner des Dritten Reichs und auf eine verstärkte Rückbesinnung des Regimes auf die von ihren Vordenkern entworfenen Theorien. Ihre Schriften und Kundgebungen lassen diese Politik klar erkennen. Der katholische Klerus und die evangelischen Pastoren wurden erneut zur Zielscheibe von Demütigungen und Gewalt seitens der Polizei. Eine Verordnung vom 24. April verbietet die Kirchenblätter. Die neopagane Bewegung verstärkt ihre Propaganda. Es wurden weitere, noch schärfere Judengesetze erlassen.

---

[13] Berlin, Botschaft, A–435, Nr. 555.

Verhaftungen katholischer Priester sind nichts Neues, erfolgen aber seit einiger Zeit wieder gehäuft. Der Superior des Dominikanerordens in Deutschland und sein Koadjutor wurden wegen angeblichen Verstoßes gegen das Devisengesetz festgenommen und sind noch immer im Gefängnis. Unter demselben Vorwand wurden auch die Vorsteher mehrerer rheinischer Klöster inhaftiert. Ein katholischer Priester namens Dobbstein wurde am 18. April in Allenstein in Ostpreußen verhaftet. Der Rostocker Pfarrer Leffers wurde zu eineinhalb Jahren Gefängnis verurteilt, weil er sich erlaubt hatte, Kritik am Buch Alfred Rosenbergs zu üben, und zwar in Gegenwart von drei Studenten, die ihn eigens nach seiner Meinung über diese Publikation gefragt hatten. Als die Wochenzeitung des Bistums Berlin in ihrer Osterausgabe gegen Leffers' Verhaftung protestierte, wurde die Auflage konfisziert. Ebenso erging es der Ausgabe vom 27. April des vom Bistum Trier herausgegebenen *Paulinusblatts*. Am 24. April wurden vier sächsische Ordensgeistliche wegen Verstoßes gegen das Devisengesetz verhaftet. Noch häufiger kam es zu Festnahmen unter den Vertretern der Bekennenden Kirche.[14] Zwar sind nur wenige davon der Presse eine Meldung wert, doch vergeht kaum ein Tag, an dem nicht irgendwo in Deutschland ein Gegner des Reichsbischofs[15] wegen allzu freimütiger Aussagen von der Geheimpolizei verhaftet und mehr oder weniger lange festgehalten wird. Am 26. April wurden in Berlin drei Pfarrer festgenommen, weil sie sich gegen die Ideen von Herrn Rosenberg ausgesprochen hatten. Am 27. wurden bei einer Durchsuchung der Kirche von Pastor Niemöller[16] in Berlin-Dahlem Unterlagen beschlagnahmt. Zwei der Kirche verbundene Laien wurden festgenommen. Am 28. fand

---

[14] Von Martin Niemöller gegründete dissidente Kirche.
[15] Ludwig Müller vertrat als evangelischer Reichsbischof die »Deutschen Christen«.
[16] Martin Niemöller (1892–1984), evangelischer Pastor (ordiniert 1924), sprach sich gegen die Anwendung des Arierparagrafen aus. Gründete im Mai 1924 als Reaktion auf die Vereinnahmung der evangelischen Kirche durch die »Deutschen Christen« die regimekritische Bekennende Kirche. Predigte trotz Amts-

in Sachsen eine große Säuberungsaktion statt. Ungeachtet der Proteste der evangelischen Gemeinden beim sächsischen Innenministerium wurden 19 Pfarrer im Konzentrationslager Sachsenburg[17] interniert. Am 29. wurde Dr. Winkler, Pressechef der Bekennenden Kirche, wegen angeblicher Beziehungen zu ausländischen Journalisten angeklagt und in Berlin inhaftiert. Nach vorsichtigsten Schätzungen sitzen derzeit über 40 Pfarrer in Konzentrationslagern ein.

Zudem hat, wie wir erfuhren, der Herr [Reichs-]Statthalter von Württemberg den monatlichen Zuschuss für die evangelische Kirche um 55 Reichsmark gekürzt. Das Oberhaupt dieser Landeskirche ist jedoch niemand anderes als Hochwürden Wurm, der vom Regime abgesetzt wurde, weil er sich weigerte, den Reichsbischof anzuerkennen, und nur auf Druck der Gläubigen in seinem Bistum wieder eingesetzt wurde. Am 26. hatte Herr Marehens, Bischof von Hannover,[18] eine Unterredung mit Reichsinnenminister Frick, die jedoch fruchtlos verlief. Im Anschluss daran verzichtete die Bekennende Kirche auf die Einberufung ihrer Synode, weil sie fürchtete, die Regierung werde die Gelegenheit nutzen, um ihre Hauptvertreter festzunehmen.

Dass die Kritik am Buch von Herrn Rosenberg bei diesen polizeilichen Maßnahmen erstmals als Vergehen eingestuft wurde, ist bemerkenswert, denn in derselben Woche gab es im Berliner Sportpalast eine große neopagane Veranstaltung unter dem Vorsitz von Graf von Reventlow und Professor Hauer[19] (vgl. meine Depesche

---

enthebung weiter. Er wurde 1937 verhaftet und überlebte acht Jahre in Konzentrationslagern. Nach 1945 aktiver Pazifist.

[17] Eines der ersten Konzentrationslager im Deutschen Reich, gebaut ab Mai 1933 in Frankenberg (Sachsen). Bei der Schließung 1937 wurden die Häftlinge nach Buchenwald überstellt.

[18] Gemeint ist wohl Joseph Godehard Machens, der von 1934 bis 1956 Bischof von Hildesheim war. Das Dekanat Hannover gehört(e) zum Bistum Hildesheim. A.d.Ü.

[19] Jakob Hauer (1881–1962), Indologe und Religionswissenschaftler, Lehrstuhl in Tübingen. Schloss sich 1933 den Nationalsozialisten an und gehörte diversen NS-Organisationen an, u. a. dem NS-Dozentenbund und der SS-Forschungsge-

Nr. 3045 vom 30. April), ohne jeden Zweifel auf Betreiben der Regierung. Man weiß, dass als Ordnungsdienst SS-Männer im Einsatz waren und den Männern von Hitlers Leibwache die Teilnahme befohlen worden war. Offensichtlich stößt die Idee einer germanischen Volkskirche beim Regime wieder auf offene Ohren [...].

24. Juli 1935: Die Ferienlager der Hitlerjugend[20]
Die Schulferien bieten der Partei Gelegenheit, ihren Einfluss auf die deutsche Jugend noch weiter zu vertiefen. Mehrere Wochen lang lernen die Kinder das Lagerleben kennen. An Meeresstränden und Seeufern überall in Deutschland werden Zelte für über 100 000 jugendliche Mitglieder der Hitlerjugend aufgeschlagen.

Das Lager ist im Wesentlichen eine Schule für Hitlers Ideologie. Es bildet eine Insel, auf der keine äußeren Einflüsse Fuß fassen können. Weder die Familie noch die Religion haben dort Zutritt. Der Nationalsozialismus beherrscht das ganze Terrain und führt dort unangefochten das Regiment. In diesem Rahmen wird das Gedankengut des nationalsozialistischen Credos auf beispiellose Weise in die Praxis umgesetzt.

Den meisten Raum nehmen Leibesertüchtigungen, Märsche und sportliche Aktivitäten ein, vor allem das Schwimmen. Die Rassenlehre dominiert auch in dieser Phase der Erziehung. Der arische Mensch, der Heros, wird in diesem Lager geformt, bei frischer Luft und Sonnenschein.

Vermittelt wird auch die Vorstellung von einer Volksgemeinschaft. Sie liegt dem Kameradschaftsgeist unter den jungen Leuten zugrunde. Im Zelt werden, mehr als irgendwo sonst, alle Unterschiede hinsichtlich Vermögen, gesellschaftlicher Stellung und Bildung bedeutungslos.

In mancher Hinsicht ähneln die Zeltlager auch Kasernen. Selbst in seiner Freizeit ist der Deutsche gern Soldat. Es gibt eine

---

meinschaft Ahnenerbe. Bemühte sich um die Verschmelzung indoarischer und nationalsozialistischer Mythen.
[20] Berlin, Botschaft, A-437, Nr. 2072.

komplexe Führungshierarchie, strikte Disziplin, es gilt einen Posten zu verteidigen.

Wesentlicher Punkt des Tagesprogramms sind die Vorträge, denen die Hitlerjungen lauschen müssen. Sie drehen sich ausschließlich um die Geschichte der nationalsozialistischen Bewegung und erläutern deren Ideologie.

Außerdem spielt die Natur, wie wir wissen, eine wichtige Rolle für Hitlers Mystik. Das Lagerleben ist natürlich wie geschaffen für einen Kult, der nach den Vorstellungen eines Rosenberg oder eines Baldur von Schirar[21] das Christentum einst ablösen soll.

In diesem Jahr allerdings stehen für das Regime diese Überlegungen augenscheinlich nicht im Vordergrund. Zum ersten Mal sind junge Deutsche aus dem Ausland mit von der Partie und mischen sich unter ihre im Reich heimischen Kameraden. Zu Tausenden, so versichert der *Völkische Beobachter*, sind sie aus allen Teilen der Welt gekommen: »aus Skandinavien, Chile, Argentinien, Uruguay, Brasilien, Afrika, Fernost [...]«. Sie gehören ausländischen Gruppierungen der Hitlerjugend oder befreundeten Verbänden an. Endlich werden sie mit eigenen Augen das neue Deutschland, das regenerierte Deutschland sehen, das man ihnen so oft verzerrt dargestellt hat. Das Ferienlager wird damit über die Reichsgrenzen hinaus zum Propagandainstrument für den Nationalsozialismus. Die Berliner Presse bestreitet dies keineswegs, sondern nutzt es in begeisterten Artikeln im *Völkischen Beobachter* und der *Deutschen Allgemeinen Zeitung* unter der Schlagzeile »Welttreffen der Hitlerjugend«.

Alles wurde aufgeboten, damit diese jungen Menschen einen starken, lange nachwirkenden Eindruck von Deutschland mit nach Hause nehmen. Untergebracht werden alle in einem Modell-Lager in Kuhlmühle bei Rheinberg an der Grenze zwischen Brandenburg und Mecklenburg. Die Organisationen von Partei

---

[21] Richtig: Baldur von Schirach (1907–1974), als Reichsjugendführer Leiter u. a. der HJ, Gauleiter von Wien, wurde im Hauptkriegsverbrecherprozess zu 20 Jahren Haft verurteilt.

und Staat wirken bei der Errichtung dieses Lagers mit. Wochenlang war der Reichsarbeitsdienst vor Ort und baute eine zwei Kilometer lange Straße und verlegte Wasserleitungen. Der Technische Dienst Berlin installierte die Anlage für die drahtlose Telegrafie. Die Reichspost richtete im Lager ein Postamt ein und gab Sonderbriefmarken zu 6 und 15 Pfennig heraus. Die Partei stellt den Hilfszug Bayern zur Verfügung, eine gewaltige, perfekt funktionierende rollende Feldküche, die nur bei Großveranstaltungen wie den Reichsparteitagen zum Einsatz kommt. Die Jugendlichen der Marine-Hitlerjugend sind in einem separaten Barackenlager untergebracht. Der Hügel, auf dem hoch über dem Lager neben den Fahnen des Dritten Reichs die Flaggen von 50 Nationen im Wind flattern, wurde pompös in »Berg der Völker« umbenannt. Etwas weiter erhebt sich ein schlichtes Steindenkmal zur Erinnerung an die Toten der Hitlerjugend, vor dem jeweils zwei Kinder als Ehrenwache postiert sind. In einem Freilufttheater, dessen Name Thingplatz[22] an die Blutsgemeinschaft zwischen der deutschen und der skandinavischen Rasse erinnern soll, finden Vorträge und Aufführungen statt.

All das lässt ermessen, welche Anstrengungen das nationalsozialistische Deutschland macht, um über die Reichsjugend die ausländische Jugend zu erreichen. Es sucht den Kontakt und streckt die Fühler aus, um sie für sich zu gewinnen. Ob Journalisten, Kriegsveteranen, junge Leute – alle werden aufgeboten, um die Gäste zu umgarnen. Was will Deutschland damit erreichen? Seine Führer lassen sich offenbar von zwei Grundgedanken leiten, die uns unvereinbar erscheinen, sich aber aus deutscher Sicht nicht wechselseitig ausschließen. Alle Zeitungen sehen im Zeltlager Kuhlmühle einen zukünftigen Völkerbund heranreifen. Sie betonen die Vorzüge von Gemeinschaft und Zusammenarbeit, die eine künftige Annährung zwischen den Völkern vorbereiten und begünstigen sollen. Nach ihrer Darstellung

---

[22] In Island und Skandinavien war das Thing die Volksversammlung der freien Männer.

setzt sich das Dritte Reich mit einer solchen Initiative wieder einmal an die Spitze der Völker, die Frieden wollen und sich für
seine Verwirklichung einsetzen. Doch bei aller Begeisterung, mit
der über das Treffen berichtet wird, verliert die deutsche Presse
nie den Pangermanismus aus dem Blick. Die ausländischen Jugendlichen nennt sie »unsere Kinder«. [...] Deutschland steht
dem Völkerbund nicht ablehnend gegenüber – vorausgesetzt,
dieser wird germanisiert und von ihm selbst geprägt.

Gewisse Fragen lassen die Berichte der Korrespondenten, die
vor Ort das Lager besichtigten, allerdings im Dunkeln. Unklar
ist beispielsweise, welche Staatsangehörigkeit die aus dem Ausland angereisten Jugendlichen haben: Sind es Deutsche, die sich
im Rahmen ihrer Ausbildung oder beruflich im Ausland aufhalten? In diesem Fall wäre es jedoch nur schwerlich zu erklären,
warum man auf dem »Berg der Nationen« die Fahnen von Staaten hisst, deren Bürger sie gar nicht sind. Oder sind diese aus
dem Ausland zum Zeltlager Kuhlmühle angereisten Deutschen
allesamt Angehörige deutscher Minderheiten, zugleich aber
Tschechen, Spanier oder Brasilianer? Man weiß es nicht. Genauso wenig weiß man, wie viele es wirklich sind, denn genaue
Zahlen wurden nicht bekannt gegeben. Der *Völkische Beobachter* gibt in seiner Ausgabe vom 23. Juli an, es seien noch viele
[junge Leute] unterwegs, teilt aber zugleich mit, das Zeltlager
finde vom 14. bis zum 31. Juli statt. Insofern stellt sich die Frage,
ob die Äußerungen des Regimes zu diesem Welttreffen der Hitlerjugend nicht zum Teil Bluff sind. [...]

7. August 1935: Die Offensive der NSDAP. Innenpolitische Probleme des Regimes[23]

[...] Augenscheinlich jedenfalls hat sich der revolutionären Welle,
die seit drei Wochen über Deutschland hinweggrollt, noch nichts
in den Weg gestellt.

---

[23] Berlin, Botschaft, A-437, Nr. 1146.

Die Juden sind völlig verängstigt. Sie haben nur noch einen Gedanken: aus einem Land zu fliehen, das sie für Aussätzige hält und auch so behandelt. Schon jetzt sehen die Konsulate erste Anzeichen für diese neue Massenflucht.[24]

Dr. Schacht steht den Klagen der jüdischen Kaufleute offenbar gleichgültig gegenüber. Mit aufgesetztem Lächeln und unverbindlichen Worten empfiehlt er einfach beiden Seiten, die aktuellen Schwierigkeiten nicht noch zu verschärfen. Vorerst verbringt er seinen Urlaub im Gefolge des Führers in den Bergen und besichtigt mit ihm gemeinsam die Autobahn, die demnächst die bayerischen Alpen erklimmen soll. Der Stahlhelm wartet derweil ergeben auf das Urteil über sein weiteres Schicksal. Nach General Mackensens Geste[25] gibt man sich keiner Illusion mehr hin, was eine Unterstützung bei der Reichswehr betrifft. Anstatt sich der Partei zu widersetzen, hat die Armee in Person ihres Oberkommandierenden nämlich gerade wieder ihre Treue dem Führer gegenüber bekräftigt: Mit Befehl vom 2. August wies General von Blomberg die Soldaten an, vor führenden Parteipolitikern zu salutieren. Die *Nationalsozialistische Korrespondenz*[26] unterstrich ausdrücklich den Symbolwert dieser Anordnung: »Der Soldat zeigt damit auch äußerlich, dass er Nationalsozialist ist«, heißt es darin, »und sich den Führern der Bewegung in Kameradschaft verbunden fühlt. Die politischen Führer als entscheidendes Element des Volkslebens be-

---

[24] Ab Juni 1935 kam es in Berlin zu einer Reihe von Angriffen auf jüdische Passanten durch Hitlerjungen. Am 15. Juli 1935 erfolgten solche Attacken auf dem Kurfürstendamm, der Einkaufsmeile im Westen Berlins; Auslöser war offenbar, dass die Aufführungen eines antisemitischen schwedischen Films in einem örtlichen Kino von jüdischen Zuschauern gestört worden waren.

[25] August von Mackensen (1849–1945), im Ersten Weltkrieg General, quittierte 1920 seinen Dienst. Führende Nationalsozialisten nutzten seine Bekanntheit, um sich bei Gedenkfeiern mit ihm zu schmücken. Im August 1935 zog er sich aus dem Stahlhelm zurück.

[26] Richtig: Nationalsozialistische Parteikorrespondenz; Pressedienst der NSDAP, den ab 1933 alle deutschen Zeitungen beziehen mussten. A.d.Ü.

grüßen ihrerseits in der Wehrmacht die Garantin des von ihnen verfolgten Ideals.«

Nur bei den Katholiken stoßen die Nationalsozialisten auf Widerstand, der sie umso mehr verärgert, als er ihre Vorstöße behindert, sodass sie auf die Polizei zurückgreifen müssen, um den Kampf aufrechtzuerhalten und das ganze Volk hinter sich zu versammeln.

Bei genauem Hinsehen fordert eine Riege mimosenhafter, machtgieriger, stolzgeschwellter Führungskräfte die bedingungslose Herrschaft über Land und Volk; sie behauptet, ihr gehöre die Zukunft, und setzt brutal ihren Willen durch, all jene zu zerschmettern, die es wagen sollten, sich ihren Vorstellungen nicht vorbehaltlos zu unterwerfen. Dass die Kirche sich davon nicht beeindrucken lässt, empfinden die Nazis als Frechheit. Der Kirche ist klar, wie viel auf dem Spiel steht. Der Kampf ist nicht nur auf politischer Ebene entbrannt, wie die Nationalsozialisten behaupten. Die Tatsache, dass Hitlers Staat den ganzen Menschen mit Leib und Seele für sich beansprucht, verlagert den Kampf auf eine spirituelle Ebene. Die Kirche wird in ihrem eigenen Territorium angegriffen. Und das weiß sie. Sie sagt es laut. Sie erklärt öffentlich, das Christentum selbst stehe auf dem Spiel.»Den Nazis«, schreibt das Berliner Bistumsblatt in seiner letzten Ausgabe, »geht es nicht mehr darum, dem christlichen Glauben einen neuen Glauben zur Seite zu stellen. Was die Nationalsozialisten wollen, ist die Ausrottung des Christentums und seine Ersetzung durch eine heidnische Doktrin, eine mehr oder weniger verschwommene Religion, den Glauben an den Wert von Rasse, Blut und Boden. Um diesen neuen Glauben der Jugend einzuimpfen, will man uns die Kinder entreißen.« […]

19. Februar 1936: Die Lage der katholischen Kirche. Erneute antiklerikale Säuberungswellen[27]

Nach der Fuldaer Bischofskonferenz[28] (am 8. und 9. Januar) schien sich zunächst kurzfristig eine gewisse Entspannung im Verhältnis zwischen dem nationalsozialistischen Regime und der katholischen Kirche abzuzeichnen.

Diesen Eindruck hatte man zumindest in Regierungskreisen zu vermitteln versucht. Dort meinte man zu wissen, die Bischöfe hätten sich künftig für eine flexiblere Haltung gegenüber dem Staat entschieden, um ihre Verhandlungsmöglichkeiten nicht zu beeinträchtigen. (*Nationalsozialistische Monatshefte* vom 1. Februar 1936).

Die Ereignisse der letzten Wochen geben aber offensichtlich denjenigen Deutschen recht, die im Gegenteil fürchteten, der Konflikt werde sich fortsetzen und sogar verschärfen. Diverse Vorkommnisse im Laufe weniger Tage schüren nun die Unzufriedenheit der erzkatholischen Kreise im Reich. Es ist wichtig, sie zu nennen.

In meiner Depesche Nr. 214 vom 5. Februar erwähnte ich bereits den Erfolg, den die Partei in München für sich verbuchen konnte, wo von 55 220 Kindern 35 954 in öffentlichen Schulen angemeldet wurden und nur 19 926 in konfessionellen Schulen. In der Geschichte des Machtkampfes zwischen dem Nationalsozialismus und der katholischen Kirche markieren solche Zahlen einen Wendepunkt. Umso bemerkenswerter, dass die Situation in Nürnberg sehr ähnlich ist: Die Zahl der Kinder, die auf katholische Schulen geschickt werden, ist dort innerhalb eines Jahres von 3999 auf 3349 gesunken. Wir sollten nicht unterschätzen, wie bitter diese Niederlage für die Katholiken ausgerechnet in dieser Gegend ist, die neben dem Rheinland bisher als Hoch-

---

[27] Berlin, Botschaft, A–439, Nr. 325.
[28] Das Jahrestreffen aller katholischen Bischöfe Deutschlands findet stets im hessischen Fulda statt. Die Kleinstadt ist für die deutschen Katholiken von Bedeutung, weil sich dort das Grab des hl. Bonifatius befindet.

burg des Katholizismus galt und ihnen besonders am Herzen liegt. Um die Tragweite dieser Zahlen zu ermessen, braucht man sich nur vor Augen zu halten, dass 1935 in München noch rund 65 Prozent der Kinder in katholischen Schulen angemeldet wurden. Inzwischen hat sich die Situation aber wieder zugunsten der Nationalsozialisten in ihr Gegenteil verkehrt.

Auch die Tatsache, dass die Gestapo in Düsseldorf den Leiter des Verbands der katholischen Jugendorganisationen,[29] Hochwürden Ludwig Wolker, und zahlreiche in der Sozialarbeit tätige Priester und Laien verhaftet hat, ist als Ereignis von größtem Belang zu werten. Es handelt sich dabei nicht mehr, wie noch im Fall des Bischofs von Meißen, Hochwürden Legge, um den Vorwurf von Verstößen gegen das Devisengesetz. Hochwürden Wolker, der noch am 3. Februar in der Rochuskirche predigte, wirft man die Beteiligung an einer Verschwörung gegen die Staatssicherheit vor. Ebenso wie ihrem Leiter soll es 15 Mitgliedern der katholischen Jugendorganisation ergangen sein. Auch sie sollen sich derzeit im Gefängnis befinden. […]

Nachdem die Zahl der Verurteilungen im Januar zurückzugehen schien, sind nun in immer kürzeren Abständen wieder massiv der weltliche und Ordensklerus betroffen. Deutsche Zeitungen wie *Germania* und die *Frankfurter Zeitung* berichteten über einige Fälle, doch liegt die Dunkelziffer ganz offensichtlich weit höher.

Die erste Gruppe bilden die weiterhin gegen Priester und Ordensschwestern angestrengten Prozesse wegen angeblicher illegaler Devisengeschäfte. So mussten sich etwa der Generalsekretär des Bonifatiusvereins der deutschen Katholiken in Paderborn, Wilhelm Freckamm,[30] und der Generalvikar des Bistums Hildesheim, Otto Seelmeyer, dieser Tage vor der 4. Kammer des Berliner Schöffengerichts verantworten, weil sie angeblich mit Unterstützung eines Bankiers namens Hofus einen Betrag von

---

[29] Gemeint ist wohl der Katholische Jungmännerverband. A.d.Ü.
[30] Richtig: Wilhelm Freckmann. A.d.Ü.

mehr als 100 000 Mark nach Holland geschafft hatten. Sie wurden zu Gefängnisstrafen von einem Jahr beziehungsweise fünf Jahren und zur Zahlung hoher Geldstrafen verurteilt (*Germania* und *Frankfurter Zeitung* vom 15. Februar). Auch das Berliner Sondergericht verhängte eine dreieinhalbjährige Haftstrafe und eine Geldstrafe von 56 000 Mark über die Nonne Anna Kosching wegen Devisenschmuggels, dreieinhalb Jahre Haft über die Oberin Maria Breitinier vom Orden der Kanisiusschwestern, drei Jahre Haft über Schwester Franzisca Schutzbier, neun Monate Gefängnis über zwei Nonnen in Mainz.

Weiteren Priestern wirft man vor, sie hätten in ihren Predigten und mit Drohungen versucht, Kinder von der Hitlerjugend abzubringen. [...]

Es folgen weitere Fälle, über die ausführlich in der Presse berichtet worden war.

Das heißt, das Regime verfolgt, hetzt, verhaftet und verurteilt Geistliche, die sie als ihre Gegner sieht – von denen, die sich lediglich abfällig über den Staat geäußert haben wie Pfarrer Stattelmann aus Plankstadt, der mit neun Monaten Haft bestraft wurde, bis zu den echten Verrätern, die mit marxistischen Elementen paktiert haben sollen, wie der Vikar Heinrich Rupieper, Pfarrer in Bubersdorf bei Siegen, den das Landgericht Paderborn als Wiederholungstäter jüngst zu sieben Jahren Zwangsarbeit verurteilte, weil er die Bevölkerung in seinem Dorf gegen den Nationalsozialismus aufgehetzt und zu Vorfällen aufgestachelt haben soll, in deren Verlauf ein Angehöriger des Arbeitsdienstes zu Tode kam (*Frankfurter Zeitung* vom 14. Februar). [...]

Die Hartnäckigkeit, mit der diese Verfolgungen betrieben werden, löste im Klerus natürlich erhebliche Unzufriedenheit aus. Den mir von verschiedenen Seiten zugetragenen Informationen zufolge brachte vor allem dies den niederen Klerus und die Katholiken gegen die Reichsbischöfe auf. Sie macht man im

Wesentlichen für den Niedergang der Kirche in Deutschland verantwortlich; man wirft ihnen vor, sie hätten der Staatsmacht gegenüber keine Stärke bewiesen, seien stets zu sehr auf Verhandlung und Kompromisse aus gewesen und hätten eines nach dem anderen das Gros der Privilegien preisgegeben, die das Konkordat der Kirche zugestanden hatte. Ebenso schlecht wie über die Reichsbischöfe urteilt man auch über den Apostolischen Nuntius. Die Unnachgiebigsten verzeihen ihm nicht, dass er Herrn Hitler am 10. Januar die besten Wünsche des diplomatischen Korps zum neuen Jahr überbracht hat. Man meint, er hätte sein Ältestenprivileg an einen Kollegen abtreten müssen, um nicht selbst einem Staatsoberhaupt gratulieren zu müssen, das offen Krieg gegen Priester und Religion führt. In der deutschen Hauptstadt kursierte sogar das Gerücht – dem gewisse französische Zeitungen meinten, Glauben schenken zu müssen –, Msgr. Orsenigo überlege, Berlin zu verlassen, weil er sich der Schwierigkeit seiner Mission bewusst sei.[31] Offensichtlich ist der Nuntius aber nicht Manns genug für eine solche Entscheidung. Noch stärker in der Kritik als er steht im Übrigen sein Vorgänger, Msgr. Pacelli,[32] der dem Vernehmen nach den Fehler beging, das Konkordat zu unterzeichnen, ohne sich zuvor über die Durchführungsmodalitäten zu verständigen. [...]

Manche behaupten, in Süddeutschland gebe es heute zahlreiche Katholiken, die auf eine Wiederherstellung der Monarchie hofften. Die deutschnationalen Kreise, die im Grunde ihres Herzens heute noch für eine Restauration des Kaiserreichs sind, fänden beim niederen Klerus und bei den strenggläubigen Katholiken wertvollen Rückhalt. Gerade dieser Schulterschluss zwischen der monarchistischen und der katholischen Opposition beunru-

---

[31] Nuntius Cesare Orsenigo blieb auf seinem Posten und bis zu seinem Tod 1946 in Deutschland.
[32] Eugenio Pacelli wurde am 2. März 1939 zum Papst gewählt und nahm den Namen Pius XII. an.

higt angeblich die Führungsriege des Dritten Reichs so sehr, dass sie weiter mit aller Härte gegen die Priesterschaft vorgeht.

23. Juni 1936: Nordische Kundgebung in Lübeck[33]

Wie schon 1934 und 1935 war Lübeck vom 18. bis 21. Juni erneut Schauplatz einer großen nordischen Kundgebung, die in Deutschland als Hauptereignis der Woche gefeiert wurde. Aufgrund seiner besonderen Rolle als Brückenkopf von Deutschland über die Ostsee nach Skandinavien ist Lübeck prädestiniert als der Ort, an dem die Rassentheorie kultiviert und die Verwandtschaft zwischen Völkern proklamiert wird, die von gemeinsamen Ahnen abstammen. Die dreitägigen Feiern lockten Tausende Schaulustige an. Die Zeitungen berichteten darüber sehr ausführlich [...]. Regierung, Wehrmacht und Vertreter aller Ämter waren zugegen, ebenso Herr Frick und Herr Rosenberg.

Rosenberg verteidigte in seiner Rede das Heidentum, setzte sich aber zugleich davon ab. Zudem prangerte er die rote Gefahr an.

Herr Rosenberg und mehrere Redner der Nordischen Gesellschaft gaben sich zweifellos Mühe, die Vertreter der skandinavischen Länder nicht zu brüskieren, deren Regierungen erklärte Gegner des nationalsozialistischen Regimes sind. Die Redner legten großen Wert auf die Feststellung, Deutschland beabsichtige keineswegs, sich in die Innenpolitik seiner Nachbarländer einzumischen, für deren eigene Bräuche es höchsten Respekt hege. Allerdings ist keineswegs gesichert, ob ihre Verherrlichung des Nationalsozialismus und der Nachdruck, mit dem sie für das Dritte Reich die Rolle als Verteidiger der nordischen Kultur in Anspruch nahmen, in Oslo und Stockholm Zustimmung finden

---

[33] Berlin, Botschaft, A–442, Nr. 1056. Gemeint ist wohl die dritte Reichstagung der Nordischen Gesellschaft in Lübeck. A.d.Ü.

wird, auch wenn dies in Helsingfors[34] der Fall sein mag. In dem Gespräch, das einer meiner Mitarbeiter vor zwei Monaten mit Herrn de Wirsen [sic][35] führte und über das ich seinerzeit telegrafisch berichtete, äußerte sich der schwedische Gesandte recht besorgt über Herrn Hitlers Rassenpolitik und deren mögliche Konsequenzen. Insofern ist anzunehmen, dass die Ansprachen in Lübeck nicht nach seinem Geschmack waren.

Interessant wäre, ob die »nordischen« Tage in den Ländern, die man bei ihrer Organisation im Auge hatte, überhaupt ein Echo fanden. Herr Rosenberg behauptete zwar triumphierend, es hätten an der Tagung 700 Skandinavier teilgenommen, also bei Weitem mehr als in den Jahren 1934 und 1935. Bei allem Getöse, mit dem die Berliner Presse über das Treffen berichtete, konnten die Zeitungen allerdings lediglich die Namen einiger weniger ausländischer Künstler anführen, die am musikalischen Rahmenprogramm mitgewirkt hatten. Von der Anwesenheit skandinavischer Korrespondenten war ebenso wenig die Rede wie von einem Austausch von Telegrammen zwischen der Leitung der Nordischen Gesellschaft und den Vertretern der schwedischen und norwegischen Vereine, mit denen sie angeblich in Verbindung steht. Die Tatsache, dass sämtliche Reden genauso wie im vergangenen Jahr von Deutschen gehalten wurden, könnte sehr wohl belegen, dass keine ausländische Persönlichkeit von Rang und Namen in Lübeck zugegen war.

13. September 1936: Reichsparteitag in Nürnberg[36]

Ein in jeder Hinsicht grandioses Schauspiel, dessen Szenen einem vertrauten Rhythmus folgen, mit einer überwältigenden Abfolge kolossaler *Tableaux vivants*, endlosen Massenversammlungen, Strömen vorbeimarschierender Menschen und Paraden, die in ihrer Stärke mit ganzen Armeen konkurrieren können.

---

[34] Helsinki.
[35] Einar af Wirsén, 1927–1939 schwedischer Botschafter in Berlin. A.d.Ü.
[36] Berlin, Botschaft, A–437, Nr. 1344

Gerade erst endete der siebte Parteitag der NSDAP, der dritte seit der Machtübernahme Hitlers und seiner Anhänger. Acht Tage lang hatte er ganz Deutschland in Atem gehalten, Hunderttausende wachgerüttelt und eine regelrechte Völkerwanderung nach Nürnberg in Bewegung gesetzt, hin zur heiligen Stätte zahlloser Massen, die alle von derselben Sehnsucht angetrieben sind: den auserwählten Mann zu sehen und zu hören, der ihr Land so sehr verzaubert hat und nach vierzehnjährigem Bemühen um die Erweckung des Nationalbewusstseins im Volk nicht nur Staatschef und Volksführer geworden ist, sondern eine Art Messias der germanischen Rasse. Die feierliche Überreichung einer Replik des Schwertes von Karl dem Großen an den Führer bildete den Auftakt zu einer Massenveranstaltung, deren Symbolkraft durch die grandiose Inszenierung unterstrichen wurde. Die in Nürnberg zusammengeströmten Massen sollten nach dem Willen der Organisatoren des Parteitags dieses Inbild des befreiten Deutschlands, der wiedererweckten Armee, der wiedererstarkten Macht als unvergesslichen Eindruck mit nach Hause nehmen. Die Apotheose der Wehrmacht verschmolz mit der des Führers als demjenigen, der Deutschland wieder zur Militärmacht erhob, damit das Reich nach einer langen Phase der Demütigung nun erneut erhobenen Hauptes seine Stimme geltend machen kann.

Um die Erziehung der Jugend zu gewährleisten, wird eine ganze Reihe von Schulen deren körperliche Ertüchtigung und politische Bildung zum Staatsbürger sicherstellen, ergänzen und vervollkommnen, vom »Jungvolk« über Aufklärungskompanien und die Hitlerjugend bis zum Arbeits- und Wehrdienst.

[...] und aufs Neue die SA und SS, bei denen der gestandene Mann dann seinen Platz einnimmt, um seinerseits Verantwortung für die Erziehung der Jüngeren zu übernehmen, damit die Kette sich ununterbrochen von oben nach unten und von unten nach oben durch das gesamte Volk zieht. Auf diese Weise wird das Idealbild des jungen Mannes verwirklicht, das der Kanzler beschrieb: »schlank und rank [...], flink wie Windhunde, zäh wie Leder und hart wie Kruppstahl.« Er muss gehorchen, aber auch befehlen können, darf weder aufsässig noch streitsüchtig sein, sondern sich mit Würde und Können Respekt verschaffen. Das Adjektiv »hart« ist dem Weltbild Nietzsches entlehnt und kommt in seiner Rede mehrfach vor. Der Führer wünscht sich eine robuste, widerstandsfähige Generation, die alle Wetter übersteht, allen Stürmen trotzt und alle Krisen siegreich meistert. Das Ideal, so sagte er, sei heute nicht mehr der trinkfeste Bursche, sondern der Kämpfer, und es komme nicht darauf an, wie viele Gläser Bier er trinken, sondern darauf, wie viele Schläge er einstecken kann. Es wäre naiv, die Anziehungskraft dieses Ideals für die deutsche Jugend leugnen zu wollen. Sie ist begierig zu dienen. Mit großem Vergnügen trägt sie Uniformen, gehört Gruppen an, leistet Gehorsam, marschiert bei Umzügen mit. Sie findet Gefallen an ihrer Wichtigkeit. Sie fühlt sich frei und stark. Die Eltern hingegen zeigen sich von dieser Erziehung weniger begeistert. Sie stellen fest, dass sie ihre Kinder zur Brutalität und Gottlosigkeit, Undiszipliniertheit und Unstetheit ermuntert, ihren Fleiß untergräbt und ihre niedersten Instinkte fördert. Sie sorgen sich angesichts der Mutproben, denen man die Kinder unterzieht. Eine Mutter erzählte mir entsetzt, der Scharführer ihres 14-jährigen Sohnes habe seinen Rekruten befohlen, sich auf Eisenbahnschienen zu legen, und erklärt, wer vor dem herannahenden Zug als Letzter aufstehe, sei der Tapferste. Man beobachtet, wie Familien gespalten werden, wie sich zwischen Eltern und Kindern tiefe Gräben auftun. Damit geht das Kalkül des Kanzlers auf, doch es erklärt auch die Befürchtungen der Kirchen, ihre Angst vor der Ausbreitung einer Moral, die so oberflächlich ist, dass sie jeder christlichen Grundlage entbehrt, und ihre Bemühungen um die Rettung Tausender junger Seelen, die sich ihnen immer mehr entfremden. In Nürnberg haben wir einen Blick werfen können in eine Welt voller Landsknechte und kerniger Mannbilder, die keinen eigenen Gedanken fassen können, aber ihrem Führer treu ergeben sind – welch herrliches Werkzeug in den Händen eines eisernen Anführers, der davon überzeugt ist, den Willen der Vorsehung auf Erden zu erfüllen. Flüchtige Vision? Bevorstehende Realität? Durch das riesige Stadion hallten die Worte des Führers: »Aber ich werde trotzdem eure Söhne haben!«

In Nürnberg waren auch Franzosen anwesend: Anhänger der Parti Franciste,[37] ein Mitglied der Académie, Herausgeber von Zeitschriften, Sonderkorrespondenten. Namentlich genannt werden etwa Pierre Drieu La Rochelle, Louis Bertrand (von der Académie) und der Journalist Claude Jeantet.[38]

Klar ist in jedem Fall, dass weder der Widerstand der [evangelischen] Pastoren und der katholischen Priester, und auch nicht ihre Abneigung, weder der Unmut von Hunderttausenden Juden noch die Kritik aus reaktionären Kreisen, noch die Klagen der Hausfrauen über die gestiegenen Lebenshaltungskosten die Existenz des Regimes auf absehbare Zeit gefährden werden.

Schlussfolgerung: Beim Nürnberger Parteitag übertraf Adolf Hitler sich selbst. Er stellte überragende Qualitäten unter Beweis. Ständig und unermüdlich im Einsatz, zeigte er eine erstaunliche Kenntnis seiner Zuhörer oder aber ein großartiges Gespür für ihre Gefühle. Für jeden fand er genau die richtigen Worte, den richtigen Tonfall. Schneidend, dann wieder voller Pathos, vertraulich, herrisch, der Reihe nach zog er sämtliche Register. [...] Die Dynamik des Dritten Reichs schwächte sich nach und nach ab. Seit dem 30. Juni 1934 normalisierte sich das Regime, heute

---

[37] Eine kleine, von 1933 bis 1936 bestehende rechtsextreme französische Partei.
[38] Claude Jeantet (1902–1982), rechtsextremer Journalist und sehr aktiver Kollaborateur, sogar bis 1945. In den Dreißigerjahren arbeitete er für die Zeitschrift *Je suis partout.*

wird es wieder wild, es bäumt sich auf, es schäumt und verlangt nach neuen Opfern. Man wirft ihm die Juden, die Russen, die Reaktionären, eine Fahne zum Fraß vor. Und dann? All dieser Fanatismus wird sich nicht von Luft ernähren. Wenn der Minotaurus alle seine inneren Feinde verschlungen haben wird, wenn er nichts mehr zu brechen und zu beißen hat, wie wird er sich dann verhalten? Wenn er alle Möglichkeiten der Zerstreuung im Innern ausgeschöpft hat, wird er sich dann nicht draußen nach einem Zeitvertreib umsehen? Das Schwert, das den Parteitag eröffnete, und die rote Fahne, die ihn beschließt, verheißen zweifellos nichts Gutes. […]

Doch die Anstrengungen, die Hitler Deutschland auferlegen will, haben etwas Übermenschliches, etwas Unmenschliches. Nach den ältesten Morallehren und Überlieferungen bestrafen die Götter so viel Hochmut. Nach einer kurzen Zeit des Glanzes stürzen sie diejenigen, die sich zu schnell zu hoch aufschwingen wollen, weil sie meinen, sie stünden über dem Gesetz der goldenen Mitte. Wenn die Götter aber Durst haben, vergessen sie manchmal ihre eigenen Prinzipien. Und dann wählen sie Männer wie Hitler aus und machen sie zum Werkzeug ihrer Dramen.

14. September 1936: Unverschlüsseltes Telegramm, per Luftpost[39]

Der letzte Tag des Nürnberger Parteitags war der Vorstellung und Glorifizierung der neuen deutschen Wehrmacht gewidmet. Über 18 000 Zuschauer waren bei dieser Veranstaltung zugegen, die bewusst grandios gehalten wurde, um den Deutschen ebenso wie den ausländischen Staaten zu demonstrieren, dass das Reich seine frühere militärische Stärke wiedererlangt hat und von nun an in der Lage ist, sich in jeder Situation selbst zu verteidigen.

Die Zeitungen betonen, dass an diesem Schlusstag nicht nur der Wehrmacht, sondern auch der Partei gehuldigt werden soll,

---

[39] Berlin, Botschaft, B-142, Nr. 2924.

da beide Gewalten unauflösbar miteinander verknüpft sind. Die neue Wehrmacht wurde erst vom Regime geschaffen, und im Nationalsozialismus findet sie die Quelle für ihre Stärke. Ihre moralische Kraft erwächst ihr aus ihrer Übereinstimmung mit dem ganzen Volk.

Die Exerziervorführungen, die heute Morgen im Beisein des Führers, seiner Minister, ausländischer Militärattachés und einer gewaltigen Menschenmenge stattfanden, sollten in erster Linie die Modernisierung der Wehrmacht vor Augen führen. Dazu widmete man sehr viel Raum den neu entwickelten Kriegsmaterialien wie Panzern, Radpanzerfahrzeugen, Flug- und Panzerabwehrkanonen.

Der Tag begann um acht Uhr mit einer Luftparade, an der über 400 Flugzeuge beteiligt waren. Über der »Zeppelinwiese«[40] machten leichte Aufklärer den Anfang, gefolgt von Bombengeschwadern. Jagdfliegergeschwader mit Namen wie »Horst-Wessel« oder »Richthofen« führten Luftkampfmanöver vor.

Anschließend wurde ein Luftangriff angekündigt. Augenblicklich ging eine Fliegerabwehrtruppe in Stellung. Mit leichten Geschützen eröffneten sie das Feuer auf die am nächsten befindlichen Maschinen und schossen mit Kanonen großer Reichweite auf Flugzeuge in so großer Höhe, dass sie für die Zuschauer nicht mehr erkennbar waren.

Danach ritt die Kavallerie ein. Die Schwadronen defilierten im Galopp und präsentierten verschiedene Angriffsformationen. Radpanzerfahrzeuge führten in schnellem Tempo Manöver vor, gefolgt von Truppen der berittenen Artillerie. An dieser Stelle durfte die Fernmeldetruppe ihr Können zeigen, insbesondere die Nachrichtensoldaten, die bei diesen Vorführungen das Abfeuern der einzelnen Batterien steuerten und den Einsatz der Geschütze koordinierten.

---

[40] Die Wiese hatte in der Geschichte der deutschen Luftfahrt eine wichtige Rolle gespielt, da hier Graf Zeppelin seine ersten Starrluftschiffe landen ließ. Albert Speer, der Architekt des »Dritten Reichs«, machte daraus ein Aufmarschfeld.

Es folgten vier Panzerkompanien mit insgesamt 100 Panzern, die den Angriff auf eine von Infanteristen verteidigte Festung nachstellten.

Dann schließlich griff die Infanterie mit Artillerieunterstützung und im Schutz von Rauchwolken eine feindliche Verteidigungsstellung an. Als ihr Vormarsch ins Stocken geriet, kamen die Panzer ins Spiel, durchbrachen die feindlichen Linien und gaben den Infanteristen Gelegenheit, durch die Bresche weiter vorzurücken.

Angesichts der Zahl der aufgebotenen Einheiten, der schieren Menge an modernem Kriegsgerät und der perfekt abgestimmten Manöver ließen die Zuschauer immer wieder ihrer Begeisterung freien Lauf.

Die Fahnenweihe wurde den Zeitungen zufolge in einem sehr bewegenden Akt durchgeführt. Generalfeldmarschall von Blomberg[41] forderte die Soldaten auf, den ihnen anvertrauten »Fahnen bis in den Tod zu dienen«, und erinnerte an alles, was die Wehrmacht dem Führer verdanke: »Soldaten!« rief er. »Wir müssen auch des Mannes gedenken, der uns diese neuen Symbole gegeben hat und dem wir durch das unverbrüchliche Band der Treue verbunden sind: unserem Obersten Befehlshaber Adolf Hitler.« [...]

Gez. Lamarle

15. Juli 1937: Dufort, französischer Konsul in Frankfurt und Mainz, zum Nationalfeiertag (14. Juli) im Konsulat in Frankfurt am Main[42]

Zum fünften Mal seit seinem Amtsantritt in Frankfurt am Main übernahm der Chef des dortigen Konsulats die ange-

---

[41] Werner von Blomberg (1878–1946), deutscher Offizier, ab 1933 Reichswehrminister. Wurde im Januar 1938 zum Rücktritt gezwungen, als pikante Details aus der Vergangenheit seiner Frau bekannt wurden.

[42] Frankfurt a. M., Konsulat, Nr. 85, Schreiben vom 15. Juli 1937, Nr. 2, an den Protokollarischen Dienst.

nehme Aufgabe, die Feiern zum 14. Juli auszurichten. Einen umfassenden Bericht über die Ereignisse erteilt diese Dienststelle alljährlich dem Außenministerium, zuletzt mit Schreiben Nr. 2 vom 16. Juli 1936.

Da eine Wiederholung der Seiner Exzellenz bereits bekannten Informationen überflüssig erscheint, sei hier nur erwähnt, dass diese Veranstaltung gestern wie gewohnt von 16 bis 20 Uhr in den Empfangssalons im Erdgeschoss der »Maison de France« in der Residenz ebenso wie auf der zum Garten gelegenen Terrasse stattfand, wobei auch der Garten dank des schönen Wetters einbezogen werden konnte. Im vergangenen Jahr hatten sich rund 140 Gäste eingefunden, um den Vertreter Frankreichs zu beglückwünschen und ihre Sympathie für unser Land zu bekunden. In diesem Jahr sank diese Zahl auf 90 Personen, was den lokalen Umständen geschuldet war, die uns zwangen, der Feier einen intimeren Rahmen zu geben, was sich übrigens als die wohl beste Lösung erwies. Nach der üblichen Willkommensrede des französischen Konsuls blieben die Anwesenden noch sehr lange, unterhielten sich angeregt und bedienten sich ausgiebig am kalten Büfett, das trotz der aktuellen Lebensmittelbeschränkungen sehr üppig war. Die letzten Gäste verließen erst gegen 20 Uhr das Haus.

In diesem Jahr zogen wir es vor, das Frankfurter konsularische Korps, dem rund 40 Personen angehören, von denen nur sieben Berufskonsuln sind, während die übrigen ehrenamtlich arbeiten, nicht zum Empfang anlässlich unseres Nationalfeiertags einzuladen. Die Honorarkonsuln sind nämlich überwiegend Juden und bleiben deshalb offiziellen Veranstaltungen im Großen und Ganzen fern. Auch haben einige von ihnen Frankfurt am Main bereits auf Dauer verlassen und die Leitung ihrer Konsulatskanzlei vorläufigen Stellvertretern übergeben. Zudem hatte das französische Konsulat bisher als einziges die Tradition gepflegt, auch Personen, die nicht unserer örtlichen Kolonie angehören, zum Empfang am Nationalfeiertag einzuladen. Ein weiterer Grund, der uns veranlasste, diesmal ausschließlich unter Landsleuten zu feiern, war die Tatsache, dass die französische Kolonie im Rhein-Main-Gebiet immer mehr von ihren einst recht zahlreichen wohlsituierten Mitgliedern verliert, da auch französische Juden Deutschland endgültig den Rücken kehren, ebenso oft wie ihre deutschen Glaubensgenossen. Erstere sind etwas besser geschützt als Letztere, doch auch sie leben in einem seelischen Ghetto, ausgegrenzt durch die grausamen Wellen des Antisemitismus, die unaufhaltsam die von ungerechter, unredlicher Propaganda aufgestachelten deutschen Massen durchströmen. Als Ersatz für die endgültig nach Frankreich zurückgekehrten Juden mussten wir zum Empfang am 14. Juli vermehrt Elsässer und Lothringer aus unserer Kolonie zu uns einladen. Da die meisten von ihnen jedoch in sehr bescheidenen Verhältnissen leben und bei deutschen Arbeitgebern angestellt sind, die sie überwiegend als Reichsdeutsche einstufen, scheuen viele, ihre Kontakte zur französischen Konsulatsstelle offenzulegen, weil sie Angst haben, dann womöglich ihre bei Deutschen und insbesondere Parteimitgliedern meist heiß begehrten Arbeitsplätze zu verlieren. [...]

6. Januar 1938: Rückblick der deutschen Presse auf das Jahr 1937[43]

Alljährlich in den letzten Dezembertagen zieht die deutsche Presse eine Bilanz des zu Ende gehenden Jahres. Sie lässt die wichtigen Ereignisse der vergangenen Monate Revue passieren, versucht, darin eine gemeinsame Linie zu ermitteln, Lehren daraus zu ziehen und dabei selbstverständlich in einer feierlichen Eloge den aktiven Part zu betonen, den Deutschland selbst dabei gespielt hat. [...] In diesem Jahr hatten es die Verfasser dieser Laudatio besonders leicht. Grenzenlose Begeisterung, ungetrübte Zufriedenheit. Alle feiern Deutschland Ende 1937 als fest-

---

[43] Berlin, Botschaft, B–213, Nr. 16.

gefügte, hinter ihrem Führer vereinte Volksgemeinschaft, die, von den letzten Ketten des Versailler Vertrags und des *Covenant*[44] befreit, ihre wirtschaftlichen Ressourcen überaus geschickt ausgeschöpft hat und sich, im Vollbesitz ihrer wiedergewonnenen Kräfte, dank ihrer starken Armee rundum in Sicherheit weiß. Die Blätter stimmen damit zwar in die Äußerungen der Regimeprominenz von Goebbels bis Hess ein, insistieren aber zugleich, die Führung des Dritten Reichs sei von aufrichtigem Friedenswillen getrieben. Eine wahre Hymne der Dankbarkeit und Anerkennung erscholl zugunsten von Herrn Hitler und seinem engsten Kreis.

Die Arbeitslosigkeit ist fast besiegt. Am 31. Oktober waren nur 502 000 Erwerbslose gemeldet. Das »Dritte Reich« hat sich gegenüber den Siegermächten von 1918 vollständig und endgültig emanzipiert.

Die Reichsbahn und die Reichsbank wurden wieder unter die alleinige Hoheit der deutschen Regierung gestellt. Zugleich hat Deutschland die Klausel zurückgewiesen, die ihm die Schuld am Weltkrieg unterstellt. Es hat ohne Unterstützung und Gefälligkeiten des Auslands selbstständig seine Rechte wiedererlangt. Die Ehre Deutschlands ist vollständig wiederhergestellt. Deshalb konnte der Führer auch beim Parteitag in Nürnberg ausrufen: »Der Vertrag von Versailles ist tot! Deutschland ist frei! Und der Garant unserer Freiheit ist unsere eigene Armee.«

17. Februar 1938: Die Indoktrinierung der Jugend im Reichsarbeitsdienst[45]
Die Leiter der in Berlin akkreditierten diplomatischen Vertretungen wurden am 11. Februar zu einem großen Empfang einge-

---

[44] Satzung des Völkerbunds. NS-Deutschland verließ den Völkerbund schon 1933.
[45] Berlin, Botschaft, B-213.

laden, den Reichsarbeitsdienstführer Herr Hierl[46] für sie und die wichtigsten Vertreter von Regierung und Partei gab. Geboten wurden ein Galadiner und eine Theateraufführung in den Räumlichkeiten des ehemaligen preußischen Landtags, der umgebaut und renoviert worden ist und mit seinen riesigen Sälen und marmornen Säulenhallen, in denen nun der Aero-Club von Deutschland seinen Sitz hat, zu den schönsten Prachtbauten in Berlin zählt.

Die meisten Gäste waren dennoch über die Einladung etwas überrascht, da Herr Hierl sich bisher immer von eleganten Empfängen ferngehalten hatte. Warum sticht ihn diesmal plötzlich der Hafer? Will er nun, da er eine gehobene Regierungsposition erklommen hat, deren Vorteile und Ehren in Anspruch nehmen und selbst in der vornehmen Berliner Gesellschaft eine Rolle spielen, die Freuden der Soireen unter Diplomaten genießen, mit Luxus prunken und sich mit der Selbstgefälligkeit, die alle neuen Herren des Dritten Reichs bei solchen Anlässen an den Tag legen, als grandioser Amphitryon[47] gerieren?

Derartige Beweggründe liegen dem Reichsarbeitsdienstführer bei diesem Unterfangen sicher nicht fern, doch könnte man ihm noch weitere Absichten unterstellen und vermuten, dass es sich dabei um einen ebenso vorsichtigen wie unvermuteten Bekehrungsversuch zum Nationalsozialismus handelt.

Nach einem glänzenden Festessen, das an kleinen Tischen serviert wurde, bat man die geladenen Gäste nämlich in den geräumigen [ehemaligen] Plenarsaal und ließ sie vor einer Bühne Platz nehmen, auf der eine Aufführung des Reichsarbeitsdienstes stattfinden sollte.

---

[46] Konstantin Hierl (1875–1955), Offizier. 1919 sandte er angeblich Hitler aus, um die damals noch kleine nationalsozialistische Partei auszuspionieren. Ab 1931 Reichsarbeitsdienstführer, 1933 im Amt bestätigt. Im Rahmen des Reichsarbeitsdienstes musste jeder junge Deutsche sechs Monate lang gemeinnützige Arbeit verrichten.

[47] Hier in der Bedeutung »Gastgeber«. A.d.Ü.

Der Vorhang hob sich auch unverzüglich und enthüllte ein deutsches Arbeitslager, in dem eine Schar junger Deutscher mit den üblichen Arbeiten und Vergnügungen beschäftigt war. Den unseren Rekruten nur zu gut bekannten »Küchendienst« absolvierten alle gemeinsam in ausgelassener, lebenslustiger Stimmung. Scherze flogen hin und her, und alle Jugendlichen stimmten in fröhliche Lieder ein. Als Intermezzo erbot sich einer der jungen Lebenskünstler, die Schar mit seinem Zeichentalent zu unterhalten. Unter seiner virtuosen Zeichenkohle entstanden umgehend Karikaturen, die für jeden guten Arier und aufrechten Nazi auf Anhieb erkennbar waren.

Der Zeichner erstellte in rascher Folge Karikaturen eines Juden, eines Pfarrers und eines Kritikers.

Doch dann wechselt abrupt das Bühnenbild, eine Glocke kündigt die Ausgangssperre an. Die Schar fällt in Schlaf, unterbrochen nur vom Kommen und Gehen eines Wächters, der mit einem Spaten bewaffnet ist. Doch schon bald darauf ertönt eine Trompete. Das ist der Weckruf. Im Nu sind die strammen Burschen auf den Beinen und streben federnden Schrittes zu ihren morgendlichen Leibesübungen.

Das diplomatische Korps wohnt diesen jedoch nicht bei und wird stattdessen Zeuge der Träume, denen sich der naive 20-jährige Rekrut Alois Meyer hingibt. Ihn vermochte der Weckruf nicht aus seinem jugendlichen Schlummer zu reißen. Und Alois hat glorreiche Träume: Seine Vorgesetzten sind so zufrieden mit seiner guten Führung, dass sie ihn zum Obergefreiten befördern. Doch die Freude ist allzu groß – das Herz unseres Helden bleibt stehen, und seine Seele steigt zum Himmel auf.

Vor dem gefesselten Publikum teilt sich die Bühne nun ihn zwei übereinander liegende Ebenen auf; die obere stellt den Himmel dar, die untere das Arbeitslager.

An der Himmelstür trifft Alois Meyer auf andere Seelen, die
ebenso ungeduldig auf Einlass warten. Wie es der Zufall will,
handelt es sich just um den katholischen Priester, den Juden und
den Regimekritiker, die äußerlich exakt den im ersten Akt ge-
zeichneten Bildern entsprechen. Doch was sie sagen, ist noch lä-
cherlicher und schändlicher als das, was ihnen der Zeichner bos-
haft in den Mund gelegt hatte.

Bald darauf erscheint Petrus mit einem Todesengel und unterzieht die Anwärter auf himmlische Glückseligkeit einem regelrechten Verhör.

*In Alois' Traum werden die drei anderen Seelen von Petrus ab-
gewiesen.*

Das Stück endet mit dem letzten Akt, in dem Alois, aus seinen
Träumen gerissen, notgedrungen wieder in seine irdische Ge-
stalt schlüpft. Bei Tisch feiert er mit seinen vom Sport zurückgekehrten Kameraden die Freuden des Landlebens. [...]

Zu würdigen ist gewiss die Disziplin, der Kameradschaftsgeist, der Ausdruck einer Volksgemeinschaft, die zur Erziehung
im Arbeitsdienst gehören. Natürlich sieht man die Vorzüge
handwerklicher Übungen, von Arbeit und Bewegung an der fri-
schen Luft; sie machen Muskeln wieder geschmeidig, die durch
sitzende Tätigkeiten verkümmert waren; Gleichheit und Brüder-
lichkeit unter Volksgenossen beseitigen alle sozialen Gegensätze.
Doch das reicht dem Regime nicht; es nutzt den Einfluss, den es
damit auf die Jugend gewinnt, um sie zu indoktrinieren, sie auf
seine aggressive, antireligiöse und antisemitische Propaganda
einzuschwören, um jeden Funken kritischen Denkens in den
nachfolgenden Generationen im Keim zu ersticken und durch
die Gleichschaltung und Vereinnahmung der Gehirne die aus-
schließliche und unwidersprochene Vorherrschaft der Partei
durchzusetzen. Das war die unverblümte Botschaft des von
Herrn Hierl präsentierten Schauspiels; vielleicht wollte er sie in

seinem militanten Bekehrungswillen gerade im Schutz einer eleganten Einladung seinen ausländischen Gästen vor Augen führen, wohl wissend, dass sie [in diesem Rahmen] weder ihrem Unmut Luft machen noch sich beschweren konnten.

30. April 1938: Wien, vertraulich, Kopien an das Ministerkabinett und die Botschaft. Von Herrn Chauvel[48] zur Lage in Österreich[49]

Seit der Volksbefragung, bei der das ganze Land fast einstimmig »Ja« zum Führer gesagt hat,[50] sind drei Wochen vergangen, in denen die Bevölkerung zügelloser Propaganda ausgesetzt ist. Nachdem die Fahnen und Triumphbögen nach und nach verschwunden sind, hat die Stadt wieder ihr gewohntes Aussehen angenommen, doch ist auf den Straßen weniger Betrieb, und die sprichwörtliche gute Laune der Wiener ist Ernst und Stille gewichen, die, sobald die Leute sich unter sich und vor Indiskretionen geschützt wähnen, rasch in düstere Entmutigung und tiefe Unzufriedenheit umschlagen. Gerüchteweise hieß es, anlässlich seines Geburtstags am 20. dieses Monats werde der Führer eine umfassende Amnestie erlassen, doch diese Hoffnung wurde enttäuscht. Zwar entkamen manche Hitlers Kerkern, geschwächt und entmutigt von fünf oder sechs Wochen Haft in unwirtlichen Räumen, in denen sich im Schnitt 26 Gefangene den Platz teilen mussten, der eigentlich für fünf oder sechs Personen vorgesehen ist. Die frei werdenden Plätze nahmen jedoch unverzüglich neue Kontingente ein, die nun fast ausschließlich aus Juden bestehen.

---

[48] Jean Chauvel (1897–1979), französischer Diplomat, 1938 als Erster Sekretär, später als Generalkonsul in Wien. Schied im November 1942 aus dem diplomatischen Dienst aus, ging aber Anfang 1944 nach Algier. 1944 und nochmals 1946 Generalsekretär, 1949 UNO-Botschafter. 1955–1962 Botschaft in London.

[49] Wien, Botschaft, 80, Nr. 1019.

[50] Der »Anschluss« erfolgte am 12. März 1938 de facto als Angliederung Österreichs an das Deutsche Reich. Dennoch hielten die Nationalsozialisten am 10. April eine Volksabstimmung ab, bei der sich 99,08 Prozent der Deutschen und 99,75 Prozent der Österreicher für die Annexion aussprachen.

Solange der Wahlkampf im Gange war, waren die Verantwortlichen vollauf mit diesem »gewaltigen Kampf« beschäftigt.
Nachdem er überstanden und der Sieg errungen war, folgten einige Tage der Erholung, und man nutzte die Osterfeiertage, um
wieder Kräfte zu sammeln.

Seit Mitte vergangener Woche zieht die Agitation der Nationalsozialisten wieder an. Sie richtet sich in erster Linie gegen die
jüdischen Kreise, und zwar in einem bisher nie dagewesenen
Umfang. In dieser antisemitischen Terrorkampagne sind zwei
Strömungen auszumachen: Die eine – legale – geht von den Behörden selbst aus, die andere hingegen von SA-Schlägertrupps,
die weder Anweisungen noch präzise Befehle haben.

In der ersten Kategorie der behördlichen Maßnahmen gegen
Juden möchte ich zuallererst zwei Verordnungen des österreichischen Bildungsministeriums nennen: die eine begrenzt die Zahl
jüdischer Studenten an den Universitäten und Hochschulen im
bisherigen Staatsgebiet auf zwei Prozent, die zweite bestimmt
vier Grund- und Oberschulen in Wien, die nicht arischen Schülern vorbehalten sein sollen. Ihnen ist künftig kein Kontakt mit
der deutschen Jugend mehr erlaubt.

Das Innenministerium hat zudem entschieden, den Besitz
der Mitglieder der Familie Rothschild zu beschlagnahmen,
und zwar »als Reparationszahlungen für die Schäden, die diese
am früheren österreichischen Staatsvermögen verursacht hat«.
Wie ich bereits mitteilte, wurden die Wiener Palais der Rothschilds schon in den ersten Tagen nach dem Anschluss enteignet und der gesamte Hausrat entwendet. Nun sind ihre Besit-
zungen auf dem Lande an der Reihe: Schlösser, Landgüter und
riesige Wälder. Die gesamte Habe von Baron Louis wurde beschlagnahmt, ebenso der größte Teil des Eigentums von Baron
Alphonse, einschließlich eines kleinen Bauernhofs im deutsch
gebliebenen Teil Schlesiens, den die Nazis bisher respektiert
hatten. Schloss Enzenfeld, das Baron Eugène de Rothschild gehört und in dem der Herzog von Windsor nach seiner Abdan-

kung lange residierte, beließ man seinem Eigentümer zumindest vorläufig.

Die Wiener Tageszeitungen haben ihre Leser ausschließlich mit der Enteignung der Rothschilds unterhalten. Weitere Fälle erwähnen sie zwar nicht, doch wurden die meisten Häuser oder Besitztümer österreichischer Juden ebenfalls von den nationalsozialistischen Behörden beschlagnahmt. Der Grund für dieses Schweigen der Presse ist vermutlich, dass nicht die geringste Rechtfertigung für diese Schritte ersichtlich ist. Ich führe hierzu als Beispiel nur den Fall der Familie Ephrussi[51] an. Der Direktor der gleichnamigen Bank wurde eines Morgens von der Gestapo verhaftet, gleichzeitig wurde sein Haus besetzt, der gesamte Hausrat, vom Keller bis zum Dach, abtransportiert und sein Bankkonto und seine Wertpapiere konfisziert. Seine 75-jährige Gattin musste in ein Dienstbotenzimmer ziehen. Nach einigen Tagen versuchte ein Anwalt, bei der Gestapo die Freilassung des Bankiers zu erwirken, doch der Dienststellenleiter zerriss vor dessen Augen den Entlassungsbefehl mit den Worten: »Da sehen Sie, was wir tun, wenn man bei uns intervenieren will!« Als sich der Anwalt direkt an Justizminister Huber[52] (Görings Schwager) wandte, wurde er höflich hinauskomplimentiert. Herr Ephrussi wurde dann doch noch freigelassen, jedoch steht er derzeit ohne Geld, ohne Unterkunft und ohne Kleidung da. [...]

In Wien werden seit dem Anschluss tagtäglich Juden jedes Alters gezwungen, Automobile zu waschen oder die Gehwege der Stadt zu schrubben. Inzwischen finden sich noch raffiniertere Grausamkeiten. Seit einigen Tagen veranstalten die Nationalsozialisten jeden Abend ab zehn Uhr in einem Café am Schwar-

---

[51] Aus Odessa stammende Bankiersfamilie. Das Palais Ephrussi steht an der Wiener Ringstraße. Eine Schilderung der Beraubung und Exilierung der Wiener Ephrussis findet sich in Edmund de Waal: *Der Hase mit den Bernsteinaugen. Das verborgene Erbe der Familie Ephrussi*. Wien 2011.

[52] Richtig: Franz Hueber (1894–1981), ab April 1939 Unterstaatssekretär im Reichsministerium der Justiz. A.d.Ü.

zenbergplatz einen Zirkus: Bei einer Razzia festgenommene Juden müssen nun öffentlich Possen reißen und Gymnastikübungen vorführen. Im Prater will man nachmittags auf der Galopprennbahn Freudenau Juden gegeneinander antreten lassen und die Unglücklichen ohne Rücksicht auf ihr Alter zu Wettrennen und Hindernisläufen zwingen. [...]

18. April 1939: Gabriel Richard, französischer Konsul in Königsberg, zur politischen Lage und Stimmung in Ostpreußen[53]
Der Deutsche hat heute zwei Seelen in seiner Brust, die miteinander unvereinbar sind: Zum einen strebt er, teilweise aus uralter Sehnsucht, jedoch mehr noch aus Notwendigkeit, nach dem »Glanz der Germanen«, der die unauslöschliche Grundlage des deutschen Gemüts bildet. Zum anderen aber sieht sich derselbe Deutsche als aktiver Teil dieses kühnen Unterfangens und ist verunsichert angesichts des entschlossenen englischen und französischen Widerstands gegen die Taktik der vorschnellen Aktion, die seine Regierung verfolgt. Nichts ist für Deutschland nämlich bitterer, als nicht selbst »Spielführer« zu sein. Die Verfechter des Nationalsozialismus werden sogar bei ihren Gegnern im eigenen Land Gehör finden, solange sie auf Deutschlands Daseinsberechtigung pochen und die für die Verteidigung dieses Rechts erforderlichen Gewaltlösungen rechtfertigen. In diesem Punkt wird das deutsche Volk immer einer Meinung sein. Die Geister scheiden sich hingegen an der Frage, ob man die Gelegenheit zur Wiedererweckung eines großgermanischen Reichs begrüßen sollte. Zwar sind die Orthodoxen dafür, und wie sollte es auch anders sein, denn nach ihrem Katechismus gilt: »Hitler kann sich weder irren noch uns in die Irre führen«, doch bezweifeln die Unentschlossenen und die Regimegegner, dass diesem neuen Abenteuer Glück beschieden wäre.

---

[53] Archives diplomatiques, La Courneuve, Correspondance diplomatique et commerciale, Nr. 707.

Genau darin liegt ein beunruhigendes Element, ein Beleg für ein nicht [unleserliches Wort] Aufwallen bei den [unleserliches Wort], die diese Meinung vertreten (was umso frappierender ist, als der Ostpreuße weniger scharfsinnig ist als der Berliner und der Rheinländer), [und zwar] zur Verblüffung des durchschnittlichen Deutschen, die der Bestürzung des Auslands angesichts der schnellen Abfolge der äußeren Ereignisse in nichts nachsteht. Während das übertriebene Tempo unlängst noch diesen »barbarischen« Instinkten schmeichelte, empfindet der Deutsche die Schnelligkeit der Entwicklung jetzt als beängstigend. In Gesprächen fallen zahlreiche Anspielungen auf die verzweifelte Lage, die durch diese fieberhafte Eile angeblich verschleiert ... [und] von der Hauptstadt zur Landeshauptstadt [herabgestuft] wird. Das Regime habe aber bisher diese kritische Lage sorgfältig verborgen oder sie zum Schein als lästige Bagatelle abgetan, und der durchschnittliche Deutsche sei in aller Regel naiv darauf hereingefallen. Seit einem Monat reagiert die öffentliche Meinung auf diesen Punkt [anders]: Nun sind es nicht mehr nur die Gegner des Regimes, die hinter vorgehaltener Hand herumerzählen, Hitler sei »der größte Lügner Europas«. Dies ist sehr aufschlussreich, denkt man an die unzweifelhaft große Popularität, der sich der Führer der Deutschen bis jetzt erfreut hat. [...] Der Deutsche, selbst der Nazi und der Mitläufer, ist sich sehr wohl im Klaren darüber, dass die systematische, brutale Gleichschaltung der Meinung auf Kosten der persönlichen Freiheit jegliches gesunde Urteil verhindert [...]. Hingegen würde sich die öffentliche Meinung, auch wenn sie sich den Frieden wünscht, vergleichsweise leicht mit der Möglichkeit eines Krieges mit Polen anfreunden (wobei dies vielleicht eine ostpreußische Besonderheit darstellt). Die deutsch-polnischen Abkommen haben die wechselseitigen Animositäten ohnehin nie beseitigt. Außerdem war die Existenz des polnischen Korridors[54]

---

[54] Der Polnische oder Danziger Korridor bot der neu gegründeten Republik Polen ab 1919 Zugang zur Ostsee, teilte aber Ostpreußen vom übrigen deutschen Staatsgebiet ab.

von Anfang an ein Stein des Anstoßes, vor allem hier; sie wird als Kränkung empfunden und gilt als unsinnig. [...] Die Regionalzeitungen bringen weiterhin nichtssagende, lakonische Berichte über die außenpolitische Lage oder schlachten in bewährter Manier »skandalöse« Lokalnachrichten aus. Seit einem Monat verschärft sich der Ton gegenüber England; gegenüber Frankreich ist er, abgesehen von den letzten Tagen, etwas weniger giftig. Die Bevölkerung lässt sich von diesem Säbelgerassel ohnehin nicht für dumm verkaufen, sondern ergibt sich still und resigniert in ihr Schicksal.

Abb. 8: »Die Olympischen Spiele 1936 sollen den aus aller Herren Länder anreisenden Gästen vor Augen führen, wie großartig das neue Deutschland ist.« Entzünden des olympischen Feuers im Berliner Lustgarten, 1. August 1936.

Kapitel sechs
Die Olympischen Spiele in Berlin

»Allen, die dabei an die Zerbrechlichkeit des Weltfriedens
dachten, wurde unwillkürlich bang ums Herz.«

*Die Berichte über die Olympischen Spiele von 1936 belegen, dass
dieses Ereignis in den Augen der französischen Diplomaten
einen Wendepunkt in der Entwicklung des Regimes darstellte.
Nicht nur pries die Propaganda lautstark die Leistungen des Nationalsozialismus, man feierte auch die Etablierung des Regimes
und seine Anerkennung durch eine Reihe von Staaten. Deutschlands Macht, Organisationstalent und Mobilisierungsgeschick
nahmen die Franzosen wahr, wenn auch mit Unbehagen. Doch
François-Poncet und seine Leute berichteten auch, dass die Judenverfolgungen selbst während der Spiele anhielten, wenn auch
ebenso diskret im Hintergrund wie schon im Winter davor während der Olympischen Spiele in Garmisch-Partenkirchen.*

29. Juli 1936: Vorbereitungen für die Spiele der
XI. Olympiade[1]

Je näher die im antiken Olympia entzündete heilige Fackel, von
Hand zu Hand gereicht, den Grenzen des Reiches kommt,
desto entschlossener scheint die deutsche Hauptstadt zu sein,

---

[1] Berlin, Botschaft, A–443, Nr. 1226.

sich von nichts ablenken zu lassen und voll und ganz der Feier der XI. Olympiade zu widmen. Seit acht Tagen herrscht überall in der Stadt Feststimmung. Entlang der Verkehrsadern flanieren ohne Unterlass Scharen von Schaulustigen und bewundern die üppigen Dekorationen. Zeitungsmeldungen über die Umsetzung des Vertrags mit Österreich, den spanischen Bürgerkrieg oder die Vorbereitungen für das Treffen der Locarno-Mächte[2] interessieren die Massen nur noch am Rande. Die Berliner, die sonst so neugierig auf alle Ereignisse außerhalb ihrer Stadt schauen, stehen zu ihrer Verblüffung nun selbst im Mittelpunkt des Universums.

In ihren Augen sind die Olympischen Spiele weit mehr als eine Sportveranstaltung, die an Glanz alles bisher Dagewesene übertreffen wird. Vielmehr sollen sie den aus aller Herren Ländern anreisenden Gästen vor Augen halten, wie großartig das neue Deutschland ist. Wurde es gestern noch von fast allen boykottiert, zieht das Dritte Reich heute dank der Olympischen Spiele und der an ihrem Rande stattfindenden Kongresse die ganze Welt in seinen Bann. Das Dritte Reich spürt es, weiß es. Und es empfindet dabei eine tiefe innere Befriedigung. In dieser Hinsicht hat die XI. Olympiade für die Führer von Hitlers Deutschland, aber auch für den »Mann auf der Straße« einen politischen Stellenwert, der alle Ereignisse, die derzeit anderswo auf der Welt stattfinden, bei Weitem in den Schatten stellt.

Das Auffallende an den grandiosen und zugleich peinlich genauen Vorbereitungen der deutschen Behörden für die Olympiade ist nämlich, dass die sportlichen Belange ständig der Propagandawirkung untergeordnet werden. Misstrauen und Vorurteile sollen zerstreut werden und man will beweisen, dass das nationalsozialistische Deutschland nicht brutale Ge-

---

[2]   Die Unterzeichnerstaaten der Verträge von Locarno.

walt kultiviert, sondern sich im Gegenteil als gewissenhafter Erbe der traditionellen Werte versteht, die schon den griechischen Helden zur Ehre gereichten: körperliche und geistige Ertüchtigung, Selbstlosigkeit und Treue.

Von Anfang an haben die Herren von Hitlers Deutschland begriffen, welch enormen Nutzen sie aus den Olympischen Spielen ziehen können. Nicht im Traum haben sie daran gedacht, die Organisation der Spiele den Sportverbänden und dem Olympischen Komitee zu überlassen, wie es in allen übrigen Gastgeberländern der Spiele seit 1896 der Fall war.

Sie lösten die Olympischen Spiele aus ihrem Rahmen, in dem sportliche Leistungen dargeboten werden, die in jeder Nation nur ein relativ begrenztes Publikum interessierten, und erhoben sie in die Zuständigkeit des Staates. Nicht etwa der Präsident des deutschen Olympischen Komitees, sondern der Reichsinnenminister Dr. Frick ist seit 1933 damit betraut, die Vorbereitungen zu leiten und zu beaufsichtigen. Der Führer höchstpersönlich hat sich die endgültige Genehmigung der Pläne vorbehalten. Er selbst wies die Pläne für die Erweiterung des Grunewald-Stadions, wie sie den Mitgliedern des Olympischen Komitees vorschwebte, als allzu armselig zurück. Er selbst forderte, man solle großzügiger planen und ein Bauwerk erschaffen, das des neuen Deutschlands wahrhaft würdig ist; und nachdem das Ausland es gebührend bewundert habe, werde es künftigen Generationen an den Aufschwung erinnern, den das Dritte Reich dem Land in jeder Hinsicht beschert habe.

Kein Opfer scheuten Hitler und seine Leute, um aus einer internationalen Sportveranstaltung ein bombastisches nationales Propagandaereignis, eine Apotheose ihres eigenen Regimes zu machen.

Der Wille des Führers wurde verstanden und befolgt. Noch niemals haben die Olympischen Spiele in einem so prunkvollen Rahmen oder in Gebäuden und Anlagen mit so gewaltigen

189

Ausmaßen und so hervorragenden Einrichtungen für Athleten und Zuschauer stattgefunden.

Es folgt die Beschreibung des Olympischen Dorfes und der Sportanlagen.

Der Grundriss und die illustrierten Broschüren, die dieser Depesche beigefügt sind, bieten einen Überblick über die Vielzahl und Anordnung all dieser Bauwerke, ihre gigantischen Dimensionen und ihren schlichten und doch imposanten Baustil. Besser als alle Worte geben sie den harmonischen, grandiosen Gesamteindruck wieder, den das »Reichssportfeld« vermittelt. […]

Beschreibung des Olympischen Dorfes.

[…] Das Olympische Dorf, auch »Dorf des Friedens« genannt, befindet sich übrigens vollständig im Eigentum der Militärverwaltung und wird nur vorübergehend für den aktuellen Zweck genutzt. Bis Ende August stehen die massiven Gebäude im Zeichen der Friedensspiele, doch bereits in einem Monat werden sie der Infanterie als Offiziersschule dienen. Schon jetzt untersteht das Dorf dem Kommando eines Hauptmanns, und die ausländischen Bewohner gelten als Gäste der Wehrmacht. Nichts könnte die Findigkeit der Deutschen besser charakterisieren. Nichts könnte in der Vorgehensweise des Dritten Reichs klarer illustrieren, dass der Krieg auch im Frieden immer und überall präsent ist.

Während letzte Hand an die umfangreichen Bauarbeiten im Stadion und im Olympischen Dorf gelegt wurde, baute man in aller Eile Straßen für die gewaltigen Menschenmassen, die zu den gigantischen Amphitheatern des »Reichssportfelds« strömen werden. Riesige Parkplätze für Tausende Automobile wurden angelegt. Die zahlreichen Baustellen, die seit mehr als einem Jahr die Hauptstadt verstopften, verschwanden quasi über Nacht. Die Stadt Berlin hat sich für den Empfang ihrer Gäste schön gemacht. Die berühmte Straße Unter den Linden verwandelte sich im Schmuck von Flaggen, Laternen, Blumen und Girlanden in eine Art Via sacra, die sich quer durch den Tiergarten bis zum Stadion erstreckt.

Die Begrüßung der einzelnen Mannschaften gab fast jeden Tag aufs Neue Anlass zum stets gleichen Szenario, das in einer ebenso freudigen und feierlichen Atmosphäre ablief. Am Bahnhof wurden die Delegationen unter ihrer Nationalflagge von Mitgliedern des Deutschen Olympischen Ausschusses empfangen. Weiß gekleidete Kinder mit Armbinden in ihren Landesfarben umringten sie und boten sich als Dolmetscher und Fremdenführer an. Nach einem kurzen Willkommensgruß lauschten die Sportler den Klängen ihrer Nationalhymne und bestiegen unter dem Jubel der Menge bequeme Militärautobusse, die sie durch die deutsche Landschaft zu den ihnen zugewiesenen Unterkünften brachten. Gleich bei der Ankunft auf Berliner Boden kamen sie nicht umhin, von der herzlichen Begrüßung ganz gerührt zu sein. [...]

Bevor wir uns mit dem Sportereignis selbst befassen, sei eine Bemerkung darüber gestattet, welch sagenhafte Summen die Reichsregierung aufgewendet haben muss, um einen so prunkvollen Rahmen für die Olympischen Spiele zu schaffen.[3] Verwunderlich ist, dass ein Land, das seine Schulden im In- und Ausland nicht begleichen kann und jeden [Devisen-] Transfer ausgesetzt hat, sich den Luxus so enormer Ausgaben leistet. Die offiziellen deutschen Stellen vermeiden übrigens tunlichst jeden Kommentar zu dieser Frage. In der Öffentlichkeit, die sich mehr oder weniger im Klaren darüber ist, dass sie eines Tages die Zeche zahlen wird, kursieren die abenteuerlichsten Zahlen. [...]

---

[3] Diese Zahl wurde in einer späteren Depesche übermittelt, vgl. S. 171.

Die Kosten der Bauarbeiten sind Gegenstand vieler Diskussionen.

Auch wenn Deutschland es im Bestreben, alles bisher Dagewesene in den Schatten zu stellen, etwas übertrieben hat, könnte es unter dem Strich aus den Olympischen Spielen durchaus beachtliche wirtschaftliche, moralische und politische Vorteile ziehen.

Die vielen Ausländer, die von den Olympischen Spielen nach Berlin gelockt werden, bringen Devisen in einer Höhe ins Land, die gewiss schwer abzuschätzen, aber sicher erklecklich ist. [...]

In einem Monat befinden sich diese Ausländer wieder auf dem Rückweg in ihre Heimat. In allen Sprachen werden sie ein Loblied auf das Dritte Reich singen. Sie werden bekräftigen, wie wohlgeordnet und perfekt organisiert Adolf Hitlers Deutschland ist, und dass der Führer von seinem Volk vergöttert wird.

Nichts werden sie mitbekommen haben von der Verarmung des Mittelstands, vom sinkenden Lebensstandard der Arbeiter. Nichts werden sie wissen über die Konzentrationslager, die Tyrannei der Gestapo, das zum Staatssystem erhobene Spitzelwesen, die monströse Willkür der Justiz, das Ersticken jeglicher Meinungsäußerung und die fortschreitende Lähmung von Intelligenz und [kritischem] Denken. Geblendet von der glänzenden Fassade, werden sie dahinter nicht die vielen Makel erahnen, die eine tiefe Kluft zwischen der nationalsozialistischen Doktrin und unserem Verständnis westlicher Kultur entstehen lassen. Schon aus Dankbarkeit werden sie im Ausland pflichtschuldigst das Dritte Reich verteidigen und das neue Deutschland und den Nationalsozialismus in den höchsten Tönen preisen. [...]

Der politische und moralische Nutzen, den das Dritte Reich aus der XI. Olympiade ziehen wird, lässt sich gewiss nicht in

Zahlen ausdrücken. Doch läge man falsch, wollte man ihn für unerheblich halten.

2. August 1936, 13.30 Uhr: Verschlüsseltes Telegramm[4]

Gestern nahm ich an diversen Feierlichkeiten anlässlich der Eröffnung der Olympischen Spiele in Berlin teil. Der Charakter der Feiern war in der Tat grandios. Trotz des bedeckten, regnerischen Wetters waren sie ein voller Erfolg und wurden allseits sehr bewundert. Ich selbst war bei dieser Gelegenheit noch mehr als bei den vorherigen in erster Linie bestürzt darüber, wie geschickt das nationalsozialistische Regime es versteht, die Massen und vor allem die Jugend in solche Veranstaltungen einzubeziehen, ihre Fantasie anzuregen, sie vor Ergriffenheit beben zu lassen und in einer Welle der Begeisterung mitzureißen.

In dieser Hinsicht steht es dem kommunistischen Russland oder dem faschistischen Italien eindeutig in nichts nach.

Als Reichskanzler Hitler inmitten eines Pulks von Offizieren und Mitgliedern des Olympischen Komitees, die vor ihm den Hut zogen, unter dem tosenden Applaus von 120 000 Zuschauern die monumentale Treppe des Stadions hinabschritt, wirkte er allen Ernstes wie ein Triumphator auf dem Höhepunkt seines Ruhms. Er betrat bei dieser Gelegenheit übrigens zum ersten Mal das Stadion, dessen Pläne und Modelle er persönlich genehmigt hatte. »Ich will«, so hatte er den Architekten wissen lassen, »dass das Berliner Stadion alle Arenen übertrifft, die existieren oder jemals existiert haben!«

Dieses Streben nach dem Kolossalen und die Sehnsucht, alle Rekorde zu brechen, ist nicht das einzige Vermächtnis der Epoche Wilhelms II., das sich das Dritte Reich zu eigen gemacht hat, und heute findet Deutschland daran nicht weniger Gefallen als gestern.

---

4   Berlin, Botschaft, B–142, Nr. 2382–3–4–5–6–7.

Auf alle Fälle leistete man dem Befehl des Führers Folge. Das Berliner Stadion ist in seiner Art einmalig. Wie ich von einem der Hauptorganisatoren der Spiele erfuhr, beliefen sich die Kosten inklusive Nebenbauten auf 35 Millionen Reichsmark, umgerechnet 210 Millionen Francs. Auf der Tribüne nahm Hitler neben dem Kronprinzen von Italien Platz. Die Anwesenheit des Prinzen und zahlreicher Honoratioren seines Landes verdeutlicht die derzeitigen Bemühungen beider Staaten um eine Annäherung ihrer Politik.

Beim feierlichen Einmarsch der ausländischen Mannschaften durften die Zuschauer ihren Gefühlen freien Lauf lassen. Viel Applaus erhielten die Ungarn, Bulgaren und Italiener. Frenetischer Beifall erscholl für die Österreicher, die das Publikum zu wahren Begeisterungstürmen hinrissen. Nach ihnen waren es jedoch die Franzosen, die den meisten Applaus erhielten, [denn] das deutsche Publikum missdeutete den von unseren Landsleuten entbotenen olympischen Gruß, der dem Hitlergruß sehr ähnlich ist, umso mehr als Geste inniger Verbundenheit, als einige andere Mannschaften darauf verzichteten, und bedankten sich sehr herzlich dafür. Einen Beitrag zu diesem warmen Empfang, der den Anwesenden auffiel und heute Morgen von der gesamten Presse hervorgehoben wurde, leisteten auch andere, komplexere Gefühle, darunter gewiss die Sehnsucht nach Frieden und Entspannung sowie eine verdrängte Zuneigung zu uns, die bei vielen Deutschen mit Abneigung und Hass gepaart ist. Auch bei den Winterspielen im Februar dieses Jahres in Garmisch-Partenkirchen wurden unsere Sportler sehr herzlich empfangen, doch hinderte das Deutschland keineswegs daran, nur einen Monat später unter dem Beifall der Bevölkerung das Rheinland zu besetzen.

Der 1. August schloss mit einer Abendveranstaltung, die wiederum im Stadion stattfand und die Jugend in den Mittelpunkt stellte. 20 000 Kinder, halbwüchsige Knaben und junge Mädchen führten anmutig ein prächtiges und doch geschmackvolles Programm auf. Zum Abschluss sang ein 1200 Kehlen starker Chor die Ode an die Freude aus Beethovens 9. Sinfonie. Allen, die dabei an die Zerbrechlichkeit des Weltfriedens dachten, wurde unwillkürlich bang ums Herz.

François-Poncet

Abb. 9: »Am 1. April [1933] herrschte in Berlin Feststimmung.« Jüdische Geschäfte wurden mit Hakenkreuzen und Kritzeleien beschmiert, die zum Boykott aufriefen.

Kapitel sieben
Antisemitismus und Judenverfolgung

»In Erwartung weiterer, noch brutalerer Methoden bildet das
neue Gesetz den letzten Schritt vor der Ghettoisierung.«

*Hatte André François-Poncet begriffen, dass der Antisemitismus
den Kern der nationalsozialistischen Ideologie und Politik bildete?
Liest man die zahlreichen Berichte, in denen es um Judenverfolgungen geht, scheint das nicht unbedingt der Fall zu sein. Zwar erkannte er den Judenhass als Antriebsfeder des Regimes und als
Instrument zur Mobilisierung der deutschen Bevölkerung, doch
schildert er die gegen Juden gerichteten Maßnahmen nicht als im-
manenten Bestandteil der Politik des »Dritten Reichs«. Dennoch
lassen die nach Paris gesandten Berichte die allmähliche Isolation
der deutschen Juden sehr klar erkennen. Der im März 1933 ange-
kündigte Boykott jüdischer Geschäfte, der den ganzen 1. April über
in die Tat umgesetzt wurde, schockierte allein durch seine Auffäl-
ligkeit. Die fortschreitende Ausgrenzung der Juden aus immer
mehr Berufen und das Drängen auf Abtretung ihrer Geschäfte und
Unternehmen wird auf vielen Seiten behandelt. So offenbart sich
die antisemitische Haltung der Nationalsozialisten in der staatlichen Politik ebenso wie in der Brutalität ihres Vorgehens, die sich
immer wieder in Ausschreitungen auf den Straßen und Aufrufen
zum Boykott jüdischer Geschäfte entlud. Der Antisemitismus*

197

wurde legalisiert, verrechtlicht und damit legitimiert. Auch die Nürnberger Gesetze rüttelten die Diplomaten auf, weil sie ins Mark trafen und die Auswirkungen des staatlich verordneten biologischen Rassenwahns auf spektakuläre Weise verdeutlichten. Viel Raum in den Berichten nimmt auch die unablässige judenfeindliche Propaganda ein, die den Hass schüren und zugleich die administrativen und legislativen Maßnahmen rechtfertigen sollte. Die Tageszeitung Der Stürmer *las man in der Botschaft sehr aufmerksam. Alles in allem schildern die Gesandtschaftsberichte vorwiegend, wie das Regime kontinuierlich und immer radikaler die Juden verfolgte, rücksichtslos enteignete und schließlich in gesonderten Gebäuden zusammenpferchte, solange das Ziel seiner antisemitischen Politik nicht erreicht war – in den Dreißigerjahren war das die massenhafte Auswanderung der Juden. Die »Reichskristallnacht« gab Anlass zu entrüsteten Schilderungen, jedoch nicht zu einem umfassenden Bericht über die Ereignisse, denn André François-Poncet hatte die Botschaft da bereits verlassen. Am Quai d'Orsay war man zumindest über die Brutalität der Verfolgungen auf dem Laufenden, wenn auch nur bis 1939. Nach Kriegsbeginn versiegten die Meldungen zu diesem Thema rasch und kamen nur noch tröpfchenweise, von neutralem Boden aus. Der Völkermord an den europäischen Juden kommt deshalb in den Archiven des französischen Außenministeriums nicht mehr vor.*

5. März 1933[1]: Judenfeindliche Entscheidungen der NSDAP[2]
Obwohl die Reichsregierung in dieser Woche Entscheidungen von erheblicher Tragweite getroffen hat, von denen manche die föderativen Grundlagen des Reichs nachhaltig verändern,[3] steht vor allem der Boykottaufruf der NSDAP gegen die Juden im Mittelpunkt des Interesses von Politikern und Öffentlichkeit.

---

[1] Das Datum ist nicht korrekt angegeben. Es handelt sich um den 5. April 1933.
[2] Berlin, Botschaft, A–422, Nr. 324.
[3] Gemeint ist die Gleichschaltung der Länder mit dem Reich, die damit ihre relative Autonomie und Freiheit verloren.

Dem Reichskabinett war anscheinend vollkommen bewusst, dass dieses Vorhaben bei Weitem den [bisherigen] Rahmen der deutschen Innenpolitik sprengen und von der ganzen Welt sehr aufmerksam verfolgt werden würde, dass aber auch die unangenehmen wirtschaftlichen und finanziellen Folgen, die daraus unweigerlich auch für deutsche Unternehmen resultieren würden, das Reich in große Schwierigkeiten gegenüber dem Ausland bringen könnte. Alles deutet darauf hin, dass das judenfeindliche Vorgehen der Hitler-Bewegung auch innerhalb der Regierungskoalition auf energischen Widerstand stieß. Die konservativen Elemente hielten mit ihrem Missfallen nicht hinter dem Berg. Besorgt meinten sie, das Reichskabinett stürze sich in ein Abenteuer mit ungewissem Ausgang. Offensichtlich haben die Anführer des Stahlhelms in ihren Reihen nicht vergessen, dass im Krieg kein deutscher Soldat von der Front nach Hause geschickt wurde, nur weil er Jude war, und dass Israeliten ihr Leben für Deutschland opferten. Wirtschaftskreise schließlich gaben zu bedenken, eine schonungslose Ausgrenzung der Juden aus der deutschen Wirtschaft könne diese tief greifenden Erschütterungen aussetzen; man würde damit das Handelsvolumen verringern, die Erfüllung von Verträgen verhindern, die Produktion drosseln, die Arbeitslosigkeit anheizen, die Banken in Liquiditätskrisen stürzen und [damit] letztlich die Staatskasse um wichtige Einnahmen bringen. Es heißt, Reichsbankpräsident Dr. Schacht habe in einer Unterredung mit dem Kanzler am 30. März den vorgesehenen Judenboykott kategorisch abgelehnt und erklärt, diese Maßnahme werde innerhalb eines Monats die Arbeitslosenzahl um eine Million hochschnellen lassen und eine untragbare Belastung für die Staatsfinanzen darstellen. Der frühere Reichswirtschaftskommissar Dr. Sänisch[4] soll sich ähnlich geäußert haben. Statt der Kampagne, die einige ausländische

---

[4] Gemeint ist vermutlich Friedrich Ernst Moritz Saemisch, der 1921 preußischer Finanzminister war und 1922–1938 Präsident des Reichsrechnungshofes sowie Reichssparkommissar.

Zeitungen gegen Deutschland führen, den Boden zu entziehen, würde eine erneute Verschärfung der gegen Juden gerichteten Aktionen dieser im Gegenteil gerade neue Nahrung liefern, so stehe jedenfalls zu befürchten.

Dennoch stellte Hitlers Partei innerhalb weniger Tage einen gewaltigen Boykottapparat auf die Beine und legte detailliert dessen Ablauf fest. Hitlers Sturmtruppen warteten nur auf ihren Marschbefehl; es handelte sich nur um Schikanen gegenüber wehrlosen Leuten. Man konnte sie schwerlich um die Gelegenheit bringen, ihrem Judenhass Ausdruck zu verleihen und mit ihrer Stärke zu protzen, als wollten sie Druck auf die Regierung ausüben, die ja schon am 30. März eilends angekündigt hatte, der Boykott werde auf jeden Fall am 1. April stattfinden. Das Zentralkomitee unter Leitung des Abgeordneten Streicher[5] hat zudem die lokalen Komitees angewiesen, der SA und SS eine Liste der jüdischen Rechtsanwälte und Ärzte sowie der von Juden geführten Geschäfte zu übergeben, vor denen sie Schildwachen aufstellen sollten. Deren Aufgabe war minutiös geregelt: Sie sollten sich darauf beschränken, Passanten darauf hinzuweisen, dass der jeweilige Betrieb in der Hand von Juden sei, aber keinerlei Gewalt gegen Personen oder Sachen anwenden. Sie hatten strikte Anweisung, die jüdischen Läden nicht zu betreten. Einige der Anordnungen waren besonders abscheulich. Die Geschäfte wurden angewiesen, alle jüdischen Mitarbeiter fristlos zu entlassen und den übrigen Angestellten zwei Monatsgehälter im Voraus zu zahlen.

Trotz der minutiösen Organisation des Boykottkomitees und der Anweisungen, die es am Morgen des 31. gab, scheint das Reichskabinett bis zum letzten Augenblick gezögert zu haben, den Startschuss für eine Aktion zu geben, die womöglich schwerwiegende Konsequenzen haben könnte. Die Lösung, auf die man

---

[5] Das »Zentralkomitee zur Abwehr der jüdischen Gräuel- und Boykotthetze« unter Julius Streicher, das den Judenboykott organisierte.

sich am Abend des 31. einigte, stellt einen Kompromiss zwischen den Forderungen der NSDAP und den Einwänden der konservativen Vertreter dar. Die Reichsregierung verzichtete darauf, sich in den Kampf einzumischen, gab jedoch Anweisung zum Handeln. Sie bereitet sorgfältig ihren Rückzug vor. »Das Reichskabinett«, erklärte Dr. Goebbels im Namen der Regierung, »stellt mit Befriedigung fest, dass die im Ausland gegen Deutschland geführte Kampagne allmählich abklingt.« Es handle sich dabei um die ersten Früchte der Boykottdrohungen der NSDAP; zudem sei dies ein Beweis dafür, dass die deutschen Juden nicht in der Lage seien, diese Propaganda zu beeinflussen. Er sei überzeugt, dass die Kampagne weiter nachlassen werde. Vor diesem Hintergrund hat die NSDAP entschieden, den Boykott vorerst nur auf einen Tag zu begrenzen, und zwar den 1. April, und dann bis Mittwoch den 5. April vorläufig auszusetzen. Abschließend rief Dr. Goebbels zur Disziplin auf und warnte vor den unvermeidlichen »kommunistischen Provokateuren in SA-Uniform«, die er schon im Vorfeld für sämtliche etwaigen Zwischenfälle verantwortlich machte. Parallel dazu ließ Hitlers Partei verlauten, sie habe – vermutlich auf Anordnung der Regierung – die Forderung nach einer Vorauszahlung von zwei Monatsgehältern an christliche Angestellte jüdischer Geschäfte fallen gelassen. Auch in diesem Punkt machten die Nazis einen Rückzieher.

Am 1. April herrschte in Berlin Feststimmung; die Atmosphäre in den Straßen der Stadt war angespannt. Auf allen öffentlichen Plätzen waren Rundfunkgeräte angebracht, aus denen Marschmusik erklang, unterbrochen von nationalsozialistischen Reden, die die angelockte Menge aufforderte, jüdische Geschäfte, Anwalts- und Arztpraxen zu meiden. Um genau zehn Uhr nahmen Hitlers Truppen Aufstellung vor den von Juden geführten Kaufhäusern, von denen mehrere ihre Pforten geschlossen hatten, wechselten ein paar Worte mit den Inhabern und brachten an jeder Tür einen Anschlag an, auf dem stand: »Es ist verboten, bei diesem Händler zu kaufen«, oder ein schwarzes Plakat mit einem gelben Punkt, das an die Gewänder erinnerte, mit denen die spanische Inquisition die Opfer der Autodafés einkleidete. An die Schaufenster der Warenhäuser klebte man Anschläge, auf denen auf Deutsch und Englisch zu lesen war: »Deutsche, wehrt Euch gegen die ausländische Gräuelpropaganda! Kauft nicht bei Juden!« Manche Plakate waren rundheraus beleidigend wie etwa dieses: »Mit dem gestohlenen Geld zahlen die Juden ausländische Provokateure.« Fantasie und Hass [der Rollkommandos] kannten keine Grenzen. Einige vergnügten sich damit, die Schaufenster mit Sprüchen zu beschmieren, die in großen Buchstaben verkündeten: »Ich bin ein dreckiger Jude«, »Tod den jüdischen Aufwieglern« oder »Ab nach Jerusalem!«. Hinter ihren Ladentischen sahen die jüdischen Kaufleute dem üblen Treiben regungslos zu. Aus den Reihen der Schaulustigen war kein Wort des Protests zu hören, kein Zeichen der Missbilligung zu sehen.

In meinem Telegramm Nr. 374–578 schilderte ich einen typischen Erpressungsfall. Offenbar wussten sich selbst die erbittertsten Organisatoren des Boykotts durchaus zu arrangieren, denn es fiel auf, dass manch ein jüdischer Einzelhändler verschont blieb und dass Filialen desselben Unternehmens unterschiedlich behandelt wurden. Alles in allem verlief der 1. April – der 118. Geburtstag Bismarcks und Beginn des Kampfes gegen die antideutsche Propaganda – ohne besondere Vorkommnisse, sieht man einmal davon ab, dass in Kiel ein jüdischer Anwalt auf SA-Leute schoss, die in den Laden seines Vaters eingedrungen waren, und später im Gefängnis von »Unbekannten« getötet wurde. Die konservative Presse sparte nicht an Lobreden über Hitlers Männer, ihre großartige Disziplin und ihr überragendes Organisationstalent. Sie gab sich alle Mühe, ihnen klarzumachen, sie hätten einen fabelhaften Sieg über die jüdische Internationale errungen; dank ihrer Aktion habe die ausländische Presse abrupt ihre Verleumdungskampagne gegen Deutschland eingestellt. Angesichts dieses Triumphs sei eine Fortsetzung des Feldzugs nicht erforderlich.

Andere Zeitungen übten Kritik am Boykott.

[...] Die Parteispitze der NSDAP hat sich nur zu gern überzeugen lassen, sie habe gerade eine entscheidende Schlacht gewonnen und könne dem Feind nun wenigstens einen Waffenstillstand gewähren. Zumindest ist ihr klar geworden, dass die Fortsetzung des Boykotts für die deutsche Wirtschaft äußerst schwerwiegende Folgen hätte. Wie der Chef des Zentralkomitees, der Abgeordnete Julius Streicher, erklärte, verfügen die Juden über so gute Beziehungen, dass schon ein einwöchiger Boykott für die deutsche Wirtschaft unabsehbare Folgen hätte; darüber hinaus könne man es gewisse wichtige Organe unmöglich mit einem Federstrich aus der Volkswirtschaft tilgen, ohne damit eine bedrohliche Abkühlung des gesamten Organismus zu riskieren. »Nach meinem Eindruck«, sagte er, »sollten wir den Kampf am Mittwoch nicht mehr fortsetzen. Tausende Deutsche werden das bedauern, aber sie werden sich weiterhin strikter Disziplin befleißigen müssen. Selbst wenn es schwerfällt, Zugeständnisse zu machen ... Adolf Hitler kann nur Schritt für Schritt voranschreiten.«

[...] In der Tat hat Hitlers Partei beschlossen, den Boykott abzubrechen. Hieraus ist jedoch nicht abzuleiten, die Nazis würden auf jegliche Aktion gegen die Juden verzichten. Dazu ist anzumerken, dass auch Herr Hitler selbst den Hass seiner Partei auf die Juden teilt und ihm der Boykott durchaus gelegen kommt. Herr Goebbels bezeichnete seinerseits in einer Rede am 31. März das Weltjudentum als letzte Hoffnung der Gegner der Volksrevolution. »Unweigerlich«, sagte er, »musste die jüdische Presse in Berlin uns gegenüber einen anderen Ton anschlagen. Derzeit müssen die Redakteure des *Angriffs* ja vor Neid erblassen, wenn sie die von reinstem revolutionärem Nationalismus beseelten

Artikel der Verlage Ullstein und Mosse lesen.[6] Doch diese Herren sollen nur nicht glauben, sie könnten uns einwickeln. Wir legen keinen Wert auf ihre Lobhudeleien, sondern ziehen ihre Kritik vor. Vielleicht können sie damit unsere Vergebung erlangen. In diesem Punkt sollen sie sich keinerlei Illusionen machen. Wir haben schon so oft gesagt: Wir wollen nichts vergessen.«

Der Boykott der jüdischen Geschäfte war allerdings nur eine Form der judenfeindlichen Ausschreitungen. Lediglich in dieser für die deutsche Wirtschaft gefährlichsten und für das Ansehen des Reichs im Ausland schädlichsten Form wurde der Kampf abgebrochen. In allen anderen Bereichen setzte man ihn gnadenlos systematisch und mit erbittertem Hass fort.[7] Allen gegenteiligen Beteuerungen der Regierung zum Trotz schreitet der Ausschluss der Juden aus dem Richteramt, der Anwalts- und Notarkammer sowie der Ärzteschaft rasch voran. Zudem sind Juden und ihr Hab und Gut weiterhin Angriffen ausgesetzt, in gleichem Maße wie Sozialisten und Kommunisten. Hemmungslos führen die Behörden gegen die Juden zwei Argumente ins Feld, die sämtliche Willkürakte rechtfertigen sollen. Das eine ist die Mär vom »Volkszorn«, dem die Behörden angeblich durch vorsorgliche Verhaftungen vorbeugen müssen. Den zweiten Vorwand liefern die vermeintlichen »marxistischen Provokateure in SA-Uniform«, denen man von vornherein die Schuld an sämtlichen Auswüchsen in die Schuhe schiebt, die Angehörige von Hitlers Sturmtruppen begehen könnten. Misshandelt ein Hitleranhänger einen Juden, bleibt er in aller Regel anonym, doch die gesamte Presse behauptet, es habe sich um einen marxistischen Aufwiegler gehandelt.

---

[6] Mosse und Ullstein waren deutsche Presse- und Verlagshäuser und jüdische Familienunternehmen, die diverse Zeitungen mit liberaler Tendenz veröffentlichten. Den Nationalsozialisten waren sie ein Dorn im Auge; der Ullstein-Verlag wurde 1934 arisiert und fusionierte 1937 mit dem offiziellen Zentralverlag der NSDAP.

[7] Unterstreichungen im Original.

Jüdische Richter waren bisher von gesetzlichen Repressalien verschont geblieben. Die erste Amtshandlung des neuen preußischen Justizministers, Herrn Kerrl, bestand nun darin, sie aus allen deutschen Gerichten zu vertreiben und vorsorglich allen jüdischen Rechtsanwälten Berufsverbot zu erteilen, bis deren Zahl prozentual dem Anteil der Juden in der Bevölkerung entspricht.

Juden sind auch von Schöffengerichten ausgeschlossen und dürfen nicht mehr als Handelsrichter etc. auftreten.

[...] Was die Anwälte betrifft, so dürfen sie die Gerichte künftig nur noch mit einem speziellen Ausweis betreten, der ihnen von den Reichskommissaren bei der Anwaltskammer ausgestellt wird. Diese wenden aber künftig das von der NSDAP schon lange geforderte »Prinzip der Kontingentierung proportional zur Bevölkerungszahl« an, den Numerus clausus. Die 600 000 [Juden] machen ein Hundertstel der deutschen Bevölkerung aus. Entsprechend darf nicht mehr als ein Hundertstel der Anwaltschaft jüdisch sein, während es bisher rund 80 Prozent waren. Mithilfe dieses Prinzips wurde die Zahl der Zulassungen für jüdische Anwälte in Berlin aktuell auf 35 der 3500 Mitglieder der Berliner Anwaltskammer reduziert. Die gleiche Kontingentregelung gilt für Notare.

Der Ausschluss von Ärzten und Beamten wird vorbereitet.

Die gegen Juden gerichtete Aktion erstreckt sich auch auf andere Bereiche: Die städtischen Schulen in Berlin mussten gerade ihre jüdischen Lehrer entlassen. Öffentliche Körperschaften dürfen nicht mehr in der jüdischen Presse inserieren. Der Interessenverband der nationalsozialistischen Eisenbahner hat gerade die Direktion der Reichsbahn aufgefordert, keine Aufträge mehr an jüdische Firmen zu vergeben. Zahlreiche Privatunternehmen und sogar die jüdischen Firmen selbst wurden von Hitleranhängern in ihren Belegschaften mit Denunziationen und Drohungen gezwungen, ihre jüdischen Mitarbeiter zu entlassen. Dr. Lips, der Konservator des Völkerkundemuseums Köln, verlor dieser Tage seine Stelle.

Verschont geblieben sind bisher nur die jüdischen Banken – sei es, weil sie sich die Nachsicht der Regierung erkauft haben, oder dass diese es scheuten, sich mit einem übermächtigen Gegner anzulegen.[8]

Die willkürlichen Verhaftungen von Juden gehen weiter.

Es folgt eine Liste verhafteter jüdischer Honoratioren mit den Umständen ihrer Festnahme.

Das Bankguthaben (30 000 RM) von Professor Einstein,[9] gegen den gerichtlich vorgegangen wird, wurde von der Polizei beschlagnahmt. [...] Erschrocken sind die deutschen Juden weniger über die körperlichen Misshandlungen. Weitaus mehr fürchten sie eine systematische perfide Verfolgung, die Juden, den Angehörigen der freien Berufe und sogar den kleinen kaufmännischen Angestellten die Lebensgrundlage entziehen und sie zu Bürgern zweiter Klasse machen, die an den Rand der deutschen Gesellschaft und in eine Art ›moralisches Ghetto‹ gedrängt werden. Tausende Existenzen werden auf diese Weise zerstört. Die Zahl der Juden, die aus Deutschland auswandern wollen, hat sich in letzter Zeit vervielfacht. [...]

---

[8] Es ist richtig, dass die Privatbanken im Besitz jüdischer Familien später arisiert wurden als die übrigen Unternehmen. Dafür sind viele Gründe denkbar; die plausibelste Erklärung lautet, dass die für die Judenpolitik Verantwortlichen sich nicht der Finanzinstrumente berauben wollten, die ihnen eben diese Arisierung ermöglichen sollten.

[9] Albert Einstein hielt sich 1933 im Ausland auf. Da er wegen seines unverblümten Pazifismus häufig Zielscheibe von Nazi-Attacken war, entschloss er sich, Deutschland den Rücken zu kehren. Er emigrierte in die USA und lebte in Princeton.

Am 5. April 1933 erhaltenes Schreiben[10]
»Ist Ihnen klar, in welch furchtbarem Elend die deutschen Juden
unter Hitlers Regierung leben? Alle Behauptungen, die in
Deutschland verübten Gräueltaten seien reine Erfindung, sind
gelogen; die Zeitungen und Verbände wurden mit Drohungen ge-
nötigt, sie zu verbreiten. Die Deutschen beschränken sich nicht
auf die körperliche Misshandlung von Juden; sie entziehen ihnen
die Möglichkeit, ihren Lebensunterhalt zu verdienen. Ich bin Direktor einer Aktiengesellschaft mit Sitz in Berlin und könnte
Ihnen darüber, wie Juden misshandelt und gequält werden, Dinge
erzählen, dass Ihnen die Haare zu Berge stünden. Alle Meldungen über derartige Vorkommnisse entsprechen der Wahrheit. Be-
greift das Ausland und insbesondere das kultivierte Frankreich
nicht, was hier vor sich geht? Wir sind in einer verzweifelten Lage,
aus der uns nur das Ausland retten kann. [...]«

**11. April 1933: Pierre Arnal, französischer Geschäftsträger
in der Berliner Botschaft, über Visa für politische Flüchtlinge und deutsche Juden**[11]
Angesichts der Machtübernahme durch Hitlers Kabinett und
der anschließenden Verfolgung von Juden und Linksparteien
wollen zahlreiche prominente Deutsche das Land verlassen und
ins Ausland flüchten. Insbesondere der immer unverblümtere
Antisemitismus kurbelt diesen Exodus seit zwei Wochen erneut
an. Manche unserer Konsulate wurden regelrecht belagert von
Deutschen, die so schnell wie möglich ausreisen möchten. Die
deutschen Behörden haben im Übrigen auf die Panikstimmung
reagiert, die vorwiegend in den einst führenden Kreisen herrscht,
und angeordnet, dass jeder Deutsche vorab ein Ausreisevisum in
seinen Pass eintragen lassen muss; diese Visa würden aber, wie
sie durchblicken ließen, in aller Regel verweigert. Diese seit dem

---

[10] Berlin, Botschaft, B–423, Nr. 322.
[11] Berlin, Botschaft, A–424, Nr. 337, Ausländerüberwachung, Nr. 51.

5. April geltende Maßnahme verzögert das Ausreiseverfahren mindestens um mehrere Monate. Ich habe die Gelegenheit genutzt und unsere Konsuln gebeten, mir mitzuteilen, wie viele Visa zwischen dem endgültigen Triumph der Hitlerbewegung am 5. März und der Verkündung der Visumpflicht für Ausreisewillige am 5. April ausgestellt wurden, und dabei zwischen den üblichen Durchschnittswerten und der Zunahme aufgrund der aktuellen politischen Umstände zu unterscheiden.

Die mir mitgeteilten Zahlen sind natürlich nur annähernde Werte, lassen jedoch bereits vermuten, dass innerhalb des betreffenden Monats im gesamten Reichsgebiet rund 4000 Personen aufgrund ihrer politischen Vergangenheit oder ihrer jüdischen Herkunft die Erlaubnis zur Einreise in französisches Staatsgebiet beantragt haben. Diese Zahl verteilte sich wie folgt auf die einzelnen Vertretungen:

Berlin 1000

Leipzig 600

Köln 600

Frankfurt 525

Karlsruhe 400

Mainz 400

München und Nürnberg 170

Düsseldorf 160

Stuttgart 75

Hamburg 50

Dresden 30

Bremen 20

Königsberg 10.

Um diese Zahlen korrekt bewerten zu können, ist Folgendes zu beachten:

1. Eine gewisse Anzahl Politiker und eine sehr hohe Zahl jüdischer Geschäftsleute besitzen bereits Langzeitvisa für Frankreich und brauchen angesichts der aktuellen Umstände keine neuen zu beantragen, um in unser Land zu reisen.

2. Nicht alle Personen, die kürzlich ein Visum beantragten, haben auch davon Gebrauch gemacht, sei es, dass die Umstände sie daran hinderten, dass sie glaubten, zumindest vorerst noch um eine Auswanderung herumzukommen, oder dass sie an der neuen Ausreisevisumpflicht seitens der deutschen Behörden scheiterten.

Zu beachten ist ferner, dass viele in Länder aufgebrochen sind, für die keine Visumpflicht besteht, wie etwa die Niederlande, Großbritannien, die Schweiz und Österreich, dass viele Juden in die Tschechoslowakei und Polen gegangen sind, dass ein Teil der politischen Flüchtlinge in Dänemark gemeldet wurde und schließlich, dass auch Belgien und Spanien eine gewisse Zahl von Flüchtlingen aufgenommen haben. Zudem scheint nach einer kurzen Beruhigung die Zahl der beantragten Visa wieder in die Höhe zu schnellen. Die deutschen Ausreisebehörden gaben nämlich bekannt, dass sie die Ausreise ohne Weiteres bewilligen, sofern der Antragsteller die Begleichung sämtlicher Steuern nachweisen kann.

Ich möchte Seine Exzellenz über das aktuelle Ausmaß der Ausreisen deutscher Staatsbürger nach Frankreich unterrichten, weil diese Massenflucht unweigerlich Schwierigkeiten nach sich ziehen wird, selbst wenn sie nicht noch größere Ausmaße annehmen sollte. Zumindest im Moment steht fest, dass die meisten dieser Emigranten über die nötigen Mittel verfügen, um ihren Lebensunterhalt eine gewisse Zeit lang sicherzustellen. Viele von ihnen sind sogar relativ vermögend. Nach ihren Berufen zu urteilen, handelt es sich augenscheinlich um eine intellektuelle Elite; es sind zahlreiche Ärzte und Rechtsanwälte darunter. Schon aus diesem Grund müssen wir uns möglicherweise auf heikle Fragen hinsichtlich beruflicher Konkurrenz einstellen. Darüber hinaus ist damit zu rechnen, dass sich in unserem Land auch eine gewisse Zahl von Juden niederlassen möchte, die keine bedeutende Stellung einnehmen oder über geringere finanzielle Mittel verfügen. Deshalb ist es für uns unter Umständen sinn-

voll, dauerhafte Aufenthaltsgenehmigungen nur sorgfältig aus-
gewählten Individuen zu erteilen, die auf Dauer, wenn möglich,
die französische Staatsbürgerschaft annehmen möchten; eine
genaue Filterung wird gewiss bei den Juden aus kleinen Verhältnissen vonnöten sein, wie sie überwiegend in der jüngsten Zeit
aus Deutschland ausgereist sind. Das Außenministerium wird
eine genaue Prüfung dieser Frage zweifellos für nötig erachten
und mir zur Weitergabe an unsere Konsuln entsprechende Anweisungen erteilen. Diese werden auf jeden Fall bald benötigt,
sollte der Zustrom aufgrund der judenfeindlichen Agitation sein
derzeitiges Volumen beibehalten.

**2. August 1933: Gesetz über den Widerruf von Einbürgerun-
gen und die Aberkennung der deutschen Staatsangehörigkeit**[12]
Mit Schreiben Nr. 777 vom 20. Juli teilte ich Seiner Exzellenz
mit, dass einige der 30 Gesetze, die vor der Sommerpause von
der Reichsregierung verkündet wurden, ausgesprochen fatal
sind, und wies darauf hin, dass in diese Kategorie insbesondere
das Gesetz über den Widerruf von Einbürgerungen und die Aberkennung der deutschen Staatsangehörigkeit fällt. Das Gesetz
selbst ist auf den 14. Juli datiert und wurde am folgenden Tag im
Reichsgesetzblatt veröffentlicht. Die im dritten Absatz vorgesehene Durchführungsverordnung wurde am 26. Juli erlassen
und am 28. Juli im Reichsgesetzblatt veröffentlicht. Ich übersende anliegend diese beiden Dokumente; die Durchführungsverordnung präzisiert und erläutert einige vom Gesetz genannte
Verfügungen. Mir fällt auf Anhieb auf, dass das Gesetz sowohl
von Herrn Hitler als Reichskanzler als auch von Herrn Frick als
Innenminister, Herrn von Neurath als Außenminister und
Herrn Schwerin von Krosigk als Finanzminister unterzeichnet
wurde. Dieser Umstand unterstreicht seinen besonderen Stel-

---

[12] Berlin, Botschaft, A–428, Nr. 828, VB, Nr. 108.

lenwert, aber auch die Tatsache, dass es viele verschiedene Interessen berührt.

Absatz 1 und 2 des Gesetzes betreffen jeweils ganz unterschiedliche Kategorien von Personen. In Absatz 1 geht es um den Widerruf der Einbürgerung. Dieser greift nur bei Personen, die zwischen dem 9. November 1918 und dem 30. Januar 1933 deutsche Staatsbürger wurden. Schon die Kürze des Zeitraums verdeutlicht, dass die nationalsozialistische Regierung – ähnlich wie die Bourbonen, die 1815 den Status quo ante weiterführten und die Französische Revolution einfach ignorierten – sämtliche Maßnahmen aus der Zeit der »parlamentarischen Republik« als bedauerlich, ja sogar hinfällig erachtet und unmittelbar an das Kaiserreich anknüpfen will.

Laut Gesetz kann die Einbürgerung widerrufen werden, falls diese als nicht erwünscht anzusehen ist. Diese Regelung öffnet wahrlich Tür und Tor für jede Beliebigkeit und Willkür. Die Verordnung vom 26. Juli enthält weitere Einzelheiten dazu, welche Personengruppen die Herren des Reichskabinetts dabei im Auge hatten. Es sind zwei: Die erste umfasst die Nichtarier. Ihnen kann die deutsche Staatsbürgerschaft entzogen werden, ohne dass man ihnen etwas anderes vorwerfen könnte, als dass sie nicht germanischen Blutes sind. Das betrifft insbesondere die Ostjuden, es sei denn, dass sie auf deutscher Seite im Weltkrieg an der Front gekämpft oder sich um die deutschen Belange besonders verdient gemacht haben. Hauptziel der nationalsozialistischen Regierung ist also die weitere Reinigung der [arischen] Rasse. In Deutschland sollen keine Mischlinge leben dürfen, und alle aus Polen und der Sowjetunion stammenden Juden, die sich aus den unterschiedlichsten Gründen nach Kriegsende haben einbürgern lassen, verlieren damit die deutsche Staatsbürgerschaft.

Zum anderen bezieht sich das Gesetz ausdrücklich auf Personen, die sich eines schweren Vergehens oder eines Verbrechens schuldig gemacht oder dem Staat auf irgendeine Weise geschadet haben. Diese schwammige Formulierung gestattet es der Regierung, die Einbürgerung praktisch jeder Person zu widerrufen, die diese nach dem 9. November 1918 erhalten hat. Auch alle Juden können damit unter irgendeinem Vorwand ausgebürgert werden. Das Gesetz soll also dazu dienen, das Reich von allen kranken Elementen zu befreien, die seit dem Krieg dort eingedrungen sind, und steht insofern in einer Reihe mit weiteren gesetzlichen Maßnahmen der Regierung wie etwa dem Sterilisationsgesetz. Sie zielen sämtlich darauf ab, die Deutschen zu einem starken, gesunden Volk zu machen. Zweifellos zur Rechtfertigung dieser Regelung, von der man meinen könnte, sie laufe in dieser geburtenschwachen Zeit den Interessen des Reichs zuwider, präzisieren die Gesetze ausdrücklich, nur eine »den Belangen von Reich und Volk zuträgliche« Einbürgerung solle der Vermehrung der deutschen Bevölkerung dienen. [...]

Von den übrigen Bestimmungen im ersten Absatz des Gesetzes und den entsprechenden Ergänzungen der Durchführungsverordnung möchte ich nur die beiden folgenden nennen, die deren willkürlichen Charakter verdeutlichen: Die Gründe für den Widerruf werden nicht mitgeteilt und es können dagegen keine Rechtsmittel eingelegt werden. [...]

Im Folgenden geht es um die Ausbürgerung von deutschen Staatsangehörigen mit Wohnsitz im Ausland.

Die Bestimmungen dieses Gesetzes lassen demnach die Entschlossenheit der nationalsozialistischen Regierung erkennen, Juden und Emigranten bis aufs Äußerste zu bekämpfen. Offensichtlich schreckt sie vor nichts zurück, um die deutsche Rasse zu »reinigen« und zu verhindern, dass Linke, Marxisten und Sozialdemokraten, die Deutschland verlassen haben, Propaganda betreiben, die den Beziehungen des neuen Regimes zum Ausland schaden könnte. Bedenkt man, dass die Enteignung der Vermögen seiner bisherigen Staatsbürger dem Reich in einer Zeit finanzieller Schwierigkeiten reiche Pfründe beschert, versteht man, warum Herr Hitler und seine Freunde sehr gute Gründe für ein solches Gesetz sahen. Seine Tragweite wird davon abhängen, wie rigoros es angewendet werden wird.

6. Oktober 1933: Auswanderung deutscher Juden nach Frankreich[13]

Mit Datum vom 14. September dieses Jahres übersandte das Ministerium mit dem Briefkopf der französischen Dienststelle des Völkerbundes der Botschaft den Durchschlag eines Schreibens betreffend deutsche Flüchtlinge in Frankreich, das es am 8. September an unsere Botschaft in London gesandt hatte. Ich habe dieses Schreiben mit höchstem Interesse zur Kenntnis genommen und hielt es für geboten, es mit einem Rundschreiben an unsere Konsulate in Deutschland weiterzuleiten. Dieses habe ich am 26. September unter der Nr. 125 Ausländerüberwachung dem Ministerium in Kopie übersandt. Das Rundschreiben soll die Konsulate ermuntern, die Regelungen für deutsche Juden strikt anzuwenden; zugleich habe ich sie gebeten, mir gegebenenfalls Vorschläge zu diesem Problemkreis zu unterbreiten.

Abschrift des vom Berliner Konsul erhaltenen Schreibens.

Hinweis: Unsere Aufgabe ist zum Scheitern verurteilt, solange die französischen Konsulate weiterhin – ohne die zuständigen Konsulate zu informieren – Visa für Passinhaber bewilligen, die nicht in ihrem Zuständigkeitsbereich ansässig sind, solange die Fremdenpolizei in Frankreich so schlecht organisiert ist und schließlich, solange die Behörden in Paris zeitlich »befristete« konsularische Visa eigenmächtig verlängern, wie es im Moment gang und gäbe ist.

Folgendes erscheint erforderlich:

---

[13] Berlin, Botschaft, B–426, Ausländerüberwachung, Nr. 127, VB, Nr. 1104.

1. Das Ministerium sollte alle französischen Konsulate in Europa ermahnen, vor Ausstellung eines Visums grundsätzlich Rücksprache mit dem zuständigen Konsulat zu halten. Diese Erinnerung ist vor allem in unseren Konsulaten in England, Holland, der Schweiz und Italien geboten, da Deutsche in diese Länder allein mit ihrem Reisepass einreisen können.

2. Empfindliche Strafen sollten gnadenlos nicht nur gegen Personen verhängt werden, die sich nicht an die Vorschriften halten, sondern auch gegen Hoteliers und Hauseigentümer, die sich nicht persönlich davon überzeugen, dass ihre Mieter ordnungsgemäß bei der Polizei gemeldet sind.

3. Das Ministerium sollte in Abstimmung mit dem Innenministerium allen französischen Polizeibehörden kategorisch und ausnahmslos die Verlängerung befristeter Visa untersagen.

Um uns die gemeinsame Aufgabe zu erleichtern, sollten alle konsularischen Vertretungen die Antragsteller drei Formulare ausfüllen lassen und alle drei mit Fotografien versehen. Eines davon ist mindestens sechs Monate im Archiv des Konsulats sorgfältig aufzubewahren und zu konsultieren. Die beiden anderen werden an das Außenministerium gesandt. (In Berlin wenden wir dieses Verfahren schon seit Monaten an und haben bisher nur gute Erfahrungen damit gemacht.)

Des Weiteren sollten wir eine bereits in Belgien und in der Schweiz praktizierte ausgezeichnete Methode einführen. Ihr zufolge müssen Ausländer schon bei Beantragung des Visums angeben, ob sie ihren Wohnsitz auf Dauer in diese Länder verlegen wollen. Nur wer mit dieser Maßgabe ein Visum erhält, darf sich in Belgien und der Schweiz ansiedeln. Die Übrigen dürfen nur befristet im Land bleiben, wobei diese Frist in der Schweizer Eidgenossenschaft keinesfalls drei Monate überschreitet.

Wird ein befristeter Aufenthalt in Frankreich genehmigt, sollten auf den genannten drei Formularen Stempel mit dem nachfolgenden Wortlaut angebracht werden; deren Inhalt muss der

Visuminhaber auf allen drei genannten Formularen durch seine Unterschrift bestätigen:

Ich verpflichte mich, in Frankreich keine Arbeit gegen Bezahlung oder Kost und Logis anzunehmen und nicht über den [...] hinaus im Land zu bleiben.

Wird ein Visum abgelehnt oder auch nur verlängert, sollte der Pass stets mit einem Stempel nach folgendem Muster versehen werden: Dieser Pass wurde bereits beim französischen Konsulat in Berlin vorgelegt; bitte ohne vorherige Rücksprache mit diesem Konsulat kein Visum für Frankreich ausstellen!

Gez. Binet

5. März 1934: Der französische Konsul in Baden, zur Scheidung einer vor Beginn des »Dritten Reichs« geschlossenen Ehe zwischen einem Arier und einer Jüdin durch das OLG Karlsruhe[14]
Seit Hitlers Machtergreifung sind Mischehen zwischen Christen und Juden nicht mehr gern gesehen. So mancher Christ, der eine Jüdin heiratete, bevor das Dritte Reich Wirklichkeit wurde, beantragt sogar die Aufhebung oder Scheidung seiner Ehe unter Berufung auf die judenfeindliche Haltung des Nationalsozialismus und seine Theorien über die Unterschiede zwischen den Rassen. Bisher hatten die Gerichte vor allem in Berlin diese Anträge stets mit der Begründung abgewiesen, der Nationalsozialismus habe zwar die Einstellung mancher Christen gegenüber Juden verändert, doch berechtige dies in keiner Weise zur Aufhebung oder Scheidung einer bestehenden Ehe. Das Oberlandesgericht Karlsruhe hat nun mit einem Urteil (II BC 8/33) vom 3. dieses Monats[15] mit dieser Praxis gebrochen und erstmals in Deutschland die Aufhebung einer Mischehe wegen »Irrtums

---

[14] Archives diplomatiques, La Courneuve, Correspondance diplomatique et commerciale, Allemagne, Contrôle des étrangers, Nr. 705.

[15] Vermutlich II ZBR 208/33 OLG Karlsruhe, Urteil vom 2. März 1934. Vgl. Marius Hetzel: *Die Anfechtung der Rassenmischehe in den Jahren 1933–1939*, Tübingen 1997. A.d.Ü.

über Wesen und Bedeutung der Rasse« verfügt. Das Gericht wies darauf hin, dass es in dieser Sache nicht um das Gesetz über Arier und Nichtarier von 1933 gehe. In der Urteilsbegründung heißt es: »Die blutmäßige und volksmäßige Herkunft eines Menschen bildet die Grundlage seiner Persönlichkeit. Dabei kommt es nicht darauf an, ob [unleserliches Wort] die Rassenmerkmale mehr oder weniger klar ausgeprägt sind. Man hat heute erkannt, dass die jüdische Rasse hinsichtlich des Blutes, des Charakters, der Persönlichkeit und der Lebensauffassung etwas ganz anderes ist als die arische Rasse und dass eine Verbindung und Paarung mit einem Angehörigen dieser Rasse für den Angehörigen der arischen Rasse nicht nur nicht wünschenswert, sondern verderblich ist, weil sie den Arier als Einzelnen, namentlich aber auch in seiner Eigenschaft als Volksgenossen, in die Gefahr bringt, seiner Rasse und seinem Volkstum fremd zu werden und darüber hinaus artfremde Kinder zu erzeugen. Der Gegensatz der Rassen, wie er heute erkannt ist, ist ein so tief gehender, dass er kaum noch zu einer Ehe zwischen Arier und Nichtarier führen wird.« Hätte der Kläger, so das Gericht weiter, schon bei der Eheschließung diese Sachlage richtig einschätzen können, wäre er die Verbindung sicherlich nicht eingegangen. Deshalb seien die Voraussetzungen für die Anwendung von § 1936 BGB gegeben: Aufhebung der Ehe aufgrund Irrtums. Das nationalsozialistische Karlsruher Blatt *Der Führer* betont, dieses Urteil stelle einen Markstein in der deutschen Rechtsgeschichte dar.

30. April 1934: München, Amé-Leroy, Gesandter der ständigen Vertretung Frankreichs in Bayern, im Nachgang zum Pogrom von Gunzenhausen[16]
In meinem Schreiben Nr. 44 vom 10. April dieses Jahres berichtete ich über die Ermordung zweier Juden und die Verhaftung

---

[16] München, Konsulat, Karton 57, Depesche Nr. 61.

einer großen Zahl ihrer Glaubensgenossen im Ort Gunzenhausen in Franken.

Ich habe zu diesem Thema weitere interessante Details erfahren. Der Pogrom von Gunzenhausen fand am Sonntag, dem 25. März, statt. Am darauffolgenden Mittwoch führte ein englischer Journalist, der in München für die Agentur *Reuter* [sic] und die *Times* arbeitet, vor Ort eine Befragung durch, deren Ergebnisse er unverzüglich telefonisch an den Reuter-Korrespondenten in Berlin weitergab. Das Telefonat wurde jedoch abgehört und der Journalist unmittelbar nach seiner Rückkehr nach München von der politischen Polizei festgenommen und mehrere Tage in Haft gehalten. Erst am Tag vor Ostern wurde er nach sehr energischer Intervention des britischen Generalkonsuls wieder freigelassen.

Als ich mich erstaunt zeigte, dass man einen so schwerwiegenden Vorfall verschwiegen habe, erwiderte mein Gesprächspartner, der dem Personal des britischen Generalkonsulats angehört, die Diskretion der britischen Presse erkläre sich daraus, dass man in München einen aktiven, erfahrenen Informanten behalten wolle. [...]

3. Januar 1935: Antisemitische Demonstration in Stuttgart[17]

Eine Gruppe Männer in Zivilkleidung, vorweg Musiker und Träger von Transparenten mit antisemitischen Parolen, zog am 31. Dezember grölend durch ein Stadtviertel und beleidigte die Juden. Die Demonstranten versuchten insbesondere, die Passanten aufzuwiegeln, indem sie behaupteten, die Juden würden nur lächerliche Summen für das Winterhilfswerk spenden; sie schwenkten Lumpen und schadhafte Gegenstände und gaben sie als Spenden von Juden aus. Die meisten stammten angeblich von einem Großrabbiner – einem hochangesehenen Mann –, vor dessen Haus sie stehen blieben und ihn beschimpften. Da der

---

[17] Archives diplomatiques, La Courneuve, Correspondance diplomatique et commerciale, Allemagne, Nr. 703, Religion israélite.

Großrabbiner gleich neben mir wohnt, wurde ich Zeuge dieser Auswüchse.

Die Polizei ließ den Umzug mehr als eine Stunde lang gewähren. Das [jüdische] Konsistorium[18] richtete eine Beschwerde an den Innenminister, hat aber bisher keine Antwort darauf erhalten.

22. Juli 1935: Zunahme des Antisemitismus. Vorfälle in Berlin und andernorts[19]

Die Reichshauptstadt wurde gerade Zeugin judenfeindlicher Demonstrationen, die im In- und Ausland große Beachtung fanden. [...]

Der Bericht schildert die Vorfälle in Berlin und in der Provinz und fährt dann fort:

Am 15. Juli gab der Pressedienst der Breslauer Geheimpolizei die Verhaftung von sechs Juden und sechs »angeblich deutschen« Frauen und ihre Überstellung in ein Konzentrationslager bekannt. Diesen Personen warf man vor, in der Öffentlichkeit ein provozierendes Verhalten an den Tag gelegt zu haben. Dem Bericht in der nationalsozialistischen *Schlesischen Tageszeitung* zufolge hatte sich Folgendes zugetragen:

Die Breslauer SA hatte einen sogenannten »Prangerzug« organisiert, das heißt eine Art Umzug, mit einem riesigen Plakat an der Spitze, auf dem die Namen deutscher Frauen standen, die mit Juden verheiratet sind. Einige Personen sollen es gewagt haben, angesichts des vorbeimarschierenden Zuges spöttisch zu lächeln. Als Ehefrauen von Juden identifiziert, wurden sie umgehend verhaftet, ebenso ihre Männer. Eine von ihnen erhob Beschwerde bei Gericht, die jedoch abgewiesen wurde. Zur

---

[18] Vorstand der Jüdischen Gemeinde. A.d.Ü.
[19] Berlin, Botschaft, A–437, Nr. 1044.

Begründung verwies der Richter darauf, »im Rahmen des Programms, in dessen Mittelpunkt die Reinerhaltung der deutschen Rasse steht«, habe der SA-Führer »selbstverständlich das Recht, den Kampf im Namen des nationalsozialistischen Staates in jeglicher Form[20] zu führen«. Der Beschluss stützt sich auf den 1935 von Herrn Kerrl* vorgeschlagenen Gesetzentwurf, der vorsah, das »Tanzen von Ariern mit Nichtariern« strafrechtlich zu verfolgen, weil es eine Beleidigung der deutschen Rasse darstelle.

Die deutsche Provinz ist demnach in dieser Hinsicht in die Sitten des Mittelalters zurückgefallen, als jeder Geschlechtsverkehr zwischen Juden und Christen als Frevel galt. Die offiziellen Parteiorgane räumen dies durchaus ein, ziehen Gewinn daraus und verkünden, die Nationalsozialisten seien mit ihrer Geduld am Ende und ließen nicht mehr zu, dass Juden, seien sie nun Bürger oder lediglich Bewohner des Reichs, die deutsche Rasse besudeln.

* Man weiß, dass Herr Kerrl, Minister ohne Geschäftsbereich, kürzlich auch mit sämtlichen kirchlichen Angelegenheiten betraut worden ist.

Der Verfasser der Depesche liefert einige denkbare Erklärungen für die Häufung solcher Vorkommnisse und kommt dann zu dem Schluss:

In Wahrheit muss man, um die wirklichen Beweggründe der neuen judenfeindlichen Kampagne zu verstehen, die Aktionen im übergeordneten Rahmen der groß angelegten Offensive sehen, die die nationalsozialistische Bewegung aktuell nicht nur gegen die Juden, sondern auch gegen »Reaktionäre« und Katholiken führt. Die Zunahme der judenfeindlichen Handlungen ist auch ein Symptom für das noch relativ verschwommene Unbe-

---

[20] Unterstreichung im Original.

hagen, das sich allmählich der Bevölkerung bemächtigt und das im Wesentlichen auf die steigenden Lebenshaltungskosten zurückzuführen ist. Hitlers Regime hält es für nötig, die Öffentlichkeit von ihren Alltagssorgen abzulenken. [...]

13. September 1935: Reichsparteitag in Nürnberg[21]
Der Reichstag wurde zu einer Dringlichkeitssitzung einberufen und verkündete drei Gesetze. Das erste bestimmt die Hakenkreuzflagge zur Nationalfahne des Reichs.

Das zweite, das »Reichsbürgergesetz«, weist denselben Charakter auf: den einer überbordenden Selbstzufriedenheit, mit der die Partei ihre schlimmsten Hitzköpfe ruhigstellen will. Indem man zwei Klassen von Deutschen schafft – solche mit eingeschränkten und solche mit vollen Bürgerrechten –, indem man der nationalsozialistischen Macht das Recht einräumt, Staatsangehörigen diese vollen Bürgerrechte zuzugestehen oder zu verweigern, und zwar nicht nur den Juden, sondern jedem, der sich der Lauheit schuldig macht oder nicht konform ist, den Oppositionellen, den harmlosen Miesmachern und Kritikern, gibt das Gesetz vom 15. September der Partei ein beängstigendes Unterdrückungswerkzeug an die Hand. Es verschafft ihr die Möglichkeit, das gesamte Volk zu tyrannisieren. Die Brutalität der Nazis ist so groß, dass sie dieses Gesetz auf bloße Verdächtigungen hin anwendet und in einem beispiellosen Schritt zurück in alte Zeiten die Gesellschaftsklasse der Metöken[22] wieder in Deutschland einführt.

Das »Gesetz zum Schutze des deutschen Blutes und der deutschen Ehre« schließlich, in dem sich auf eigenartige Weise Komik und Tragik vermengen, ist nichts anderes als der pau-

---

[21] Berlin, Botschaft, A–437, Nr. 1344.
[22] Im antiken Griechenland ein dauerhaft in einer Stadt lebender Fremder ohne Bürgerrechte (im franz. Text *métèque*, im Dt. manchmal als »Beisasse« übersetzt). A.d.Ü.

schalierende Ausdruck des Hasses, der Vorurteile, des Grolls, kurz gesagt: der niederen Gesinnung, die den Redakteuren und Lesern des berüchtigten antisemitischen Blatts *Der Stürmer* zu eigen ist. Das Gesetz untermauert die Autorität des roten Zaren von Franken[23], jenes Julius Streicher, dessen Antisemitismus extrem vulgäre und groteske Formen annimmt. Dadurch, dass er einen solchen Mann unter seine Fittiche nimmt, heißt Hitler den Einfluss gut, den dieser auf die Masse seiner Partei ausübt. Er billigt all die verleumderischen Spruchbänder, die an deutschen Stadttoren und Dorfeingängen im Wind flattern. Er schwingt sich zum Demagogen auf, der es mit den schlimmsten Demagogen seiner Bewegung aufnehmen kann. Dennoch könnte man nicht behaupten, bei der Abfassung der Gesetze vom 15. September und in seinen Reden auf dem Reichsparteitag habe der Führer jede Vorsicht, jede Mäßigung und jede Raffinesse über Bord geworfen. Die Juden und Kommunisten, die letztlich keine unmittelbare Gefahr darstellen, attackiert er mit aller Härte, hütet sich jedoch zugleich, es sich mit den Industriellen, Bankiers und Kapitalisten zu verderben. Für Katholiken und Protestanten, die sich in die Politik einmischen, anstatt sich schlau in ihren Kirchen zu verschanzen und der Seelsorge zu widmen, hatte er scharfe Vorwürfe und Warnungen parat. [...]

Die Voraussetzungen, unter denen Freibriefe für die vollen bürgerlichen Rechte erteilt werden sollen, sind allerdings noch vage; alles hängt nun von den konkreten Bestimmungen in den Ausführungsverordnungen ab. Auch wenn er die Juden ihren Verfolgern ausgeliefert und selbst über sie gesagt hat, man müsse ihre unerträglichen Provokationen bestrafen und verhüten, ist er [wenigstens] nicht bis zum Äußersten gegangen und hat eine vergleichsweise Mäßigung an den Tag gelegt. Die vom Reichstag verabschiedeten Bestimmungen stellen die Juden nicht außerhalb des Gesetzes. Sie gestehen ihnen nur einge-

---

[23] Gemeint ist Streichers Beiname »blutiger Zar von Franken«. A.d.Ü.

schränkte Rechte zu, aber immerhin Rechte. Sie belassen ihnen die Möglichkeit, sich ihr Leben einzurichten, wenn auch am Rande der Gesellschaft der übrigen Deutschen, jedoch unter dem Schutz der regulären Behörden. Der Führer hat unverblümt angekündigt, die Zeit der bösartigen Individuen und isolierten Aktionen sei vorüber und er werde nicht dulden, dass sie fortdauert. [...]

Diese Erklärung gilt nur für sogenannte Volljuden (beide Elternteile sind Juden). Es handelt sich um rund 600 000 Personen.

Die relativ geringe Zahl entschuldigt nicht die Strenge der vom Reichstag verabschiedeten Gesetze, grenzt aber deren künftigen Anwendungsbereich erheblich ein. Trotz ihrer scharfen Form und brutalen Wirkung stellen die vom Führer erwirkten Anordnungen in Wahrheit Vorsichtsmaßnahmen dar und lassen ein gewisses Bestreben um Nuancierung erkennen. Herr Hitler wollte offenbar eines opfern, um etwas anderes zu retten. Wollte er sich die Möglichkeit eines Rückzugs offenhalten? Oder wollte er sich durch diese Zurückhaltung nicht vielmehr die Zustimmung derjenigen sichern, die er noch braucht – der Schachts, der Neuraths, der Armeechefs?

26. September 1935: Der Aufkauf jüdischer Unternehmen[24]

Die Verabschiedung der neuen judenfeindlichen Gesetze[25] hat in den Kreisen der deutschen Juden regelrecht Panik ausgelöst. In der Reichshauptstadt kursierenden Gerüchten zufolge soll die Jüdische Gemeinde dabei sein, in aller Eile Pläne für eine Organisation auf die Beine zu stellen und von Hitlers Regierung genehmigen zu lassen. Zugleich nimmt die Ausreisewelle von Nichtariern ins Ausland wieder in einem Umfang zu, der an die

---

[24] Berlin, Botschaft, A–437, Nr. 1408.
[25] Gemeint sind die Nürnberger Rassengesetze.

Tage unmittelbar nach dem Boykott von 1933 erinnert. Bei Hitlers Behörden weckt diese Massenflucht durchaus eine gewisse Besorgnis. Was wird aus den von Juden geführten Firmen? Werden die zahlreichen Geschäftsaufgaben nicht schwerwiegende Folgen für die Geschäfts- und Finanzwelt nach sich ziehen? Werden sie nicht letztlich auch mehr Angestellte kleiner und mittlerer Unternehmen arbeitslos machen?

Diese Befürchtungen spiegeln sich in einem Artikel in der *Nationalzeitung* vom 24. September wider. Das nationalsozialistische Essener Blatt erinnert daran, unter welch misslichen Bedingungen die Liquidationen 1933 verliefen, als die Arier wegen mangelnden Kapitals nicht von der Ausreise der Juden profitieren konnten.

Damit es diesmal nicht erneut so weit kommt, schlägt das früher Herrn Göring gehörende Blatt die Gründung einer Art Gesellschaft für den Rückkauf jüdischer Firmen vor, die Ariern das notwendige Kapital vorschießen soll, um jüdische Firmen aufzukaufen, oder selbst solche Unternehmen übernehmen und Männer ihres Vertrauens als Geschäftsführer einsetzen soll. Außerdem soll sie Juden zwingen, ihre Firmen zu liquidieren, bevor diese infolge des Boykotts endgültig eingehen.[26]

Wird der Vorschlag der *Nationalzeitung* übernommen werden? Wird es der Hitler-Regierung gelingen, die fatalen Konsequenzen der gerade beschlossenen Maßnahmen einzudämmen? Glaubt man den mir zugetragenen Gerüchten, gibt es allein in Berlin insgesamt 23 000 Hausangestellte unter 45 Jahren, die bis zum 1. Januar 1936 aus dem Dienst jüdischer Familien ausscheiden müssen. Was soll erst mit all denjenigen geschehen, die aufgrund des Niedergangs jüdischer Geschäfte ihren Arbeitsplatz verlieren könnten? Vor diesem Hintergrund

---

[26] Das Vorhaben wurde nie in die Tat umgesetzt. Die Arisierung der Wirtschaft basierte auf einer konzertierten Aktion von Verwaltung und Großunternehmen. Die deutschen Konzerne teilten die jüdischen Betriebe unter sich auf, die Großbanken lieferten dazu das für den Kauf benötigte Kapital.

ist anzunehmen, dass Herrn Schacht als verantwortlichem Reichswirtschaftsführer der Feldzug gegen die Juden nicht recht sein dürfte.

30. September 1935: Eine Verurteilung wegen Rassenschande[27]
Ein kürzlicher Beschluss des Landgerichts Breslau: Eine Arierin, die von einem Denunzianten fälschlich beschuldigt worden war, sie habe ein verbotenes Verhältnis mit einem Juden gehabt, erstattete beim Breslauer Landgericht Strafanzeige gegen den Denunzianten. Sie und ihr Mann sagten unter Eid aus, ihre Beziehung zu dem fraglichen Juden sei nie etwas anderes als platonisch gewesen. Anstatt aber ihrem Antrag stattzugeben, verurteilten die Richter sie wegen Rassenschande und begründeten ihren Beschluss wie folgt: »Die wegen ›Rassenschande‹ angezeigte Antragstellerin fordert die Bestrafung des Anzeigeerstatters mit der Begründung, sie habe keinen Geschlechtsverkehr mit dem Juden Spanier gehabt. Das Gericht kann die eidlichen Erklärungen der Antragstellerin nicht verwerten, da ihr Rassenschande vorgeworfen wird. Auch die eidlichen Erklärungen ihres Ehemannes sind nicht dazu angetan, den Vorwurf zu entkräften. Obwohl Mitglied der SA, gibt dieser nämlich an, die Antragstellerin habe im letzten Sommer, also eineinhalb Jahre nach der nationalsozialistischen Volksrevolution, zusammen mit Spanier einen zehntägigen Badeurlaub in Swinemünde verbracht. Zudem nahm er hin, dass sie in diesem Jahr mit demselben Juden eine zweitägige Autoreise durch Schlesien machte.«

Der Verdacht bleibt. Gemäß Gesetzentwurf ist unter »Rassenschande« nun jede Beziehung zu verstehen, die über ein rein geschäftliches Verhältnis hinausgeht.

---

[27] Berlin, Botschaft, A–437, Nr. 1414.

8. Oktober 1935: München, Vizekonsul de Bourdeille, Geschäftsführer des französischen Generalkonsulats in München, über Antisemitismus[28]

Seit der Antisemitismus der Partei auf dem Reichsparteitag in Nürnberg durch Gesetze abgesegnet wurde, macht sich in der Jüdischen Gemeinde in München große Zaghaftigkeit breit. Schon am Tag nach dem Parteitag bekräftigten die Nationalsozialisten eilends, die Beschlüsse bezüglich der Juden seien für diese doch ein wahrer Segen. Schließlich gewähre das Dritte Reich ihnen endlich einen Status, wenn auch einen weniger vorteilhaften als den Ariern, aber immerhin einen Status, der ihre Situation klar definiere. Künftig wüssten die Juden, womit sie zu rechnen hätten. Sie bräuchten nicht mehr die plumpen Eigeninitiativen gedankenloser Eiferer zu befürchten. Einige Nationalsozialisten behaupteten sogar, die jüdischen Kreise seien sich der Vorzüge dieser Situation wohl bewusst und hätten sich recht zufrieden über die Nürnberger Gesetze geäußert.

Die Kontakte, die ich zu jüdischen Kreisen herstellen konnte, haben diese Gerüchte allerdings nicht bestätigt. Im Gegenteil ist festzustellen, dass die Nichtarier derselben Willkür ausgesetzt sind wie zuvor.

Die Polizei hat beispielsweise vor rund einem Monat die Schließung von Antiquitätenläden angeordnet. Auf Betreiben von Herrn Schacht, dessen Einstellung zu derartigen judenfeindlichen Maßnahmen unser Generalkonsulat ja bereits erwähnt hat, wurde diese Maßnahme zwar fast unmittelbar darauf widerrufen, doch kam die Polizei vor wenigen Tagen auf ihre ursprüngliche Politik zurück und wollte von den Antiquitätenhändlern wissen, warum sie ihre Geschäfte nicht geschlossen hätten, und ordnete deren Liquidation an. Durch dieses Hin und Her verschärften sie noch den schikanösen Charakter der ohnehin grausamen Maßnahme.

---

[28] München, Konsulat, Nr. 85, Ordner Depeschen: »Antisémitisme 1935–1939«.

Mir kamen noch schwerer wiegende Vorfälle zu Ohren. Aus üblicherweise zuverlässiger Quelle erfuhr ich, dass zwei Juden kürzlich in Dachau hingerichtet wurden. Angesichts solcher Vorkommnisse ist es unschwer nachzuvollziehen, dass die Juden mit der neuen Charta, die ihnen die Arier in ihrer Großherzigkeit zu verliehen geruhten, keineswegs glücklich sind.

Zudem versuchen ringsumher zahlreiche Juden zu emigrieren, und festzustellen ist, dass vor allem die Bessergestellten vermehrt das Land verlassen. Die Zahl der Ausreisen soll so hoch sein, dass mancherorts die Versammlungsorte der Juden bereits verwaist sind. Eine Synagoge, zugegebenermaßen in einer ländlichen Gegend, soll der Presse zufolge für 900 Mark zum Verkauf stehen. Das ist im Übrigen genau das, was das Dritte Reich vorhat – letzten Endes will es nämlich schlicht und einfach nur die Juden loswerden.

17. Januar 1936: Das Nürnberger »Gesetz zum Schutze des deutschen Blutes und der deutschen Ehre«[29]

Das Gericht in Chemnitz hat gerade mit einem Urteil deutlich gemacht, wie rigoros die Justizbehörden im Dritten Reich die Nürnberger Gesetze zum Schutz des deutschen Blutes und der deutschen Ehre anwenden. Bei dem Beschluss ging es um einen 19 Jahre alten Juden, einen gewissen Herrn Bernhard Hoffmann. Er hatte Verkehr mit zwei arischen Prostituierten, die er in einem Gasthaus in Chemnitz kennengelernt hatte. Vor Gericht hatte der Angeklagte zu seiner Entlastung vorgebracht, er habe gemeint, die Nürnberger Gesetze erstreckten sich nicht auf Beziehungen zu Prostituierten. Das Gericht teilte diese Meinung jedoch nicht und verurteilte Herrn Hoffmann zu drei Monaten Gefängnis. Zur Begründung hieß es, die geltenden Gesetze ließen keinerlei Ausnahmen zu. [...]

---

[29] Berlin, Botschaft, A–439, Nr. 116.

1. Februar 1936: Die Rückführung der Vermögen französischer Juden[30]

Ich habe die Ehre, dem Ministerium beiliegend in Kopie ein Schreiben zu übersenden, in dem unser Finanzattaché kürzlich den Herrn Generaldirektor des Fonds [beim Finanzministerium in Paris] um Prüfung bat, ob es eventuell möglich wäre, bei einer der nächsten anstehenden Verhandlungen zwischen der französischen und deutschen Regierung den Rahmen für das Transferabkommen vom 28. Juli 1934[31] auszuweiten. Viele unserer in Deutschland ansässigen jüdischen Landsleute erwägen nämlich ihre endgültige Rückkehr nach Frankreich und bitten um die Rückführung ihrer Vermögen. Herr Berthelot erhielt kürzlich mehrere Transferanträge größeren Umfangs, wohingegen die uns gemäß Abkommen vom 28. Juli 1934 monatlich für Transfers zur Verfügung stehenden Beträge sinken und im Schnitt nicht mehr als knapp 160 000 Reichsmark betragen.

29. Februar 1936: Die Lage jüdischer Ärzte im »Dritten Reich«[32]

Eine kürzliche neue Verordnung des Reichsärzteführers[33] ändert und regelt die Unterteilung der Ärzteschaft in arische und jüdische Ärzte gemäß den Nürnberger Gesetzen. Die wichtigsten Vorschriften der neuen Verordnung lauteten: Die in den Nürnberger Gesetzen verwendeten Begriffe »Juden« und »Nichtjuden« lösen künftig die Begriffe »Arier« und »Nichtarier« ab, da letz-

---

[30] Berlin, Botschaft, A–439, Nr. 156.
[31] Dieses Finanzabkommen zwischen Frankreich und Deutschland sollte den bilateralen Handelsaustausch ankurbeln, indem es die Zahlungen absicherte und vor allem eine Möglichkeit zu deren Verrechnung schaffte, die durch die Bildung von Währungsblöcken und die Nichtkonvertierbarkeit der Währungen notwendig geworden war.
[32] Berlin, Botschaft, A–439, Nr. 380.
[33] Leonardo Conti (1900–1945), der auch den Titel »Reichsgesundheitsführer« trug und Präsident der Ärztekammer war. Er war einer der Hauptverantwortlichen für die Ermordung von Geisteskranken im Rahmen der Aktion T4. Nach Kriegsende wurde er festgenommen und erhängte sich in seiner Zelle.

tere zu Verwirrung, Unklarheiten und zweifellos auch internationalen Verwicklungen von erheblicher Tragweite führten.

Anders als bisher wird die Approbation jüdischen Ärzten nur noch dann erteilt, wenn der Anteil jüdischer Ärzte an der Gesamtzahl aller Ärzte im Reich kleiner ist als der Anteil der jüdischen Bevölkerung an der gesamten Einwohnerzahl Deutschlands. Die Verordnung präzisiert, bis auf Weiteres könnten keine neuen Approbationen erteilt werden, da der erstere Teil den zweiten bereits in erheblichem Maße übersteige.

Außerdem dürfen die staatlichen und privaten Krankenkassen auch künftig ausschließlich mit nicht jüdischen Ärzten zusammenarbeiten.

Mit diesen Regelungen versucht die deutsche Regierung augenscheinlich zu erreichen, dass jüdische Mediziner nur noch die jüdische Bevölkerung versorgen sollen. Dabei ist die Festlegung, wer als Jude gilt, allerdings vergleichsweise liberal, da auch Halbjuden als Nichtjuden eingestuft werden können, sofern weder sie selbst noch ihre Ehepartner dem jüdischen Glauben angehören. Auf die Situation eines arischen Arztes wirkt sich eine jüdische Ehefrau hingegen nicht aus.

Ein Vergleich zwischen [mehreren Gesetzes-] Texten kommt jedoch zu folgenden Feststellungen: Bekanntlich gibt es unter den Halbjuden eine Kategorie (diejenigen, die nicht jüdischen Glaubens sind), bei denen die Einstufung als jüdischer oder nicht jüdischer Mediziner davon abhängig ist, ob sie mit einer Jüdin oder einer Arierin verheiratet sind. Gemäß den bereits geltenden allgemeinen Verordnungen darf ein Halbjude außer mit Genehmigung der Regierung gar keine Arierin heiraten. Verwehrt ihm die Regierung diese Genehmigung, stellt sie den Halbjuden vor die Wahl, entweder ledig zu bleiben oder seine Approbation als nicht jüdischer Arzt zu verlieren. Dieser Faktor schafft eine unklare Rechtslage, die dem Gesetzgeber offenbar nicht aufgefallen ist und sich als Indiz dafür deuten lässt, dass diese Regelungen in aller Eile zusammengeschustert wurden und sich in der Praxis noch nicht bewährt haben.

12. Oktober 1936: Antisemitismus an deutschen Hochschulen[34]

Die deutschen Hochschulprofessoren haben bei einer regelmäßig in Berlin stattfindenden Tagung gerade einen Beschluss gefasst, der die Heftigkeit der Gefühle, die sie gegenüber Bevölkerungsteilen jüdischer Rasse hegen, ebenso verdeutlicht wie den Erfolg der judenfeindlichen Propaganda, die Dr. Goebbels ohne Unterlass verbreitet.

Sie haben sich nämlich in einem Telegramm an Herrn Frank, Justizminister und Präsident der Akademie für deutsches Recht,[35] dazu verpflichtet,

1. beim Zitieren jüdischer Autoren grundsätzlich deren Rasse hinzuzusetzen;

2. an einer Bibliografie sämtlicher jüdischer Autoren mitzuwirken;

3. die [Werke der] deutschen und jüdischen Autoren in Bibliotheken und Instituten der Fakultäten für Recht und Volkswirtschaft physisch zu trennen.

4. in Abstimmung mit den Juristen und Wirtschaftswissenschaftlern die Forschungsarbeiten zur Geschichte des jüdischen Volkes, seiner Kriminalität und der Schlagkraft seines Einflusses in Deutschland fortzuführen.

---

[34] Berlin, Botschaft, B–223, Telegramm Nr. 1306.

[35] Es handelt sich um Hans Frank (1900–1946), den »Schlächter von Polen«, der schon 1919 Hitlers Rechtsanwalt gewesen war. 1933 wurde er Minister ohne Geschäftsbereich sowie Reichskommissar »für die Gleichschaltung der Justiz in den Ländern und für die Erneuerung der Rechtsordnung«. Er gründete die Akademie für deutsches Recht, die ein rein nationalsozialistisches Recht erarbeiten sollte. Im Oktober 1939 wurde er zum Generalgouverneur von Polen ernannt. Im Nürnberger Hauptkriegsverbrecherprozess wurde er zum Tode verurteilt und hingerichtet.

27. November 1936, München an Paris[36]

In meinem Schreiben vom 6. November hatte ich dem Ministerium bereits mitgeteilt, dass die aufgrund der Olympiade vorübergehend abgeflauten Judenverfolgungen nun wieder zunehmen. Das bestätigen einige Vorfälle, die mir seit dem genannten Schreiben zu Ohren gekommen sind. Im Einzelnen:

In Bayern wurde gerade der jüdische »Mackabee-Turnverein«[37] verboten. Die Anschläge mit dem Wortlaut »Juden sind hier unerwünscht« sind wieder da. In München findet man sie jetzt sogar an den Eingängen von drei Gaststätten. Dr. Karl Wessely, einem der bekanntesten Augenärzte Münchens und jüdischen Glaubens, verweigerten die Behörden die Genehmigung zur Eröffnung einer privaten Augenklinik, gestatteten ihm allerdings, im Krankenhaus Neuwittelsbach tätig zu sein. Alle Schüler der 2. Grundschulklasse, also im Alter von acht Jahren, mussten einen Aufsatz über die Juden schreiben. Hier Auszüge aus einem davon: »In Spanien herrscht Bürgerkrieg. Viele Menschen wurden gehängt oder erschossen. Die Juden stacheln die Bolschewiken auf. Russland wird derzeit von Juden regiert. In Deutschland herrscht kein Bürgerkrieg, der Führer hat die Juden aus Deutschland vertrieben.«

Alle Schulen, alle Formationen der Partei, alle öffentlichen Verwaltungen sind angewiesen worden, die antibolschewistische Ausstellung zur Rolle der Juden in der kommunistischen Revolution zu besuchen, bei der insbesondere Kurt Eisners[38] Rolle in Bayern hervorgehoben wird.

---

[36] Berlin, Botschaft, B–343, Konsulatsdepeschen.
[37] Richtig: »Makkabi-Turnverein«, Teil der internationalen Makkabi-Organisation. A.d.Ü.
[38] Kurt Eisner (1867–1919), sozialistischer Politiker und Pazifist, spielte 1918 in Bayern eine wichtige Rolle beim Sturz der Monarchie und der Errichtung der Republik Bayern, deren erster Ministerpräsident er war. Fiel einem Attentat zum Opfer.

15. Juni 1937: Vizekonsul Saintes, Geschäftsführer des französischen Generalkonsulats in München, über das KZ Dachau[39]
Nach meinen Informationen sollen sich im Konzentrationslager Dachau derzeit 2000 Häftlinge befinden. Von allen am besten behandelt werden angeblich die Kommunisten, die man wieder zu »gesunden Menschen« machen will, glaubt man der offiziellen Sprachregelung. Sie zum Nationalsozialismus zu bekehren, sei ein Leichtes. [...]

Eine weitere Kategorie bilden die »asozialen« Gefangenen. Es sind Katholiken, Rabenväter und -eltern, die sich nicht um ihre Kinder kümmern und dergleichen.

Eine eigene Gruppe bilden die Juden. Ihr Schicksal ist furchtbar, heißt es. Keine seelische oder körperliche Erniedrigung bleibt ihnen erspart. Die schlimmsten Arbeiten erlegt man ihnen auf und setzt sie ständigen Schikanen aus. In einem fort sollen sie Zielscheibe von Grausamkeiten der Milizionäre sein, die in Dachau keine Ablenkung finden und sich langweilen.

Als körperliche Züchtigungen kommen vor allem Auspeitschungen vor. Die Betreffenden – vor allem Juden – werden an einen Pfosten gebunden und mit widerwärtiger Brutalität geschlagen.

Diejenigen, die nach Ablauf der Haftstrafe das Lager verlassen, sind körperliche und seelische Wracks, die nach ihrer Freilassung bei der bloßen Erwähnung des Namens ihres ehemaligen Lagers wie Espenlaub zu zittern beginnen und wie Kinder in Tränen ausbrechen. Sie weigern sich, das Geringste über ihre Leiden preiszugeben.

Ehemalige Fremdenlegionäre, die so unvorsichtig waren, nach Deutschland zurückzukehren, um ihre betagte Mutter noch einmal zu umarmen, landeten ebenfalls in Dachau. [...]

---

[39] Archives diplomatiques, La Courneuve, Correspondance diplomatique et commerciale, Allemagne, 705, Nr. 122.

Einige katholische Priester sollen auch unter den Häftlingen dieser als »national unzuverlässig« bezeichneten Gruppe sein.

Die Arbeiten, zu denen man die Häftlinge zwingt, sind sehr anstrengend. Sie brechen Steine oder ebnen extrem schwierige Böden ein. [...].

Es soll viele Selbstmorde unter den Gefangenen geben, die meisten durch Erhängen, wobei man munkelt, nicht alle erfolgten aus freien Stücken.

12. November 1937: Botschaftsberater Vaux de Saint-Cyr, Bevollmächtigter des französischen Generalkonsulats in München, zur Ausstellung »Der ewige Jude«[40]

Am 8. November, dem Vorabend zum Jahrestag des gescheiterten Staatsstreichs von 1923 wurde in München von Herrn Reichsminister Goebbels und Herrn Julius Streicher eine Ausstellung mit dem Titel »Der ewige Jude« [...] eröffnet. Es wäre auch verwunderlich gewesen, hätte sich Herr Streicher als Hauptbetreiber des Antisemitismus in Deutschland von dieser Veranstaltung ferngehalten [...]. Die Ausstellung umfasst rund 20 Säle in einem Gebäude des Deutschen Museums. Die ersten davon widmen sich der Geschichte des Judentums, seinen Büchern, der Thora, dem Schulchan Aruch[41] und dem Talmud, danach der Beschneidung, den Ritualverbrechen und dem Schächten von Nutztieren, denen man die Kehle durchschneidet, um »koscheres« Fleisch zu bekommen. Da die Deutschen bekanntlich sehr tierlieb sind, erregen gerade die Darstellungen solcher Schächtungen bei den Besuchern besondere Abscheu.

Im Anschluss an den historischen Teil sieht man die großen Gauner und die Hochstapler, die in allen Ländern der Erde »die arbeitenden Bevölkerungen an der Nase herumgeführt haben, um ihre Gier nach Luxus zu befriedigen«.

---

[40] München, Konsulat, Nr. 85.
[41] Im 16. Jahrhundert vom spanischen Gelehrten Josef Karo im osmanischen Exil zusammengestellte Sammlung religiöser Vorschriften für Juden.

Ein anderer Saal beschäftigt sich mit der Familiengeschichte der berühmten Rothschilds, der Mendelssohns, der Goldschmidts. Wie der Ausstellungsführer anmerkt, »heiraten diese Finanzmagnaten fast immer nur untereinander, damit ihr Vermögen beisammenbleibt, und behalten damit dieses Machtmittel fest in jüdischer Hand.«

Ein Saal zeigt die Stellung der Juden im Deutschen Reich bis 1933, insbesondere mit Fotografien zahlreicher jüdischer Schauspieler und Komiker.

[...] und in diesem vorrevolutionären Berlin machten sich auf erschreckende Weise Zügellosigkeit und Unmoral breit, angeheizt durch jüdische Filme, die sich für straffreie Abtreibungen und die Abschaffung des Paragrafen 216[42] einsetzten, und Dr. Magnus Hirschfelds berühmtes Institut für Sexualwissenschaft, das die Theorien seines Glaubensgenossen Freud in die Praxis umsetzte. Dieser Teil der Ausstellung, in dem auch zeitgenössische Pornozeitschriften und -zeitungen zu sehen sind, locken große Menschentrauben an, die allerdings an ausgiebiger Lektüre gehindert werden, weil ein eigens eingesetzter Aufseher sie weitertreibt.

Angeprangert werden auch die jüdischen Kommunistenführer und die als jüdische Weltverschwörung gebrandmarkte Freimaurerei.

Am Abend des Eröffnungstages fanden in den Theatern Vorträge über die Juden statt, gefolgt von Lesungen einiger Passagen aus den Schriften Luthers,[43] Goethes und berühmter antiker wie

---

42 § 216 behandelt die »Tötung auf Verlangen«. Gemeint ist hier vermutlich der »Abtreibungsparagraf« § 218 StGB. A.d.Ü.

43 Martin Luther vertrat zunächst eine judenfreundliche Haltung, wurde aber gegen Ende seines Lebens zum glühenden Judenhasser. Seine 1543 veröffent-

moderner Autoren sowie der Aufführung von Szenen aus dem *Kaufmann von Venedig.*

2. Februar 1938: Gilbert Arvengast, französischer General-konsul in Hamburg, über Zwangsmaßnahmen gegen Juden[44]

Man berichtet mir über neue Maßnahmen, die die Reichsregierung in Kürze gegen die Juden ergreifen will.

Zum einen werden, wie seit wenigen Tagen bekannt ist, aus der UdSSR stammende Juden aus Deutschland ausgewiesen. Ihnen wurde bereits schriftlich befohlen, das Reichsgebiet innerhalb von zehn Tagen zu verlassen.

Die zweite Maßnahme, die ich aus bisher durchweg vertrauenswürdiger Quelle erfahren habe, betrifft die Pässe deutscher Juden. Im Vorgriff auf die Umsetzung der anstehenden Anweisungen haben viele von ihnen bereits von der Polizeibehörde eine Aufforderung zur Abgabe ihrer Pässe erhalten. Diese neue Regelung über die Herausgabe jüdischer Pässe soll folgende Vorschriften enthalten:

1. Ihnen ist künftig grundsätzlich jede dem Vergnügen dienende Auslandsreise untersagt;

2. Wer gesundheitliche Gründe für eine Reise an einen ausländischen Kurort geltend macht, muss sich einer Untersuchung durch einen Amtsarzt beim Gesundheitsamt der NSDAP unterziehen.

3. Kaufleute, die auf geschäftliche Gründe verweisen, müssen künftig eine Bescheinigung der Industrie- und Handelskammer vorlegen; jeder Einzelfall ist von einer übergeordneten Behörde zu genehmigen.

Man sieht, welche massiven Behinderungen diese Maßnahmen für Tourismus und Wirtschaft bewirken wird. Zudem hat

---

lichte Schrift *Von den Juden und ihren Lügen* wurde später neu aufgelegt und von der Nazipropaganda in großem Maßstab ausgeschlachtet.

[44] Archives diplomatiques, La Courneuve, Correspondance diplomatique et commerciale, Allemagne, Nr. 706, Religion israélite.

man den Eindruck, dass sie weniger die Juden als Person treffen sollen als vielmehr ihr Vermögen, dessen Abfluss ins Ausland die deutschen Behörden mit allen Mitteln verhindern wollen.

Was persönliche Anfeindungen gegen Juden angeht, betont das vom Erzjudenfeind Streicher herausgegebene Blatt *Der Stürmer* in seiner jüngsten Kampagne die künftig vorgesehene Strenge.

Unter Vorbehalt gebe ich noch weiter, was mir in dieser Hinsicht noch zugetragen wurde: Der Führer soll bei dieser Gelegenheit Streicher scharf zurechtgewiesen und aufgefordert haben, bei seinen Tiraden künftig jeden Verweis auf sein Buch *Mein Kampf* zu unterlassen. In der Tat hatte Streicher in einem Artikel, in dem er für Rassenschande die Todesstrafe forderte, eine Passage aus Hitlers Buch zitiert, in der es um die Juden geht.

Es heißt, die Juden würden nach Verbüßung einer Haftstrafe wegen Verstoßes gegen die Nürnberger Gesetze in aller Regel in Konzentrationslager gesperrt.

PS: Diesem Schreiben beigefügt ist der Wortlaut der an die russischen Juden ergangenen Aufforderung.

13. Juni 1938: Der Konsul und amtierende Geschäftsführer des französischen Generalkonsulats in München über den Abriss der Münchner Synagoge[45]

Aus der Tagespresse erfuhren die Münchner gestern zu ihrer Verblüffung, dass die Hauptsynagoge von München verschwinden soll und die Arbeiter bereits mit dem Aufbau der für den Abriss benötigten Gerüste begonnen haben.

Ich konnte zu diesem Thema einige Details in Erfahrung bringen, die den aktuellen Stand des Kampfs gegen die Juden sehr gut verdeutlichen.

---

[45] München, Konsulat, Nr. 85, Ordner Depeschen: »Antisémitisme 1935–1939«, Depesche Nr. 101.

Die Mitglieder der Israelitischen Kultusgemeinde München wurden erst am Tag vor Beginn der Abrissarbeiten vom [bayerischen] Innen- und Kultusminister [Adolf] Wagner über die bereits feststehende Entscheidung in Kenntnis gesetzt. Herr Wagner soll erklärt haben, der Staat sei bereit, [der Kultusgemeinde] eine Entschädigung in Höhe von 100 000 Mark zu zahlen. [...]

Die Gemeinde nahm dies notgedrungen hin, obwohl allein der Gebäudewert im Register des Finanzministeriums mit 800 000 Mark angegeben ist.

Vor einem Jahr erhielt die Synagoge eine neue Orgel im Wert von 50 000 Mark.

Wie mir von verschiedenen Seiten bestätigt wurde, fiel diese unerwartete Entscheidung nach einem Besuch des Führers im »Künstlerhaus«[46], das ganz in der Nähe der Alten Hauptsynagoge steht und derzeit ausgebaut wird. Bei dieser Gelegenheit soll Herr Hitler eine abfällige Bemerkung gemacht haben. Das allein habe die Münchner Nazispitze bereits veranlasst, umgehend diesen drakonischen Beschluss zu fassen.

Auf diese Weise verschwindet das einzige große Gotteshaus, das die Juden in München noch besaßen. Es gibt zwar ein zweites, weitaus kleineres, das aber den orthodoxen Ostjuden (den sogenannten Sephardim[47]) vorbehalten ist, deren Ritus sich von dem der liberalen Juden unterscheidet. Letztere, deren Gemeinde 1933 noch 10 000 Mitglieder zählte, inzwischen aber nur noch 6350, können nun ihre Religion nirgends mehr ausüben. Sie können nicht einmal auf den Bau einer neuen Synagoge hoffen, da die Verantwortlichen für den Vierjahresplan ihnen nie und nimmer die dafür notwendigen Rohstoffe bewilligen würden. Auch

---

[46] Es handelt sich vermutlich um das »Haus der Kunst«, ein zwischen 1933 und 1937 im reinsten nationalsozialistischen Stil gebautes Museums- und Ausstellungsgebäude.

[47] Hier liegt ein Irrtum vor. Die sephardischen Juden sind Nachfahren von Juden, die von der Iberischen Halbinsel vertrieben wurden. Die aschkenasischen Juden dagegen, zu denen auch die „Ostjuden" zählten, waren in Mittel-, Nord- und Osteuropa ansässig.

einen entsprechend großen Saal wird man der jüdischen Gemeinde wohl kaum zur Verfügung stellen. Der »Jüdische Kulturbund« hat bereits seine Erfahrungen gemacht. Seitdem ihm der zuvor benutzte Saal vor rund zwei Jahren aufgekündigt wurde, konnte er keinen neuen finden und muss seine Veranstaltungen derzeit in der Synagoge selbst abhalten.

Die Münchner Bevölkerung reagierte auf diese Maßnahme ihn höchstem Maße empört. Herr Wagner wurde scharf kritisiert, und man bemitleidet die Juden sogar, weil sie an der Ausübung ihrer Religion gehindert werden. Man wundert sich umso mehr über den Abriss, als diese Synagoge in einem ruhigen Viertel steht und den Straßenverkehr in keiner Weise behindert. Spott erntete der Kultusminister mit seiner Begründung, die Synagoge müsse einem Parkplatz für Automobile weichen.

Ich möchte hinzufügen, dass dies seit der Machtübernahme des nationalsozialistischen Regimes 1933 meines Wissens das erste Mal ist, dass in Deutschland eine Synagoge abgerissen wird.

11. Juli 1938: Der französische Generalkonsul in Stuttgart[48]
Seit Freitag kommt es in Stuttgart zu judenfeindlichen Ausschreitungen. Junge Leute, die der Hitlerjugend angehören sollen, haben Anschläge an den Schaufenstern aller jüdischen Geschäfte sowie auf den Praxisschildern jüdischer Ärzte und Rechtsanwälte angebracht. Darauf steht zu lesen: »Jüdisches Geschäft« und darunter »negozio ebreo«. In der Stadt halten sich nämlich viele im Rahmen von Dopo Laboro[49] angereiste Italiener auf; den Anstiftern dieser Kundgebungen ist offenbar daran gelegen, die Italiener – die diese Geste sicher zu schätzen wissen – vor dem nichtsahnenden Betreten eines von Juden geführ-

---

[48] Archives diplomatiques, La Courneuve, Contrôle des étrangers, rapports consulat, Nr. 41.
[49] Richtig: »Dopolavoro«, eine 1925 von den italienischen Faschisten gegründete Organisation, die Freizeitveranstaltungen für Arbeiter anbot.

ten Geschäfts, einer Arztpraxis oder Anwaltskanzlei zu warnen. Anfangs ließen die Schilder die Bevölkerung offenbar kalt: Kunden frequentierten die jüdischen Geschäfte, als sei nichts gewesen. Am Samstag jedoch kam es zu Zwischenfällen, als Gruppen von Jugendlichen versuchten, die Kunden am Betreten bestimmter Geschäfte zu hindern. Einige zerschlugen am Kaufhaus Schoken[50] die Schaufensterscheiben, andere demonstrierten vor einem polnischen Laden und brachten dort neue Schilder an, nachdem die Geschäftsinhaber die ersten abgenommen hatten. Mehrere jüdische Geschäfte sahen sich gezwungen zu schließen, um Ausschreitungen zu verhüten. Von der Polizei, die normalerweise nicht die kleinste Menschenansammlung duldet, war an den Schauplätzen des Geschehens nichts zu sehen. Ähnliche Zwischenfälle wiederholten sich gestern. Die jüdischen Kaufleute sind verzweifelt. Ihre Lage war zuvor schon schwierig geworden, doch nun wird ihnen klar, dass die NSDAP sie zur Abtretung ihrer Firmen zu Schleuderpreisen zwingen will, ohne sich die geringsten Gedanken darüber zu machen, wovon sie danach ihren Lebensunterhalt bestreiten sollen. Viele würde dies in bittere Armut stürzen. Unwillkürlich ist man beeindruckt von dem ungenierten Sadismus, mit dem der Nationalsozialismus sich an den vom Unglück verfolgten Juden schadlos hält. Ohne Unterlass fallen ihm immer neue Schikanen und Demütigungen für sie ein, die ihnen zugleich die Lebensgrundlage entziehen. Die Masse der Bevölkerung lehnt diese Exzesse allerdings ab. Könnte sie sicher sein, dies straffrei tun zu können, würde sie auch weiterhin wie zuvor in jüdischen Geschäften einkaufen. Sie weiß aber, dass sie sich selbst zur Zielscheibe für Schikanen machte, würde sie ihr Missfallen laut äußern. Dem jüdischen Geschäftsleben haben diese Vorkommnisse aller Wahrscheinlichkeit nach den Todesstoß versetzt. Wie mir zugetragen wurde,

---

[50] Gemeint ist vermutlich das Kaufhaus Schocken an der Stuttgarter Eberhardstraße. A.d.Ü.

haben sich einige der jüdischen Kaufleute bereits zur baldigen Abwicklung ihrer Geschäfte entschlossen.

9. August 1938: Judenverfolgungen im »Dritten Reich«[51]

Die neue Offensive des Dritten Reichs gegen die Juden erfolgt nicht mehr wie bisher im Rahmen einer »Pogromstimmung«, wie sie noch Mitte Juni vorherrschte. Obwohl man die jüdischen Geschäfte nach wie vor kenntlich macht, indem man den Namen des Inhabers in großen weißen Buchstaben daran anbringt, und trotz der vehementen Pressefeldzüge war ein Großteil der Bevölkerung nach und nach wieder in die Läden zurückgekehrt und hatte dort seine Einkäufe erledigt. Die noch vor einem Monat erfolgten Boykottaufrufe gegen jüdische Läden und öffentliche Schikanen gegen deren Inhaber haben jetzt aufgehört.

Die nationalsozialistischen Behörden setzen die Verfolgung zwar unvermindert erbarmungslos fort, doch wie Dr. Goebbels in seiner glühend judenfeindlichen Rede am 22. Juni sagte, erfolgt die Säuberung jetzt mit legalen Mitteln. Die Botschaft berichtete bereits über die ersten Verordnungen, mit denen Marschall Göring die Erfassung aller im jüdischen Besitz stehenden Vermögen angeordnet hat, die enteignet werden können, sofern dies den Interessen der Volkswirtschaft entspricht.[52] Auch berichtete sie über den Entwurf für ein Gesetz, das den Ausschluss der Juden aus der nationalsozialistischen Volksgemeinschaft anstrebt, indem es ihnen künftig den Erwerb der deutschen Staatsbürgerschaft durch Heirat oder Geburt ver-

---

[51] Berlin, Botschaft, B-340, Nr. 838.
[52] Nach Schachts Entlassung wurde die Arisierung der Wirtschaft systematisch vorangetrieben und legalisiert. Ab 29. März 1938 führte man mit Gesetzen und Verordnungen die Anmeldepflicht für jüdische Vermögenswerte (25. April) und die Eintragung jüdischer Unternehmen in besondere Register (14. Juni) ein und schloss Juden offiziell von zahlreichen Berufen aus (6. Juli). Das Gesetz vom 3. Dezember ordnete die Liquidation oder Zwangsveräußerung der Firmen an.

wehrt. Alle Kinder deutscher Juden werden damit künftig von vornherein »heimatlos«[53].

Abgerundet wurden diese Maßnahmen am 20. Juni durch den Ausschluss der Juden von der Börse, am 7. Juli durch das Verbot der Tätigkeit als Immobilienmakler und Hausverwalter und schließlich durch die Säuberung der österreichischen Anwaltskammer. Aufgrund einer weiteren Entscheidung vom 2. August[54] dürfen jüdische Ärzte ab 30. September dieses Jahres nicht mehr in Deutschland praktizieren. Ab dann dürfen sie lediglich noch ihre Verwandten und kranke Juden behandeln. Dieses Verbot betrifft 4220 Mediziner, also zehn Prozent der gesamten Ärzteschaft in Deutschland; in Berlin werden es sogar bis zu 22 Prozent der praktizierenden Ärzte sein, da in der Reichshauptstadt noch 1561 der 6949 Ärzte Juden sind. Die Juden werden überall verfolgt. In Wien dürfen sie keine öffentlichen Parks mehr betreten. In Berlin sind in den Grünanlagen gesonderte Bänke für sie ausgewiesen. In den meisten Städten dürfen sie keine Stadtbäder besuchen. In Darmstadt haben sie keinen Zutritt zu Kinos. Zudem hat ein Kölner Gericht mit einem Beschluss gezielt einen Präzedenzfall geschaffen. Das Urteil gestattet einem Hauseigentümer die Zwangsräumung eines jüdischen Mieters allein aufgrund seiner Konfession; zudem darf ein arischer Mieter seinen Mietvertrag kündigen, allein weil im Haus ein jüdischer Mieter lebt. Ein weiteres, nicht weniger bezeichnendes Urteil eines Berliner Gerichts legt fest, dass bestimmte Vornamen, die israelitischen Ursprungs sind oder jüdisch klingen, nicht mehr deutschen Kindern gegeben werden dürfen. Einer kürzlich erlassenen Vorschrift zufolge müssen Automobile jüdischer Halter künftig besondere Zulassungskennzeichen führen. Das nationalsozialistische Blatt *Der Stürmer* geht sogar so weit zu fordern, man solle allen in Deutschland lebenden Juden

---

[53] François-Poncet verwendet hier den deutschen Begriff, meint aber wohl »staatenlos«. A.d.Ü.

[54] Gemeint ist hier die Vierte Verordnung zum Reichsbürgergesetz vom 25. Juli.

den Führerschein entziehen, weil ihnen angeblich jeder Sinn für die nationalsozialistische Volksgemeinschaft fehlt und sie deshalb hinter dem Steuer eines Automobils eine Gefahr für die Öffentlichkeit darstellen. [...]

Durch den Anschluss [Österreichs] hat der Kampf des Dritten Reichs gegen die Juden neuen Auftrieb erhalten. Die vielen in Österreich ansässigen Juden, vor allem aber die beträchtliche Rolle, die sie im Wirtschafts- und Finanzleben des früheren Föderalstaats spielten, veranlassten Hitlers Führungsriege zu einer ganzen Reihe drakonischer Maßnahmen gegenüber den österreichischen Juden, unter denen indirekt auch die deutschen Juden zu leiden haben.[55] Dass diese neue Offensive derart drastisch verläuft, ist aber auch auf andere Ursachen zurückzuführen. Auslöser waren zum guten Teil innenpolitische Schwierigkeiten des Regimes. Auffallend ist nämlich, dass diese Ausbrüche von Judenhass in aller Regel in politisch angespannte Phasen fallen. Sie dienen als Ventil. Der NSDAP geht es darum, die Unentschlossenen zum Handeln anzutreiben oder den Zügellosen eine Ablenkung zu verschaffen. [...]

Berlin, 10. November 1938, per Kurier erhalten am 11. November[56]

Die judenfeindlichen Demonstrationen gehen in Berlin ebenso wie in der Provinz weiter. Von unseren Konsuln erfahren wir, dass die Exzesse überall gleich verlaufen. Sie begannen gestern Nachmittag, nachdem bekannt wurde, dass Herr vom Rath verstorben ist,[57] und setzen sich heute Abend in der ganzen Stadt

---

[55] Diese Schlussfolgerung ist richtig: Die Gewalt, mit er sich der Hass auf die Juden in Österreich Bahn brach, beschleunigte deren Ausplünderung und Verfolgung und strahlte nach Deutschland zurück.

[56] Archives diplomatiques, La Courneuve, Correspondance diplomatique et commerciale, Allemagne, Nr. 705, Berlin, Nr. 4130.

[57] Die Ermordung des Diplomaten und deutschen Botschaftsrats in Paris, Ernst vom Rath, durch einen jungen jüdisch-deutschen Flüchtling, der damit gegen die Ausweisung seiner Familie nach Polen protestieren wollte, diente als Vor-

fort. Die Synagogen der Hauptstadt brennen. Banden, sehr wahrscheinlich bestehend aus SS-Männern in Zivil, schlagen die Schaufenster jüdischer Geschäfte ein. Systematisch organisierte Plünderungen erfolgen in den reichen Quartieren der Stadt ebenso wie in den Arbeitervierteln. Die Polizei greift nirgends ein. Sie wurde offensichtlich vorab informiert und hat Order, sich dem Volkszorn nicht entgegenzustellen.

Die Menge verhält sich genauso wie am Abend des 27. September, als eine Panzerdivision vor den Augen der schweigenden Berliner mitten durch das Stadtzentrum rollte. Auch heute schweigt sie. Die Passanten bilden Trauben, beobachten das Schauspiel und gehen scheinbar unbeteiligt weiter, ohne ein Wort des Protests, ohne Aufschrei der Begeisterung.

Montbas[58]

10. November 1938: Georges Deniker, französischer Konsul in Stuttgart, über judenfeindliche Krawalle[59]

Der Tod des Herrn vom Rath wurde hier in der Nacht vom 9. auf den 10. November bekannt gegeben. Heute Morgen (10. November) zwischen fünf und sechs Uhr wurden gleichzeitig und mit verblüffender Präzision die Schaufenster sämtlicher jüdischer Geschäfte eingeschlagen. In der Königstraße grenzen diese Läden teilweise unmittelbar an deutsche, deren Scheiben aber peinlich genau verschont blieben. Die Synagogen in der Hospitalstraße und im Vorort Cannstatt sind durch Brandstiftung bis auf die Grundmauern abgebrannt. Die Feuerwehr hat das Feuer halbherzig bekämpft und wurde von den Gaffern für die frühmorgendliche Mehrarbeit bedauert. Mitarbeiter der Ordnungs-

---

wand für die Auslösung eines Pogroms und die Zerstörung von Synagogen und jüdischen Geschäften überall in Deutschland und Österreich. Diese »Reichskristallnacht« fand in der Nacht vom 9. auf den 10. November 1938 statt.

[58] Alphonse Barthon de Montbas (1892–1972), nach Promotion im diplomatischen Dienst tätig, ab 22. Oktober 1936 Botschaftsrat in Berlin.

[59] Archives diplomatiques, La Courneuve, Correspondance diplomatique et commerciale, Allemagne, Nr. 705, Depesche Nr. 118.

polizei standen vor den eingeschlagenen Schaufenstern Wache, obwohl die SS-Männer allen untersagt hatten, sich an den ungeschützten Waren zu vergreifen. Mittags löste die reguläre Polizei die Wachen ab.

Die Menge verharrt vor den geplünderten Geschäften und den qualmenden Resten der Synagogen. Überall sieht man strahlende Mienen, und die wenigen Äußerungen, die zu hören sind, unterstreichen den Eindruck allgemeiner Zufriedenheit mit der »guten Arbeit«, die da geleistet wurde. Schon während diese Attacken stattfanden, identifizierte die Polizei als Verantwortliche für die damit einhergehenden Störungen die jüdischen Honoratioren und Mitglieder des jüdischen Konsistoriums[60]. Sie wurden im Morgengrauen aus den Betten geholt und inhaftiert. Französische Staatsbürger sind nach meiner Kenntnis nicht unter den verhafteten oder misshandelten Personen.

15. November 1938: Chatel, französischer Konsul in Mainz, über »spontane« judenfeindliche Demonstration in Mainz[61]
Dr. Goebbels hat vor ausländischen Pressevertretern erklärt, die am 10. November im Reichsgebiet verübten Misshandlungen von Juden seien durchweg die Folge eines spontanen Volkszorns. Auslöser sei die Ermordung des deutschen Diplomaten in Paris gewesen.

In Wahrheit ließ es sich kaum leugnen, dass diese brutalen Übergriffe – die brennenden Synagogen und die Plünderungen von Läden und Privatwohnungen – zeitgleich in allen deutschen Städten und vorsätzlich erfolgten. Nachdem ich in Mainz einige davon selbst miterlebt habe, bin ich nun davon überzeugt, dass diese Attentate sorgfältig vorbereitet wurden.

Als ich am Morgen des 10. erfuhr, dass die große Synagoge in Flammen stand, ging ich dorthin. Zu diesem Zeitpunkt brannte

---

[60] Vorstand der Jüdischen Gemeinde. A.d.Ü.
[61] Archives diplomatiques, La Courneuve, Correspondance diplomatique et commerciale, Allemagne, Nr. 705.

das Dach noch, aber die Feuerwehr unternahm nicht den geringsten Versuch, es zu löschen, sondern beschränkte sich darauf, ein Übergreifen auf die Nachbargebäude zu verhüten. In
der Menge der Schaulustigen standen Schulkinder in Begleitung
ihrer Lehrer und weideten sich sichtlich an dem Schauspiel. Zur
gleichen Zeit begann in einem anderen Teil der Stadt die systematische Zerstörung jüdischer Läden.

Aufgeteilt in kleine Gruppen von 10 bis 20, manchmal auch
weniger, schlugen Jungen von vielleicht 16 bis 18 Jahren, ausgerüstet mit Hämmern und Leitern, die Fenster ein. Die Anführer
brachen die Eisengitter auf und plünderten die Geschäftsräume.
Bei jedem Trupp war ein Erwachsener mit oder ohne Parteiabzeichen, der die Bengel anstachelte. Die uniformierte Polizei
griff nicht ein, sondern regelte nur den Straßenverkehr. Dafür
hatten sich Sicherheitspolizisten unerkannt unter die stumme
Menschenmenge gemischt; sie beobachteten und belauschten die
Zuschauer und nahmen jeden, der mutig sein Missfallen an derartigen Exzessen äußerte, mit auf die Wache.

Die Wut der Demonstranten richtete sich auch gegen das
Kaufhaus eines Katholiken jüdischen Ursprungs.

Privathäuser blieben ebenfalls nicht verschont. Zwölfjährige
Lausbuben, die meisten in der Uniform der Hitlerjugend, drangen mithilfe einiger Verrückter, die wer weiß wo entsprungen
waren, in die Häuser ein, zerbrachen die Fensterscheiben, zer-
schlitzten die Gardinen und warfen Möbel auf die Straße.

Es kam zu grauenhaften Szenen: Eine Jüdin, die ihre Mutter
zu schützen versuchte, wurde aus dem Fenster gestoßen und er-
litt beim Aufprall auf dem Pflaster einen Schädelbruch. Ein Jude
wurde erschossen, eine verletzte Frau daran gehindert, sich verbinden zu lassen. Manche begingen in ihrer Panik Selbstmord.

Wie es gelegentlich passiert, gab es inmitten dieser Tragödie
einen Hauch von Ironie: Die Krawallmacher verwüsteten nämlich versehentlich die Erdgeschosswohnung eines Hauptmanns
der Reichswehr, während der jüdische Mieter, auf den sie es ab-

244

gesehen hatten, im ersten Stock wohnte. Der Offizier war gerade nicht zu Hause, wurde aber hastig von seiner Familie informiert und ließ eine Wache vor der Tür aufstellen.

Es wäre allerdings ein Leichtes gewesen, für Ordnung zu sorgen. Vor dem Konsulat rotteten sich irgendwann rund 50 Personen zusammen, doch reichte schon ein einziger Beamter, um sie umgehend zu zerstreuen. Als ich Gelegenheit fand, einem Polizeikommissar gegenüber mein Erstaunen zu äußern, dass von seinen Männern niemand zu sehen sei, handelte ich mir folgende Antwort ein: »Und während der Fabrikbesetzungen in Frankreich,[62] ist man da etwa eingeschritten?«

Ohne jeden Zweifel wurden diese Ausschreitungen, die nach Aussagen der deutschen Berichte spontan gewesen sein sollen, von höchster Stelle aus minutiös organisiert. Am Abend des 9. gegen 23 Uhr 30 hatte ich beobachtet, dass sich SA-Männer nach dem Verlassen einer Versammlung gruppenweise auf den Weg in verschiedene Stadtviertel machten – mit Sicherheit, um die Wohnungen ihrer künftigen Opfer auszuspionieren. Das hinderte sie übrigens nicht daran, am nächsten Morgen um 11 Uhr im Anschluss an die von ihnen angeheizten Unruhen jeweils einen von ihnen vor den geplünderten Läden aufzustellen, als sollten sie diese schützen. Den mir berichteten Reaktionen nach zu urteilen, fällt die Bevölkerung aber auf diese Heuchelei nicht herein. Ein Angestellter der Stadt, dessen Auskünfte im Allgemeinen exakt sind, schätzt, dass 80 Prozent der Mainzer die begangenen Exzesse verurteilen.

9. Mai 1939: Neue antisemitische Maßnahmen[63]

Ein neues Gesetz, das am 4. Mai 1939 im Reichsgesetzblatt veröffentlicht wurde, untersagt Juden nunmehr, mit Ariern im selben Gebäude unter einem Dach zu leben. Diese Maßnahme

---

[62] Während der sogenannten Volksfrontregierung kam es 1936 in Frankreich zu Massenstreiks und Fabrikbesetzungen.
[63] Berlin, Botschaft, B–216, Nr. 395.

markiert eine neue Etappe im judenfeindlichen Vorgehen der Nationalsozialisten, das letzten Endes auf die endgültige Ausgrenzung der Juden aus dem Gesellschaftsleben im Reich abzielt. Die diversen Erlasse und Verordnungen, die nach der Ermordung des Herrn vom Rath als Repressalien gegen die Juden verabschiedet wurden, hatten die Frage der Wohnungen noch offengelassen. Juden mussten lediglich bestimmte Straßenzüge meiden. Gewiss deutete alles auf weitere neue Maßnahmen hin. Bisher jedoch genossen die Juden noch die Freiheit, sich ihren Wohnort selbst auszusuchen, und obzwar man ihnen gewisse Steuervorteile verwehrte, galt das bestehende Recht grundsätzlich auch für sie. Der *Völkische Beobachter* kommentiert das neue Gesetz in seiner Ausgabe vom 5. Mai 1939. Die lange erwartete Entscheidung, heißt es darin, soll die rechtliche Situation jüdischer Mieter oder Pächter von Wohngebäuden regeln. Dem nationalsozialistischen Blatt zufolge hatten die Verfasser des Gesetzes dabei zweierlei im Sinn. Zum einen sei ein Zusammenleben von Juden und Deutschen unter einem Dach ein Ding der Unmöglichkeit. Das sei ein Grundsatz der Rassenlehre. Zudem müsse der Wohnraum gerechter verteilt werden. Die jüdische Bevölkerung bewohne nämlich derzeit bei Weitem zu große Wohnungen, während viele deutsche Familien unter der Wohnungsnot zu leiden hätten. Das Gesetz solle deshalb dafür sorgen, dass der überschüssige Platz, über den derzeit noch zahlreiche Juden verfügen, für ihresgleichen genutzt wird, für diejenigen also, »die aus deutschen Wohnungen entfernt werden mussten und nicht emigrieren wollen oder können«. Grundsätzlich legt es dieses Gesetz darauf an, den jüdischen Mietern den Schutz der gemeinsamen Rechtsvorschriften zu entziehen. Um jedoch zu verhindern, dass die Umsetzung dieses Gesetzes allzu viele Schwierigkeiten mit sich bringt, darf es nur mit Zustimmung der städtischen Behörden angewendet werden, die sich zuvor davon überzeugen sollen, dass die Betroffenen eine neue Bleibe gefunden haben. Darüber hinaus gilt die allgemeine

Regelung zwischen jüdischen Hauseigentümern und Mietern weiter[64] [...]. Das Dritte Reich schafft somit für die Juden erneut einen Ausnahmezustand. Sie werden ausschließlich der Willkür der Behörden ausgeliefert; die Zwangsräumungen, die diese aufgrund des neuen Gesetzes verhängen können, werden nicht selten reine Schikane sein.

In Wahrheit ist es ein wohlüberlegter Plan, den die Nazi-Führung ebenso rigoros wie geduldig in die Tat umsetzt. Sie will sich der Juden entledigen. Ohne ihr Hab und Gut, ohne jeglichen Einfluss, ohne Arbeit, werden die neuen Parias in [Juden-] Häusern [...] und Stadtvierteln eingepfercht. In Erwartung weiterer, noch brutalerer Methoden bildet das neue Gesetz den letzten Schritt vor der Ghettoisierung.

---

[64] Das entspricht nicht den Tatsachen. Das Gesetz verbot Juden, mit Nichtjuden Mietverträge über Wohnraum abzuschließen.

Abb. 10: André François-Poncet im Gespräch mit Adolf Hitler bei einem Neujahrs-empfang, 1934

Anhang

Literatur

Adam, Uwe Dietrich: *Judenpolitik im Dritten Reich*, Düsseldorf 2003

Auswärtiges Amt: *100 Jahre Auswärtiges Amt 1870–1970*, Bonn 1970

Baillou, Jean u. a. (Hg.): *Les Affaires étrangères et le corps diplomatique français*, Bd. 2, 1870–1980, Paris 1984

Bajohr, Frank: »Le processus d'›aryanisation‹ à Hamburg«, in: Dreyfus, Jean-Marc (Hg.): »Spoliations en Europe«, *Revue d'histoire de la Shoah, Mémorial de la Shoah*, Nr. 186, Januar/Juni 2007, S. 89–108

Bajohr, Frank / Strupp, Christoph (Hg.): *Fremde Blicke auf das »Dritte Reich«. Berichte ausländischer Diplomaten über Herrschaft und Gesellschaft in Deutschland 1933–1945*, Göttingen 2011

Barkai, Avraham: *From Boykott to annihilation: the economic struggle of German Jews, 1933–1943*, Hanover (NH) 1989

Ben-Elissar, Eliahu: *La diplomatie du IIIe Reich et les Juifs 1933–1939*, Paris 1969

Bergen, Doris: »Nazism and Christianity. Partners and rival. A Response to Richard Steigmann-Gall, The Holy Reich and Christianity, 1919–1945«, in: *Journal of Contemporary History*, 42, Nr. 5, 2007, S. 25–33

– *Twisted cross: the German Christian movement in the Third Reich*, Chapel Hill-London 1996

Blasius, Rainer A.: *Für Großdeutschland – gegen den großen Krieg. Staatssekretär Ernst Freiherr von Weizsäcker in den Krisen um die Tschechoslowakei und Polen 1938/1939*, Köln–Wien 1981

Bock, Hans Manfred: »De la ›République moderne‹ à la Révolution nationale: l'itinéraire intellectuel d'André François-Poncet entre 1913 et 1943«, in: Betz, Albrecht / Martens, Stefan (Hg.), *Les intellectuels et l'Occupation, 1940–1944*, Paris 2004, S. 106–148

– (Hg.), *Les rapports mensuels d'André François-Poncet, haut-commissaire français en Allemagne 1949–1955. Les débuts de la République Fédérale d'Allemagne*, Bd. 1: *1949–1952*, Bd. 2: *1952–1955*, Paris 1996

Bollmus, Reinhard: *Das Amt Rosenberg und seine Gegner. Studien zum Machtkampf im nationalsozialistischen Herrschaftssystem*, Stuttgart 1970

Caron, Vicki: *Uneasy Asylum: France and the Jewish Refugee Crisis, 1933–1942*, Stanford 1999

Confino, Alon: *A world without Jews. The Nazi imagination from persecution to genocide*, New Haven–London 2014

Conze, Eckart / Frei, Norbert / Hayes, Peter / Zimmermann, Moshe (Hg.): *Das Amt und die Vergangenheit. Deutsche Diplomaten im Dritten Reich und in der Bundesrepublik*, München 2010

Coulondre, Robert: *De Staline à Hitler: souvenirs de deux ambassades, 1936–1939*, Paris 1950

Dean, Martin: *Robbing the Jews. The confiscation of Jewish property in the Holocaust, 1933–1945*, Cambridge 2008

Dietzfelbinger, Eckart: *Faszination und Gewalt. Das Reichsparteitagsgelände in Nürnberg*, Nürnberg, Museen der Stadt Nürnberg, 1996

Döscher, Hans-Jürgen: *Das Auswärtige Amt im Dritten Reich. Diplomatie im Schatten der »Endlösung«*, Berlin 1987

Dreyfus, Jean-Marc: »[…] und dann wählen sie Männer wie Hitler zum Werkzeug ihrer Katastrophe aus‹. Die Berichterstattung Botschafter André François-Poncets und der französischen Konsuln aus dem Deutschen Reich bis 1939«, in: Bajohr, Frank / Strupp, Christoph (Hg.): *Fremde Blicke auf das »Dritte Reich«. Berichte ausländischer Diplomaten über Herrschaft und Gesellschaft in Deutschland 1933–1945*, Göttingen 2011, S. 138–162

– *L'impossible réparation. Déportés, biens spoliés, or nazi, comptes bloqués, criminels de guerre*, Paris 2015

Duroselle, Jean-Baptiste: *L'abîme, 1939–1945*, Paris 1982

– und Kaspi, André: *Histoire des relations internationales*, Paris, 2 Bände: Bd. 1: *De 1919 à 1945*, Bd. 2, *De 1945 à nos jours*, Paris 2001

Düwell, Kurt / Link, Werner (Hg.): *Deutsche Auswärtige Kulturpolitik seit 1871. Geschichte und Struktur*, Köln 1981

Evans, Richard J.: *The coming of the Third Reich*, London 2003, dt. *Das Dritte Reich*. Bd. 1: *Aufstieg*, Frankfurt am Main–Wien–Zürich 2004

Ford, Franklin L.: »Three Observers in Berlin: Rumbold, Dodd, and François-Poncet«, in: Craig, Gordon A. / Gilbert, Felix (Hg.): *The Diplomats, 1919–1939*, Bd. 2: *The Thirties*, Princeton 1953, S. 447–460

Friedländer, Saul: *Das Dritte Reich und die Juden. Die Jahre der Vernichtung 1939–1945*, München 2008

François-Poncet, André: *Botschafter in Berlin 1931–1938*, Berlin–Darmstadt–Wien 1962

– *De l'Allemagne*, Paris 1954

Führer, Armin: *Hitlers Spiele: Olympia 1936 in Berlin*, Berlin 2011

Funke, Manfred (Hg.): *Hitler, Deutschland und die Mächte. Materialien zur Außenpolitik des Dritten Reiches*, Bonner Schriften zur Politik und Zeitgeschichte 12, Düsseldorf 1976

Gay, Peter: *Weimar Culture. The Outsider as Insider*. New York 1968. Dt. *Die Republik der Außenseiter. Geist und Kultur in der Weimarer Zeit: 1918–1933*, aus dem Engl. von Helmut Lindemann. Frankfurt am Main 1968

Gilbert, Martin: *Kristallnacht: prelude to destruction*, London 2006

Heinemann, John L.: *Hitler's First Foreign Minister. Constantin Freiherr von Neurath, Diplomat and Statesman*, Berkeley 1979

Herbert, Ulrich: *Best. Biographische Studien über Radikalismus, Weltanschauung und Vernunft: 1903–1989*. Bonn 1996

Herbst, Ludolf: *Hitlers Charisma. Die Erfindung eines deutschen Messias*, Frankfurt am Main 2010

Heschel, Susannah: *The Aryan Jesus. Christian Theologians and the Bible in Nazi Germany*, Princeton-Woodstock 2008

Hilberg, Raul: *The destruction of the European Jews*, New Haven 1961, dt. *Die Vernichtung der europäischen Juden*, aus dem Engl. von Christian Seeger, Frankfurt am Main 1990

Hildebrand, Klaus: *Deutsche Außenpolitik 1933–1945. Kalkül oder Dogma?*, Stuttgart 1973

Hill, Leonidas E.: »The Wilhelmstraße in the Nazi Era«, in: *Political Science Quarterly*, 82, Nr. 4, 1967, S. 546–570

Hitler, Adolf: *Monologe im Führerhauptquartier. 1941–1944*, aufgezeichnet von Heinrich Heim, hg. von Werner Jochmann. München 2000

– *Mein Kampf. Eine kritische Edition*, hg. von Christian Hartmann u. a., München 2016

Jacobsen, Hans-Adolf / Smith, Arthur L.: *The Nazi Party and the German Foreign Office*, London 2007

James, Harold: *The Deutsche Bank and the Nazi economic war against the jews*, Cambridge 2001, dt. *Die Deutsche Bank und die »Arisierung«*, München 2001

Keipert, Maria (Hg.): *Biographisches Handbuch des deutschen Auswärtigen Dienstes 1871–1945*, Auswärtiges Amt, Historischer Dienst, Paderborn 2008

Klee, Ernst: *Das Personenlexikon zum Dritten Reich. Wer war was vor und nach 1945*, Frankfurt am Main 2005

Knopf, Volker / Martens, Stefan: *Görings Reich. Selbstinszenierung in Carinhall*, Berlin 1999

Lückert, Steven u. a.: *State of deception. The power of Nazi propaganda*, Washington D.C., United States Holocaust Memorial Museum, 2009

Meinl, Susanne / Zwilling, Jutta: *Legalisierter Raub. Die Ausplünderung der Juden im Nationalsozialismus durch die Reichsfinanzverwaltung in Hessen*, Frankfurt am Main–New York 2004

Messemer, Annette: »André François-Poncet und Deutschland. Die Jahre zwischen den Kriegen«, in: *Vierteljahrshefte für Zeitgeschichte*, 39. Jg., Nr. 4, Oktober 1991, S. 505–534

Mößlang, Markus / Riotte, Torsten (Hg.): *The Diplomats' World. A Cultural History of Diplomacy, 1815–1914*, German Historical Institute, London–Oxford 2008

Petropoulos, Jonathan: *Royals and the Reich. The princes von Hessen in Nazi Germany*, Oxford 2006

Rolland, Denis (Hg.): *L'histoire culturelle des relations internationales. Carrefour méthodologique, XXe siècle*, Paris 2004

– »La ›mémoire manipulée‹ ou l'histoire institutionnelle: pour une histoire rénovée des Affaires étrangères«, in: *Matériaux pour l'histoire de notre temps*, 65, Nr. 1, Januar–Juni 2002, S. 28–35

Safrian, Hans: »L'accélération de la spoliation et de l'émigration forcée. Le ›modèle viennois‹ et son influence sur la politique antijuive du Troisième Reich en 1938«, in: Jean-Marc Dreyfus (Hg.): »Spoliations en Europe«, *Revue d'histoire de la Shoah, Mémorial de la Shoah*, Nr. 186, Januar/Juni 2007, S. 131–164

Schäfer, Claus W.: *André François-Poncet als Botschafter in Berlin (1931–1938)*, Paris-München 2004

Schor, Ralph: *L'antisémitisme en France pendant les années trente. Prélude à Vichy*, Brüssel 1991

Schwabe, Klaus (Hg.): *Das diplomatische Korps. 1871–1945*, Boppard am Rhein 1985

Skor, Holger: »*Brücken über den Rhein«. Frankreich in der Wahrnehmung und Propaganda des Dritten Reichs, 1933–1939*, Essen 2011

Spicer, Kevin: *Hitler's priests. Catholic clergy and national socialism*, DeKalb 2008

Steinweis, Alan: *Kristallnacht 1938*, Cambridge Ma. 2009, dt. *Kristallnacht 1938. Ein deutscher Pogrom*, aus dem Engl. von Karin Schuler, Stuttgart 2011

Waal, Edmund de: *Der Hase mit den Bernsteinaugen. Das verborgene Erbe der Familie Ephrussi*. Aus dem Engl. von Brigitte Hilzensauer. Wien 2011

Wildt, Michael: *Volksgemeinschaft als Selbstermächtigung. Gewalt gegen Juden in der deutschen Provinz, 1919 bis 1939*, Hamburg 2007

- »The Boykott campaign as an arena of collective violence against Jews in Germany, 1933–1938«, in: Bankier, David / Gutman, Israel (Hg.): *Nazi Europe and the Final Solution*, Jerusalem (Yad Vashem) 2003

Wistrich, Robert S.: *Who's Who in Nazi Germany*, London–New York 2002. Dt. *Wer war wer im Dritten Reich. Anhänger, Mitläufer, Gegner aus Politik, Wirtschaft, Militär, Kunst und Wissenschaft*, aus dem Engl. von Joachim Rehork, München 1983

Bildnachweis

S. 14: ullstein bild – ullstein bild; S. 24: ullstein bild – Süddeutsche Zeitung Photo / Scherl; S. 48: akg-images / picture-alliance / dpa; S. 74: akg-images; S. 108: akg-images / Imagno / k. A.; S. 132: akg-images; S. 144: akg-images; S. 186: akg-images; S. 196: akg-images; S. 248: Heritage-Images / The Print Collector / akg-images